Guinness Buch der Briefmarken

James Mackay

Guinness Buch der Briefmarken

Ullstein

Die Originalausgabe »The Guinness Book of Stamps. Facts & Feats« ist 1982 bei Guinness Superlatives Ltd., Enfield, erschienen.

Englische Ausgabe:
Herausgeber: Alex E. Reid

Deutsche Bearbeitung:
Alfons Riedle
unter Mitarbeit von Jürgen Behrens (Übersetzung) und Helmut Strube (Beratung)
Herstellung und Layout: Erika Huss
Schutzumschlag: Hansbernd Lindemann

Gesamtherstellung: Mohndruck
Graphische Betriebe GmbH, Gütersloh

Printed in Germany
ISBN: 3-550-07695-9

CIP-Kurztitelaufnahme der Deutschen Bilbliothek

Guinness-Buch der Briefmarken / James Mackay.
[Dt. Bearb.: Alfons Riedle unter Mitarb. von Jürgen Behrens (Übers.) u. Helmut Strube (Beratung)]. – Frankfurt/M.; Berlin; Wien: Ullstein, 1985.
Einheitssacht.: The Guinness book of stamps
ISBN 3-550 07695-9
NE: Mackay, James [Autor]; Riedle, Alfons [Bearb.]; EST

Inhalt

Vorwort

Bücher über Briefmarken lassen sich generell in zwei Kategorien einteilen. Da sind zum einen die Kataloge, die Briefmarken und Preise in der chronologischen Folge ihrer Ausgabe auflisten, und dann jene Bücher, die von Anfänger-Handbüchern bis zu gelehrten Abhandlungen reichen, die sich mit jedem Aspekt einer einzelnen Briefmarkenausgabe auseinandersetzen. Dieses Buch ist ganz und gar anders: Es befaßt sich mit den Fakten und Besonderheiten der Philatelie, den jeweils »ersten«, den »größten«, »kleinsten«, »seltensten« Rekorden, den Merkwürdigkeiten und Extravaganzen, dem Bizarren und Esoterischen bei Briefmarken und in den Postdiensten der Welt.

Viele der alten Orthodoxien wurden begutachtet, neuerlich erforscht und verworfen. Welches Land hat tatsächlich die erste Gedächtnismarke herausgegeben? Wer war der erste Briefmarkensammler? Wem eigentlich gebührt das Verdienst, Erfinder der ersten gummierten Briefmarke zu sein? Diesen und vielen anderen Fakten ist sorgfältig nachgegangen worden, doch ob es mir gelungen ist, diese Kontroversen ein für allemal zu entscheiden, muß allein der Leser beantworten.

Die Reichweite dieses Buches ist bei weitem größer als der Titel aussagen mag; denn es enthält die Entwicklung der Postdienste über den Zeitraum der letzten fünftausend Jahre. Obwohl ich dem Slogan der Philatelisten »Die Briefmarke ist *die* Sache« beipflichten möchte, habe ich die Geschichte des Postwesens nicht vernachlässigt – Poststempel, die Arten des Posttransports und Aspekte der Postverwaltung.

Briefmarken gehören wohl zu den vertrautesten Gegenständen unseres Alltags. Jeder handhabt und beleckt sie und gönnt ihnen, so hoffe ich, mehr als einen flüchtigen Blick. Viele von uns sammeln sie auch, und einige wenige studieren sie bis ins letzte Detail. Dieses Buch richtet sich an jedermann, vom fortgeschrittensten Philatelisten, der hier viele Aspekte seines Sammelgebiets entdecken wird, die über seine eigene Spezialisierung hinausreichen, bis zum Laien, der bis auf den heutigen Tag nicht aufgehört hat, diese winzigen Stückchen farbigen Papiers für kleine Kunstwerke zu halten oder die weitläufige Organisation zu würdigen, der es bedarf, Post aus jedem Winkel der Erde in seinen Briefkasten gelangen zu lassen.

Dieses Buch zeigt uns Marken und Postdienste in einem neuen Licht. Unvermeidlich, bei einer Pionierarbeit wie dieser, werden Irrtümer bei dem, was aufgenommen und weggelassen wurde, auftreten. In einem Buch, das sich in erster Linie mit Superlativen befaßt, ist jede Tatsache, die darin erwähnt ist, ganz offensichtlich strittig, und jeder Rekord wird zwangsläufig überboten werden. Allein schon die Besonderheit dieser Fakten stellt eine Herausforderung an die Leserschaft dar, sie zu widerlegen oder Besseres an ihre Stelle zu setzen. Nach vielen Jahren, die ich mich mit philatelistischer Forschung beschäftigt habe, bin ich zu der Schlußfolgerung gelangt, daß niemals das letzte Wort zu diesem faszinierenden und komplexen Gegenstand geschrieben werden kann. Insbesondere dort, wo ich Listen zusammengestellt habe (die seltensten Briefmarken der Welt, mehrsprachige Marken, die gängigsten Themen, die Länder mit der umfangreichsten Briefmarkenproduktion), werden sich die Leser – so hoffe ich jedenfalls – ermutigt fühlen, eigene Listen zusammenzutragen.

James Mackay

Die Postdienste

Die ältesten Postdienste der Welt wurden um 4000 v. Chr. in China und etwa 3000 v. Chr. in Ägypten und Assyrien eingerichtet. Wie bei den Chinesen wurde der ägyptische Dienst, der während der Dritten Dynastie gegründet worden war, hauptsächlich von Hofbeamten in Anspruch genommen, während jener in Assyrien offensichtlich den Kaufleuten ebenso wie den Staatsbeamten offenstand. Es gibt hinreichende Anhaltspunkte dafür, anzunehmen, daß zwischen Ägypten und Syrien (dessen Prinzen Vasallen der Pharaonen waren) und zwischen den Herrschern Assyriens und Babylons ein gut funktionierender Postverkehr existiert hat. Zwischen dem König von Mitanni (im oberen Syrien) und Amenophes IV., König von Ägypten, ist uns eine Korrespondenz erhalten, die Beileidsbezeugungen zum Tode des Vaters des Pharao enthält.

Die ältesten erhaltenen Briefe bestanden aus Tontafeln in Keilschrift, die gebrannt und gehärtet und in Tonumschläge eingefügt waren. Sie wurden vom königlichen Hof, von Kaufleuten und Privatpersonen in Kapadokien (Kleinasien) verschickt und datieren von 3000 bis 1500 v. Chr. Der umfangreichste Schatz solcher Tafeln, die 1925 von dem tschechischen Archäologen Bedrich Hrozny entdeckt worden sind, wurde bei Kültepe (Kanesch) nahe Kayseri im SO von Ankara in der Türkei gefunden und enthält Funde, die über das Jahr 2000 v. Chr. zurückreichen.

Die frühesten Erwähnungen von Postdiensten jeglicher Art finden sich im *Alten Testament,* Nehemia 2,7–9: »Ich sagte dem König noch: Wenn der König es für gut findet, dann gebe man mir Briefe mit an die Statthalter des Gebiets jenseits des Stroms, damit sie mich bis nach Juda durchreisen lassen; ferner einen Brief an Asaf, den Verwalter der königlichen Wälder ... So kam ich zu den Statthaltern im Gebiet des Stroms, und ich übergab ihnen die Briefe des Königs.« Dies war »im Monat Nisan, im zwanzigsten Jahr des König Artaxerxes« (d.h. um 446 v. Chr.).
Ester 3,12–15: »Am dreizehnten Tag des ersten Monats wurden die Schreiber des Königs gerufen. Man schrieb an die Satrapen des Königs, die Statthalter der einzelnen Provinzen in ihrer eigenen Schrift und Sprache alles genau so, wie es Haman befohlen hatte. Durch Eilboten sandte man das Schreiben an alle königlichen Provinzen (mit dem Befehl): Man solle alle Juden, jung und alt, auch Kinder und Frauen erschlagen, ermorden und ausrotten ... Die Boten ritten hinaus, durch königlichen Befehl zur Eile gedrängt. Während das Gesetz in der Burg Susa veröffentlicht wurde ...«
Und dann in Ester 8,10–14 ist zu lesen: »Man verfaßte die Schreiben im Namen des Königs Artaxerxes, siegelte mit dem königlichen Siegelring und verschickte sie mit Eilboten auf Postpferden, die aus königlichen Gestüten stammten.«

Keilschrift auf einer sumerischen Tontafel

Der älteste postalische Relaisdienst der Welt wurde von Kyros dem Großen, dem Herrscher des Persischen Reiches, im Jahre 539 v. Chr. eingerichtet. Der griechische Historiker Herodot (ca. 484–425 v. Chr.) liefert in seinen *Büchern der*

Geschichte eine lebendige Beschreibung dieses Systems: »Im Übermitteln von Botschaften ist nichts schneller als jene Methode, die von den Persern erfunden und angewandt wurde. Entlang einer jeden Route, in regelmäßigen Abständen, die einer Tagesreise entsprechen, gab es Relaisposten, besetzt mit Männern und Pferden, die in Stationen untergebracht waren, welche eigens für diesen Zweck errichtet worden waren. Schnee, Regen, Kälte oder Dunkelheit konnten diese Boten nicht daran hindern, ihre Arbeit mit der größtmöglichen Eile fortzuführen. Der erste, der ankam, übergab die Sendungen einem zweiten, der sie an einen dritten weitergab und so weiter, bis die Depeschen schließlich an ihrem Bestimmungsort anlangten ... In der Sprache der Perser nannte man diese Relaisposten *angareion.*«
Das wird von dem Historiker Xenophon (430 bis ca. 350 v. Chr.) in seiner *Kyropedia*, VIII, 6 bestätigt: »Hier ist eine weitere Erfindung des Kyros, die sehr hilfreich für die Verwaltung seines gewaltigen Imperiums war, da sie unverzüglich Nachricht aus jedem Teil seines Herrschaftsbereichs ermöglichte. In Abständen, die der Strecke entsprechen, die ein Pferd an einem Tag zurücklegen kann, ohne zu ermüden, wurden Ställe errichtet; in jedem Stall standen Pferde und Pferdepfleger, die sie versorgten. Er besetzte jede Station mit einem intelligenten Mann, der dem einen Kurier die Briefe übergab, die von einem anderen gebracht worden waren; der den ermüdeten Kurieren und Pferden Erholung und Erfrischung bot und der die Finanzen kontrollierte. Nicht einmal die Nacht konnte diese Boten auf ihrem Weg aufhalten; ein Bote, der bei Tage ankam, wurde durch einen anderen ersetzt, der des Nachts unterwegs war. Sie schienen schneller als der Flug der Vögel. Es ist keine Übertreibung, zu sagen, daß keine anderen Männer schneller kreuz und quer durch die Welt reisen konnten.«

Das größte Postnetz aus alter Zeit wurde in China für den kaiserlichen Hof und seine Beamtenschaft betrieben. Zur Zeit des Besuchs von Marco Polo im 13. Jh. reichte es von Peking aus bis in alle Ecken des Reiches und umfaßte mehr als 25 000 Relaisstationen. Allerdings war es der Öffentlichkeit bei schwerer Strafe verboten, diesen Dienst in Anspruch zu nehmen (bis 1879).

Die längste Postroute der Antike verlief von Sardis nach Susa, via Ancyra, Melitene, Arteba und Calonne, via Oasen quer durch die Iranische Wüste. Sie war 542 km lang, hatte 111 Relaisstationen, und ein berittener Bote brauchte fünf Tage, ein Läufer 90 Tage, um die Strecke zurückzulegen.

Die älteste bekannte Abbildung eines Postfahrzeugs ist ein Basrelief von der Igelsäule bei Trier

Der Cursus Publicus auf einer italienischen Briefmarke von 1976

um etwa 250 v. Chr., das ein zweirädriges Gefährt des *Cursus Publicus* (d. i. die Post des alten Rom) zeigt, mit dem bis zu 200 kg Post befördert werden konnte.

Das älteste postalische Streckenverzeichnis ist erhalten auf den Pokalen von Vicarello (etwa 100 n. Chr.), bekannt auch unter dem Namen *Apollinaire-Vasen* – vier Silberpokale von etwa 10 cm Höhe, die 1852 in einer alten Heilquelle nördlich von Rom entdeckt wurden. Außen eingraviert sind die Namen der Relaisstationen zwischen Rom und Cadiz.

Die älteste Post-Landkarte, bekannt als *Peutinger Tafeln*, datiert aus dem späten 4. Jh. n. Chr. und wird in der Wiener Nationalbibliothek aufbewahrt. Sie wurde in Colmar von einem Mönch aufgezeichnet und bildet die römischen Postwege vom Industal bis nach Britannien ab, wobei die *mansiones* (Poststellen) und *mutationes* (Relaisstationen) deutlich gekennzeichnet sind.

Die frühesten Postverordnungen datieren aus dem 4. Jh. n. Chr. und beziehen sich auf den Betrieb des *Cursus Publicus*, d.h. das Postsystem des römischen Imperiums. Umfassende Kontrollbefugnis war dem Präfekten der Prätorianergarde übertragen, der dem Kaiser unmittelbar verantwortlich war. Die *curiosi* (Kontrolleure oder Inspektoren der Post) überwachten den reibungslosen Ablauf des Postverkehrs und hatten sicherzustellen, daß die Bestimmungen streng eingehalten wurden. Für den alltäglichen Betrieb des Dienstes war der *praefectus vehiculorum* (Transportleiter) in jeder Provinz verantwortlich. Jeder Station stand ein *stationarius* (Postmeister) vor, der die Postillions, Stallknechte, Hufschmiede und sonstige Bedienstete anzuweisen und Buch über Eingänge und Ausgänge zu führen hatte. Die *tabellarii* (Boten) beförderten die Post, wobei sowohl die Einteilung der Routen wie der Arbeitszeit ihnen selbst überlassen war. Der Staat war zuständig für die Erhaltung der Straßen, der Postfahrzeuge und für die Entlohnung des Personals; für den Unterhalt der Relaisstationen war jedoch jeder einzelne Verwaltungsbezirk selbst verantwortlich. Das römische System verfiel im 5. Jh. n. Chr., wenngleich Reste im Westgotenreich und im Herrschaftsgebiet Karls des Großen überdauerten.

Die frühesten Schreibmaterialien bestanden aus gebranntem Ton, etwa 3000 bis 1000 v. Chr. Papyrus, eine Art durchscheinenden Papiers, wurde hergestellt aus entrindetem Stengelmark der Papyrusstaude, in Streifen geschnitten und kreuzweise verklebt und getrocknet; die Ägypter hatten es seit etwa 1200 v. Chr. in Gebrauch. Griechen und Römer übernahmen es und verwendeten es bis ins 6. Jh. n. Chr. In vorchristlicher Zeit benutzten die Römer Wachstafeln, sogenannte *codicilli*, und dünne Holzspäne waren beliebtes Schreibmaterial für Briefe zur Zeit des römischen Imperiums. Die Griechen verwendeten auch Tierhäute. Pergament, mutmaßlich aus Pergamon in Kleinasien stammend und hergestellt aus besonders gegerbter Kalbs-, Ziegen- oder Schafshaut, war vom 6. Jh. bis ins 15. Jh. in Europa weit verbreitet. Birkenrinde wurde im 11. und 12. Jh. von den Russen benutzt, in neuerer Zeit sogar noch in Kanada.

Papier wurde erstmals als Schreibmaterial im 2. Jh. v. Chr. von den Chinesen verwendet. Um die Mitte des 8. Jh.s n. Chr. gelangte seine Verwendung bis nach Westasien, und von den Arabern weiß man, daß sie im Jahre 751 n. Chr. selbst Papier hergestellt haben, wobei sie zunächst Flachsfasern und später Baumwolle benutzten. Von Kleinasien aus verbreitete sich die Nutzung von Papier nach Griechenland und im ausgehenden 11. Jh. bis in das Byzantinische Reich. Der Kaiserin Irene wird nachgesagt, etwa zu jener Zeit Papier verwendet zu haben; allerdings datiert jedoch das früheste noch erhaltene griechische Manuskript auf Papier aus der Mitte des 13. Jh.s. In Europa wurde es zuerst im 12. Jh. von den Mauren in Spanien hergestellt und gelangte während der arabischen Besetzung über Sizilien nach Italien. Das älteste europäische Dokument auf Papier ist eine Urkunde des Königs Roger von Sizilien aus dem Jahre 1102. Der früheste auf Papier geschriebene Brief wird etwa auf das Jahr 1216 datiert und im Public Record Office, London, aufbewahrt. Verfaßt wurde er von Herzog Raymond von Narbonne und war gerichtet an König Heinrich III. von England. Vom frühen 14. Jh. an war Briefpapier schon weit verbreitet und verdrängte sehr schnell das Pergament.
Notizpapier ist seit 1465 bekannt und wurde aus rauhem, grauem, unbeschnittenem Papier hergestellt; braunes Papier zum Einwickeln von Päckchen ist seit 1570 bekannt.

Die frühesten Umschläge waren die äußeren Tonschichten, die um 3000 v. Chr. die Tontafeln der Assyrer und Ägypter umschlossen. Auf Tierhäute und Pergament geschriebene Briefe wurden ausnahmslos aufgerollt und mit schmalen Lederriemen zusammengebunden (Streifen aus demselben Hautstück) und mit Wachs versiegelt. Seit dem Aufkommen von Papier wurden Briefe so gefaltet, daß auf die Außenseite die Adresse und andere Eintragungen, wie etwa der postalische Bestimmungsort, geschrieben werden konnten und die Laschen durch Siegelwachs gesichert wurden. Diese Praxis hielt sich in Europa bis in die 60er Jahre des 19. Jh.s und in anderen Teilen der Welt sogar noch länger.
Die ersten Papierumschläge waren handgemacht und bestanden aus Blättern, die mit vier überlappenden Ecken über dem Brief geschnitten und gefaltet und auf der Rückseite mit einem Tropfen Siegelwachs verschlossen wurden. Maschinell gefertigte Umschläge wurden in Frankreich sogar seit 1790 hergestellt, doch waren sie sehr unbeliebt, da ihre Verwendung eine Verdoppelung der erhobenen Postgebühren nach sich zog. Erst seit 1840, als die Erhebung der Postgebühr gemäß der Bogenzahl aufgehoben wurde, gelangten Umschläge nach und nach allgemein in Gebrauch. Allerdings hielt sich die Gewohnheit, einen Brief durch Faltung des Bogens zu verschließen und ihn mit einer gummierten Oblate oder mit Siegelwachs zu sichern, in England bis in die späten 50er Jahre des 19. Jh.s. Im Briefverkehr vor 1840 benutzte Umschläge sind selten und erzielen bei Sammlern hohe Preise.

Die frühesten internationalen Postsysteme des Mittelalters wurden von Kaufmannsgilden für ihre Mitglieder eingerichtet. Unter den ersten – wenn nicht gar *die* erste – war die Metzgerpost, die im 12. Jh. von der Zunft der Fleischer in Deutschland gegründet wurde. Eine der Bedingungen, an die das Privileg, sich als Metzger niederzulassen, gebunden war, bestand im Besitz eines Pferdes und der Bereitschaft, Post zu befördern. Die Fleischerzunft soll als erste ein gebogenes Horn zur Ankündigung des Eintreffens der Postsendungen benutzt haben – jenes Posthorn, das bis auf den heutigen Tag als Wahrzeichen für viele Postdienste der Welt gilt. Die Metzgerpost überdauerte bis zum Ende des 16. Jh.s, bis sie schließlich im öffentlichen Postdienst des Heiligen Römischen Reiches Deutscher Nation aufging.
Um 1301 hatte die Florentiner Kaufmannszunft, bekannt unter dem Namen *Arte dei Mercanti di Calimala* (Gesellschaft der Tucher) einen Post-

Königliche Kuriere aus dem Mittelalter auf Briefmarken aus Frankreich (1962) und Belgien (1957)

dienst organisiert, der zwischen Florenz und den bedeutendsten Messestädten in Frankreich verkehrte. Zunftmitglieder entrichteten einen Beitrag an ihren Boten, der die Bezeichnung *scarcelliere* trug (von der *scarcella* oder Satteltasche, in der die Briefe verstaut waren). Monastische Postdienste, die zwischen Klöstern, Abteien und Konventen der großen religiösen Orden und ihren Hauptquartieren in Italien und Frankreich verkehrten, waren seit Beginn des 12. Jh.s eingerichtet worden. Der Mönchs-Bote war bekannt als *rotularius* oder *rotuliger*, so genannt nach der Pergamentrolle *(rotula)*, die die Botschaft enthielt. Diese Rollen waren zusammengesetzt aus Briefen und Antwortschreiben und bestanden aus zahlreichen Pergamentstücken, die an den Enden miteinander vernäht waren, da ja die Rollen von Kloster zu Kloster zirkulierten. Machte eine solche Rolle die volle Runde, dann dauerte dies oftmals mehrere Monate, und am Ende ihrer Reise war sie dann gewaltig angeschwollen. Jene eine Rolle, die den Tod der Äbtissin Matilda (der Schwester Wilhelms des Eroberers) im Jahre 1113 meldete, war 20 m lang und hatte insgesamt 252 kirchliche Häuser passiert. Monastische Rollen dieser Art gab es bis zur Mitte des 16. Jh.s.

Seit Beginn des 13. Jh.s wurden Postdienste, die zwischen den mittelalterlichen Universitäten verkehrten, ins Leben gerufen. Die Studenten waren nach »Nationen» organisiert, deren jede einen Boten unterhielt, der die Verbindung zu den jeweiligen Ländern aufrechterhielt. Demgemäß entsandte die englische »Nation« an der Sorbonne Boten nach London, Oxford, Dublin, Glasgow, Edinburgh, Aberdeen, Bergen, Uppsala, Krakau, nach Ungarn, Kurland, Böhmen, Mähren, Pommern, Schlesien und in die deutschen Hauptstädte. Die Universitätspostdienste unterschieden sich von den anderen frühen Systemen darin, daß es ihnen gewöhnlich gestattet war, Privatkorrespondenz auch der übrigen Bevölkerung zu befördern. Die aus diesen Dienstleistungen entstammenden Einkünfte dienten dazu, die Gehälter des Lehrkörpers zu bestreiten. Diese Universitätspost hielt sich in Mitteleuropa bis ins 18. Jh.

Die älteste Stadtpost der Welt wurde Mitte des 12. Jh.s von der Hanse in Bremen gegründet. Bremen war übrigens das Zentrum der Geschäftsverbindungen der Hanse, von dem Handelswege über Hamburg nach Lübeck und über Rostock und Stettin (Sceczin) nach Danzig (Gdansk) führten.

Gelegentlich sind Erstrechte auch von Straßburg reklamiert worden, doch stammt der früheste Hinweis auf den städtischen Botendienst *(Laufferboten)* erst aus dem Jahre 1322.

Der langlebigste internationale Dienst, der vom Mittelalter bis in die Neuzeit bestanden hat,

Franz (1450–1517), Baptista (1476–1541) und Leonard I. (1523–1612), Grafen von Thurn und Taxis, auf belgischen Marken von 1952

wurde von den Grafen von Thurn und Taxis betrieben. Diese Familie, eine der ältesten und vornehmsten in Europa, führt ihren Ursprung zurück auf einen Vorfahren, der wegen seiner heldenhaften Verteidigung eines Turmes während einer Belagerung Mailands im ausgehenden 4. Jh. den Namen *della Torre* (vom Turme) verliehen bekam. Dieser Name lautete im Französischen *de la Tour* und im Deutschen *von Thurn.* Der Name Taxis leitet sich von einem anderen Vorfahren her, Tacius, dessen Andenken in den Monte degli Tassi nahe Bergamo bewahrt wird und im Französischen Tassis geschrieben wird. Graf Roger I. von Thurn und Taxis errichtete einen Relaisdienst von Postlinien, die Norditalien und Tirol miteinander verbanden; Graf Roger wurde von Kaiser Friedrich III. wegen seiner Dienste im Jahre 1450 zum Ritter geschlagen. Im Jahre 1501 wurde Franz I. von Philipp I., Erzherzog von Österreich, zum »Hauptmann und Meister Unserer Post« bestellt. Vier Jahre später unterzeichnete Philipp, nunmehr König von Spanien, einen Postvertrag in Brüssel, durch den ein Kurierdienst zwischen Spanien, den Niederlanden, Frankreich und Deutschland eingerichtet wurde. Eine weitere Linie, die Mechelin (Malines) in Belgien mit Innsbruck in Österreich verband, wurde 1506 eröffnet. Mitglieder der Familie gelangten zu immer größerem Einfluß, in dem Maße, wie sich ihr Postnetz ausweitete. Karl V. ernannte Leonhard I. zum Oberpostmeister des Römischen Reiches Deutscher Nation. Als im Jahre 1574 Prinz Lamoral I. zum Großmeister der Post bestellt wurde, wurde der Dienst der Allgemeinheit zugänglich gemacht und blieb nicht länger auf zwischenstaatliche Korrespondenz beschränkt. Das Postnetz derer von Thurn und Taxis dehnte sich im 17. und 18. Jh. noch weiter aus, trotz solcher Rückschläge, wie sie der Dreißigjährige Krieg (1618 bis 1648) bedeutete. Auf dem Gipfel ihrer Macht betrieb die Familie Thurn und Taxis einen Dienst, der sich vom Baltikum bis zur Adria erstreckte und von Polen bis zur Straße von Gibraltar. Zu jener Zeit erzielte der Postdienst einen Jahresprofit von 4000000 Livres. Die Familie beschäftigte 20000 Angestellte, besaß Tausende von Pferden

Briefmarken von Thurn und Taxis, 1866, farbig durchstochene Serie

Fouquet de la Varane, der die französische Staatspost um 1598 für die Öffentlichkeit zugänglich machte

und Kutschen und beträchtlichen Besitz (eingeschlossen den Palast in Frankfurt a. M., der den Reichstag des Deutschen Bundes beherbergte). Ihre überstaatliche Macht wurde von Napoleon I. gebrochen, der den Staaten des Rheinischen Bundes gestattete, ihre eigenen Postdienste zu betreiben. Obwohl ihre Privilegien durch den Wiener Kongreß wiederhergestellt wurden, konnten sie sich gegen den unaufhaltsamen Vormarsch nationaler Postdienste nicht behaupten. Im Jahre 1850 hatte sich ihr Dienstleistungsnetz auf drei Großherzogtümer, drei Herzogtümer und mehrere unbedeutende Stadtstaaten verringert: Bremen (bis 1855), Camburg, Gotha, Hamburg (bis 1859), Hessen-Kassel, Lippe-Detmold, Lübeck (bis 1859), Reuss, Sachsen-Weimar-Eisenach, Schaumburg-Lippe, Schwarzburg-Sondershausen und Coburg, Frankfurt/Main, Hessen-Darmstadt, Hessen-Homburg, Hohenzollern-Hechingen, Hohenzollern-Sigmaringen, Nassau, Sachsen-Meiningen und Schwarzburg-Rudolstadt. Dieser mittelalterliche Anachronismus gab tatsächlich Briefmarken zur Verwendung in diesen Gebieten aus (1852–1867). Die gräfliche Familie derer von Thurn und Taxis unterstützte Österreich im Deutschen Krieg und hatte dafür Strafe zu entrichten, indem sie 1867 von den siegreichen Preußen dazu gezwungen wurde, ihr Postmonopol für 3000000 Taler zu verkaufen. Prinz Maximilian Karl, Graf von Thurn und Taxis, war der letzte erbliche Großmeister der Post und starb im Jahre 1871. Das Familienunternehmen Post hatte über 420 Jahre Bestand gehabt.

Die älteste Staatspost der Neuzeit, die die Zirkulation privater Korrespondenz gestattete, wurde von Ludwig XI., König von Frankreich, durch ein Edikt vom 19. Juni 1464 gegründet.

Der älteste öffentliche Postdienst im Britischen Commonwealth datiert aus dem Jahre 1487 und wurde von den Venezianern auf Zypern zur Nutzung durch die Ritter des Templer-Ordens und der Handelsleute organisiert. Der Dienst wurde eingestellt, als Zypern 1570 an die Türken fiel.
In England wurde Sir Brian Tuke 1516 zum »Master of the Posts« ernannt, doch bis 1581 war private Korrespondenz nicht zugelassen. Zehn Jahre darauf wurde die Zirkulation von Privatbriefen in das Ausland durch staatlich nicht kontrollierte Kanäle ausdrücklich verboten.
In Portugal wurde im Jahre 1520 Luis Homem zum Großmeister der Post bestellt. Die Dienstleistungen wurden nach und nach während des 16. Jh.s auf die gesamte Bevölkerung ausgedehnt, doch in vollem Sinne öffentlich wurden sie erst, als 1798 die Regierung den Postdienst übernahm.
In Italien ernannte der Herzog von Savoyen Messer Scaramuccia am 10. Januar 1561 zum Generalpostmeister. Später bekam er den Titel »General der Post« und »Admiral des Po«.
Ein Staatsmonopol für die Beförderung privater Postsendungen, bestimmt für die überseeischen Länder (auf das erstmals in einer Anweisung aus dem Jahre 1591 verwiesen wird), wurde endgültig am 10. März 1604 unter der Herrschaft König Jakob I. etabliert. Ein Inlanddienst wurde 1635 unter Thomas Witherings gegründet.
Folgende öffentliche Postdienste wurden in anderen europäischen Ländern während des 17. Jh.s eingerichtet: Dänemark und Holland (1620), Rußland (1630), Schweden (1636), Finnland (1638) und Norwegen (1647).

Der erste öffentliche Postdienst in Amerika wurde am 5. November 1639 gegründet, als Richard Fairbanks aus Boston zum Postmeister der Bay-Kolonie von Massachusetts ernannt wurde. Auch in den anderen englischen Kolonien wurden Postdienste organisiert: Virginia (1657), New York (1572), Connecticut (1674),

Philadelphia (1683) und New Hampshire (1683). Der Postdienst wurde am 12. Februar 1692 zum Monopol des Parlaments. Im Jahr davor war Thomas Neale zum ersten »Deputy Postmaster General« (d.h. er unterstand dem »Postmaster General« in London) bestellt und mit der Besorgung der gesamten Post beauftragt worden, die aus Übersee einlief und für die zahlreichen europäischen Niederlassungen in Nordamerika bestimmt war.

Das erste amerikanische Postnetz wurde 1693 von Duncan und John Campbell, Vater und Sohn, gegründet als ein Zusatzgeschäft zu ihrer Zeitung, *The Boston Newsletter*, die in den amerikanischen Kolonien große Verbreitung hatte. Alle 15 Tage entsandten sie einen Kurier von Boston nach New York und einen zweiten von New York nach Boston, wobei die Post unterwegs ausgeliefert wurde und Postsäcke jeweils bei Say Brook ausgetauscht wurden. Andere Linien wurden im 18. Jh. ausgebaut: von Philadelphia nach Newport, Virginia (1737), von Philadelphia nach New York (1742), von Albany nach Boston (1760). Bis zum Jahre 1792 wurden die vier Hauptlinien (Boston–Albany, New York–Connecticut, Baltimore–Annapolis und Philadelphia–Pittsburgh) von Konzessionären betrieben, in einem Sieben-Jahre-Turnus.

Die ersten Ansätze zu einer internationalen Regelung des Postverkehrs, wobei ein Land die im voraus bezahlte Korrespondenz eines anderen akzeptiert, kamen am 1. Juni 1792 zwischen Kanada und den Vereinigten Staaten zustande. Entsprechend den Abmachungen eines Postvertrages, der von diesem Tag an in Kraft trat, konnten Briefe aus Kanada zu einem Bestimmungsort in den USA über die ganze Strecke im voraus bezahlt werden. Bis zu diesem Zeitpunkt konnte Post nur bis zu den »lines« (d.h. bis zur Grenze) bezahlt werden, und die Gesamtmenge der amerikanischen Postsendungen mußte vom Empfänger abgeholt werden. Das »Canadian Post Office« handelte als Agent für das »US Post Office« und erhielt einen Rabatt von 20 Prozent auf amerikanische Sendungen, die sie einsammelte. Das »US Post Office« jedoch weigerte sich, für Kanada tätig zu werden, und deshalb konnte amerikanische Post, die für Kanada bestimmt war, nur wie bisher bis zu den Grenzen im voraus bezahlt werden. Als im Jahre 1847 die Vereinigten Staaten Briefmarken einführten, stellte das Canadian Post Office die Einfuhr der amerikanischen Sendungen ein. Seitdem mußten Briefe aus Kanada in die Vereinigten Staaten amerikanische Marken tragen (um die Gebühr der Sendung von der Grenze an zu decken) und bar vorausbezahlt werden, um den Versand bis zur Grenze zu begleichen. Dieses mühselige und hinderliche Verfahren wurde 1851 aufgegeben, als auch Kanada Briefmarken einführte und ein neuer Vertrag zwischen den United States, dem United Kingdom und British North America zustande kam, der es ermöglichte, entweder durch Barleistung oder Marken eine Postsendung über die gesamte Strecke, von einem Land ins andere, im voraus zu begleichen.

Sowohl England als auch Frankreich verfügten über massive Wirtschaftsinteressen in vielen überseeischen Ländern und lösten das Problem bis zu einem gewissen Maße einfach dadurch, daß sie ihre eigenen Postämter und Postagenturen in diesen Ländern eröffneten. Der Englisch-Französische Postvertrag von 1843 regelte das komplexe Verfahren beim Austausch der Post zwischen britischen und französischen Schiffen in viele Teile der Welt. Eine Reihe von Verrechnungsstempeln wurde verwendet, um Briefe, die aus Übersee stammten, kenntlich zu machen, und zwar jene, die nach Frankreich adressiert waren und über England zugestellt wurden – sowie auch für andere, ähnliche Kombinationen. Diese Konvention wurde 1846 und nochmals 1855 geändert, wobei die letztere die wechselseitige Annahme von Postsendungen vorsah, bei denen gummierte Marken aufgeklebt waren. Umfangreiche Postabkommen und bilaterale Postverträge standen weiterhin zwischen zwei oder mehreren Ländern zur Verhandlung, bis dann 1874 die Union Postale Universelle (UPU), d.h. der Weltpostverein, gegründet wurde.

Anglo-französische Buchungsstempel

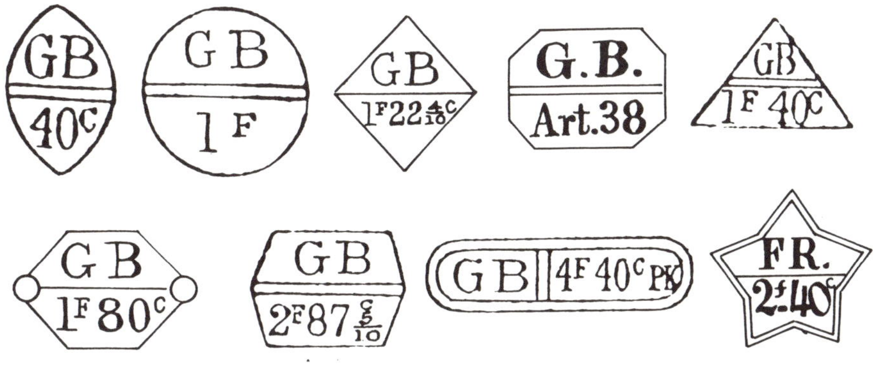

Die erste internationale Postunion war 1850 zwischen Österreich und einer Anzahl deutscher Kleinstaaten Gegenstand von Verhandlungen. Daran beteiligt waren Österreich-Ungarn, Baden, Bayern, Braunschweig, Hannover, Oldenburg, Preußen, Sachsen, Thurn und Taxis und Württemberg, sowie die norditalienischen Fürstentümer Modena, Parma und Toskana, die damals zum österreichischen Einflußgebiet gehörten. Ein Bestandteil dieser Abmachungen war, daß die von diesen Ländern herausgegebenen Marken mehr oder weniger standardisiert waren hinsichtlich der jeweiligen Farben für den entsprechenden Gebührensatz. Im Aufdruck ihrer Marken wurde von Baden, Thurn und Taxis und

Briefmarken aus Baden und Württemberg von 1851, deren Inschrift auf den Deutsch-Österreichischen Postvertrag Bezug nimmt

Von den Niederlanden für den Internationalen Gerichtshof ausgegebene Marken; französische Marken für den Europarat und die UNESCO

Schweizer 5-fr-Marke, überdruckt zur Benutzung durch den Völkerbund, Genf

Das Weltpostverein-Denkmal in Bern

Württemberg direkt auf diese deutsch-österreichische Konvention Bezug genommen.
Bedingt durch die italienischen Kriegswirren von 1859/60 wurde die Postunion erheblich zerrüttet und kam während des Deutschen Krieges zwischen Österreich und Preußen (1866) ganz zum Erliegen. Sie wurde teilweise ersetzt durch den Norddeutschen Postverein (1867). Die Erfahrungen bei der Gründung dieses Vereins und die nachfolgende Vereinigung der deutschen Postdienste im Zuge der Reichsgründung (1871) gestatteten es Heinrich von Stephan, dem preußischen Generalpostmeister, die vielfältigen Anregungen aufzunehmen, die 1874 zur Gründung des Weltpostvereins (UPU) führten (1878 endgültige Namensgebung).

Die ersten Ansätze zu einer weltweiten Postunion erfolgten 1863, als die Pariser Postkonferenz unter dem Vorsitz Montgomery Blairs, »Postmaster General of the United States«, zusammentrat. Teilnehmer waren Delegierte aus Österreich, Belgien, Costa Rica, Dänemark, Ecuador, Frankreich, Großbritannien, Hawai, Italien, die Niederlande, Portugal, Preußen, Spanien, die Schweiz und die Vereinigten Staaten, und die Hansestädte Bremen, Hamburg und Lübeck. Die Konferenz wurde vom 11. Mai bis 8. Juni 1863 im Hôtel des Postes, Paris, abgehalten, und obwohl es zu keinerlei praktischen Vereinbarungen kam, beleuchtete sie sehr wohl die Probleme des internationalen Postverkehrs. Viele der Postverträge und bilateralen Abkommen nach 1863 wurden von den Resolutionen dieser Konferenz beeinflußt. Montgomery Blair, mehr als überlastet mit den Problemen des Postverkehrs während des amerikanischen Bürgerkrieges, sah sich außerstande, die Angelegenheit weiter zu verfolgen, und ein Jahrzehnt mußte vergehen, bevor der Gedanke dann im Frühjahr 1873 durch Heinrich von Stephan wiederbelebt wurde, der eine Tagesordnung für eine künftige Postkonferenz erarbeitete. Diese trat dann auch am 15. September 1874 in Bern, Schweiz, zusammen und wurde von Delegierten aus 22 Ländern besucht. Sämtliche bereits 1863 beteiligten Länder (außer Costa Rica) waren vertreten; neu hinzu kamen Ägypten, Deutsches Reich (als Nachfolgestaat von Preußen), Griechenland, Ungarn, Luxemburg, Norwegen, Rumänien, Rußland, Serbien, Schweden und die Türkei. Am 9. Oktober wurde ein Abkommen erreicht, das am 5. Mai 1875 in Bern ratifiziert wurde. Die Vereinbarungen dieser Union traten am 1. Juli 1875 in Kraft, außer in Frankreich, wo diese Angelegenheit, die dem französischen Parlament zur Abstimmung vorgelegt worden war, um etwa sechs Monate verzögert wurde.
Das erste Land, das nach den Gründungsmitgliedern dem Weltpostverein (UPU) beitrat, war Britisch-Indien (Juli 1876); kurz darauf folgten die französischen Kolonien, Brasilien, die spanischen Kolonien und die holländischen überseeischen Besitzungen.

Der Name Weltpostverein (UPU) wurde auf der zweiten, 1878 in Paris abgehaltenen Konferenz beschlossen, die von Delegierten aus 38 Ländern besucht wurde. Der Weltpostverein umfaßt jedes Land und jede Postverwaltung der Welt und ist die einzige internationale Organisation, die reibungslos über ein volles Jahrhundert funktioniert hat, trotz zweier Weltkriege und anderweitiger großer Erschütterungen. Auf der Pariser Konferenz 1947 wurde beschlossen, daß der UPU eine Sonderabteilung der Vereinten Nationen werden sollte. Der ständige Sitz ist Bern. Unter der Ägide der schweizerischen P.T.T. (d.i. Post-, Telegraphen- und Telefonverwaltung) hat der UPU seine eigenen Marken seit 1957 herausgebracht.

Die erste internationale Organisation mit eigener Briefmarkenausgabe war der Völkerbund. Eingeführt seit 1922 und verwendet vom Hauptsitz des Völkerbundes in Genf, wurden schweizerische Marken mit dem Organisationsnamen »Société des Nations« überdruckt.

In der Folgezeit überdruckte die Schweiz Briefmarken zur Verwendung durch das Internationale Arbeitsamt, BIT (1923), das Internationale Erziehungsamt, BIÉ (1944), die Weltgesundheitsorganisation, OMS (1948), die Internationale Flüchtlingsorganisation, OIR (1950), die Meteorologische Weltorganisation, OMM (1956), den Weltpostverein, UPU (1957), und die Internationale Fernmelde-Union, KIT (1958).
Briefmarken zur Verwendung durch die Vereinten Nationen, mit ihrem europäischen Sitz in

Genf, wurden unter Mithilfe des Schweizer P.T.T. von 1950 bis 1969 ausgegeben. Danach wurden vom Genfer Sitz der UN eigenständig Briefmarken herausgegeben.
Sondermarken werden seit 1951 von den Vereinten Nationen in New York herausgebracht und in ähnlichen Entwürfen durch deren Wiener Büro seit dem 24. August 1979. Darüber hinaus haben die Vereinten Nationen Briefmarken in belgischer Währung zur Verwendung im UN-Pavillon der Brüsseler Weltausstellung (1958) und in kanadischer Währung auf der Expo von Montreal (1967) ausgegeben sowie in holländischer Währung für West-Neuguinea (1962) mit dem Aufdruck UNTEA – *U*nited *N*ations *T*emporary *E*xecutive *A*uthority).
Seit 1934 sind von den Niederlanden Sondermarken zur ausschließlichen Verwendung durch den Haager Gerichtshof ausgegeben worden; gleiches gilt für Frankreich, das seit 1958 Marken für den Europarat in Straßburg druckt sowie für die UNESCO in Paris seit 1961.

Das einzige Land mit einem dualen System von Marken, die von zwei Verwaltungen in identischem Design, doch unterschiedlichen Sprachen herausgebracht wurden, waren die Neuen Hebriden zur Zeit des anglo-französischen Kondominiums, das 1906 zustande kam. Die erste Ausgabe von 1908 bestand aus Fidschi-Marken, die in englischer Sprache überdruckt waren, und Marken von Neukaledonien, die in Französisch überdruckt waren. Von 1911 bis 1980 wurde jede Marke, die von der Britischen Postverwaltung ausgegeben wurde (mit Ausnahme der Gedächtnismarke anläßlich der Krönung von 1953), mit der Ausgabe einer entsprechenden französischen Marke beantwortet. In der Mehrzahl der Fälle wurden auch dieselben Entwürfe verwendet, die sich lediglich im Aufdruck und in der Stellung der französischen und englischen Staatswappen unterschieden. Der Wert dieser Marken wurde in Gold-Centimes und Francs ausgedrückt – entsprechend dem System, das zwecks internationaler postalischer Verrechnung benutzt wird. Diese Praxis wurde mit den ersten Ausgaben von Vanuatu fortgeführt, da die Neuen Hebriden seit Erlangung der Unabhängigkeit 1980 international bekannter geworden waren, doch seit 1981 sind die Marken lediglich zweisprachig in Englisch und Französisch bedruckt worden.

Das einzige Land mit zwei vollständig getrennt arbeitenden Postverwaltungen ist Andorra, das seit 1288 gemeinschaftlich von Frankreich und Spanien regiert wird (oder richtiger vom Comte de Foix und dem Bischof von Urgel). Gegenwärtig hat Andorra zwei offizielle Staatsoberhäupter: den Präsidenten der Französischen Republik und den Bischof von Urgel. Man nimmt an, daß französische und spanische Briefmarken erstmals im Jahre 1877 in Andorra verwendet worden sind, doch der Weltpostverein hat in der Folgezeit die Verantwortung für Andorras Auslandspost Spanien übertragen. Zwischen 1887 und 1931 hat Frankreich einen Kurierdienst von Andorra aus über die Pyrenäen eingerichtet. Das spanische Postamt in Andorra la Vieja wurde am 1. Januar 1928 gegründet, und bereits im März desselben Jahres sind Sondermarken eingeführt worden. Ein konkurrierendes französisches Postamt wurde am 16. Juni 1931 in Andorra la Vella (gleicher Ort) eröffnet, ähnlich ausgestattet mit eigenen Sondermarken. Diese Briefmarken, mit spanischem oder französischem Aufdruck und Werten, die entweder in Pesetas oder Francs ausgedrückt wurden, sind bis auf den heutigen Tag in Gebrauch, doch sind sie ausschließlich für die Auslandspost bestimmt.

Von der spanischen und französischen Post in Andorra ausgegebene Briefmarken

Die einzigen Länder, die ihren Bürgern Gebührenfreiheit für Postsachen gewähren, sind Andorra und Grönland. Bis auf den heutigen Tag wird alle örtliche Post in Andorra gebührenfrei befördert. Vor Dezember 1938 wurde sowohl für örtliche Postsendungen und Briefe von Grönland nach Dänemark keine Gebühr erhoben. Einzig Päckchen mußten frankiert werden, und zu diesem alleinigen Zweck wurden von 1905 bis 1938 Paketporto-Marken von Grönland ausgegeben. Die überwiegende Mehrzahl dieser Marken wurde bei Ankunft in Kopenhagen entwertet, und Einzelstücke mit grönländischem Poststempel sind erheblich mehr wert. Marken mit Entwertungsnummern wurden gewöhnlich als Sparmarken benutzt.

Die Postämter in aller Welt sind in der *Nomenclature Internationale des Bureaux de Poste*, veröffentlicht vom Weltpostverein, Bern, aufgelistet. Die Postämter sind alphabetisch aufgeführt, von Aarback (Finnland) bis Zyznow (Polen).
Die Zahl der Postämter der Welt erreichte ihre Spitze von 437168 im Jahre 1968. Seither haben Rationalisierungsprozesse diese Zahl deutlich verringert. Der größte Rückgang ist in den Vereinigten Staaten zu verzeichnen, die im Jahre 1900 bereits 76688 Postämter hatten (bei einer Bevölkerungszahl von 76 Millionen); bis 1967 fiel diese Zahl auf nur mehr 32626 Ämter ab (bei einem Anwachsen der Bevölkerung auf 200 Millionen). Seitdem ist die Anzahl der Postämter langsam wieder auf 39486 angestiegen (1979).

Heinrich von Stephan, Gründer des Weltpostvereins (1831–97)

Montgomery Blair, Anreger der Pariser Postkonferenz von 1863

Das »Hôtel des Postes«, Paris, Konferenzort im Jahre 1863

Gemeinschaftliche Freimarkenserie der Neuen Hebriden von 1911, englische und französische Version

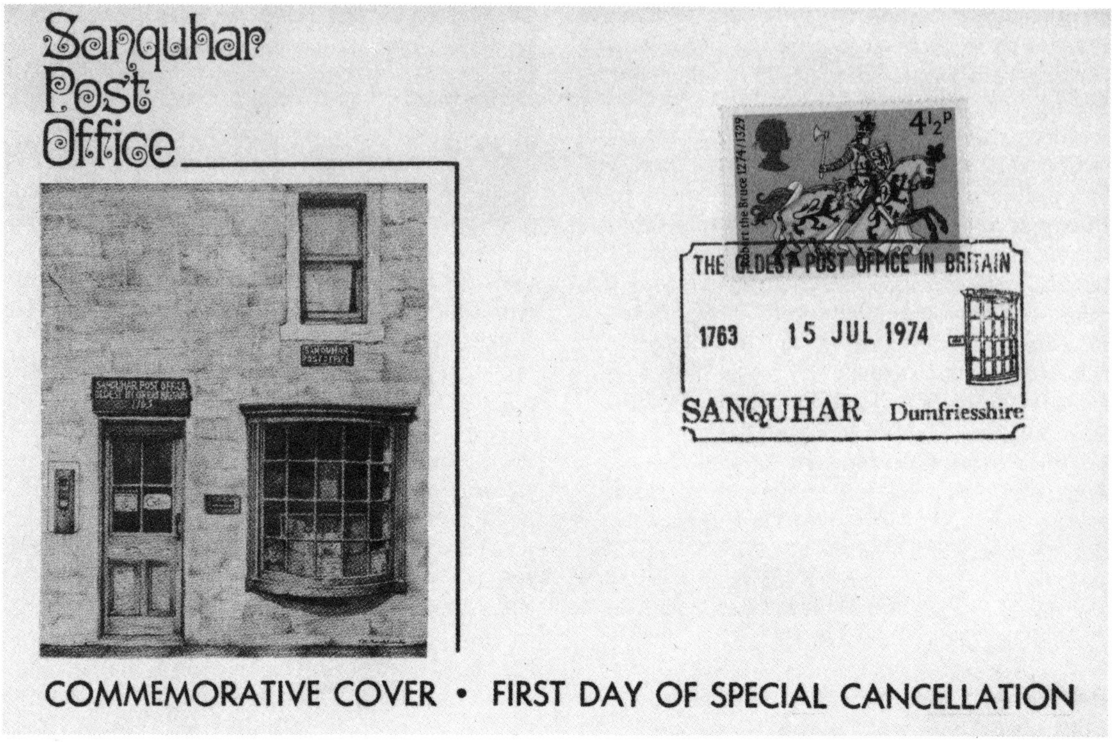

Gedenkumschlag aus Sanquhar: »Das älteste Postamt in Großbritannien«

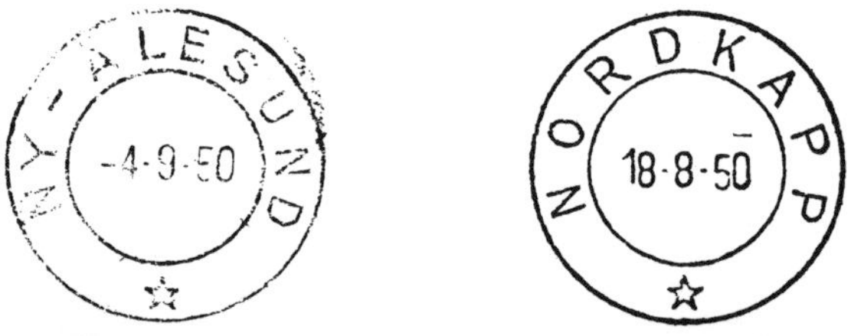

Poststempel aus Ny Ålesund und vom Nordkap, Norwegen

5-s-Marke der Bahamas von 1965, mit Abbildung des Tiefseepostamtes von 1939

Das höchstgelegene Postamt der Welt mit Normalbetrieb ist in Cerro de Pasco, Peru, in einer Höhe von 4355 m. Das höchste in den Vereinigten Staaten liegt in einem Dorf mit dem bezeichnenden Namen *Climax*, Colorado, in einer Höhe von 3450 m. Das höchstgelegene Postamt der Bundesrepublik Deutschland befindet sich auf der Zugspitze (2962 m).

Das nördlichste Postamt der Welt liegt bei Ny Ålesund, Spitzbergen, in Norwegen (78°55′32″N).

Das südlichste Postamt der Welt wird von den Vereinigten Staaten am Südpol betrieben und erbringt Leistungen für etwa 1000 Bedienstete, Wissenschaftler und Geologen. Postsendungen, die für dieses Amt bestimmt sind, gehen über Christchurch, Neuseeland.

Das Postamt, das die kleinste Einwohnerzahl versorgt, ist dasjenige auf Suwarrow, einem Atoll der Cook-Inseln. Die Insel (800 m lang und 270 m breit) ist 320 km von seiner nächsten bewohnten Nachbarinsel entfernt und hat einen einzigen Einwohner, den Neuseeländer Tom Neale, der am 22. Juli 1969 als Postmeister eingesetzt wurde. Vorher hatte Mr. Neale in nichtoffizieller Eigenschaft als Postbeamter und Küstenwache Dienst getan. Postsendungen von der Insel werden kenntlich gemacht durch einen offiziellen Datumsstempel sowie Tom Neales eigenem Stempel.

Das einzige Tiefseepostamt der Welt wurde am 16. August 1939 in einem Unterseegraben nahe den Bahamas als Bestandteil der Ausrüstungen zu der *Williamson Photosphere* gegründet; es wurde vom American Field Museum unterhalten. Es bestand aus einer kugelförmigen Kammer mit Glaswänden, die mit Instrumenten für die Beobachtung von Tiefseephänomenen ausgerüstet war. Die *Photosphere* und ihr Postamt hatten Captain Charles Williamson als einzige Bemannung. Die Post trug einen ovalen Sonderstempel mit der Inschrift »Sea Floor/Bahamas«. Dieses einzigartige Postamt wird auf der 5-Shilling- und 1-Dollar-Marke (einmalige Ausgabe) dargestellt, die 1965–71 von den Bahamas ausgegeben wurde.

Die größte Anzahl ausländischer Postämter in einer einzigen Stadt belief sich auf acht, die in Konstantinopel tätig waren.

In Betrieb waren nicht alle acht gleichzeitig: Frankreich (1799–1923), England (1832–1923), Österreich (1863–1914), Rußland (1863–1918), Deutschland (1844–1914), Italien (1908–1923), Polen (1919–1923) und Rumänien (1919–1923).

Die größte Anzahl ausländischer Postämter, die gleichzeitig geöffnet waren, beläuft sich auf sechs, die um die Jahrhundertwende in Konstantinopel und in der chinesischen Hafenstadt Schanghai betrieben wurden. Getrennte Postämter wurden unterhalten von: England, Frankreich, Deutschland, Japan, Rußland und den Vereinigten Staaten. Die Zahl hätte sich fast auf sieben erhöht, als im Jahre 1908 die belgische Regierung den Vorschlag machte, ein eigenes Postamt zu eröffnen, doch der chinesische Reichspostmeister (ein Franzose!) legte ein Veto ein. Belgische Marken mit dem Aufdruck »Chine« waren bereits vorbereitet, doch sind sie nie ausgegeben worden. In Ergänzung hierzu verfügte Schanghai noch über eine Stadtpost (gegründet 1864), die Zweigbüros in 16 anderen chinesischen Städten unterhielt und von 1865–1898 eigene Briefmarken herausgab. Seit 1863 betrieb der kaiserliche chinesische Zoll einen Postdienst, der ebenfalls ein Büro in Schanghai offenhielt. 1898 wurden der städtische und die anderen Dienste des chinesischen Reiches zusammengelegt.
Fünf Auslandspostämter (ein englisches, französisches, deutsches, japanisches und russisches) bestanden gleichzeitig in dem vertraglich vereinbarten gemeinsamen Hafen von Chefoo, und weitere fünf (ein englisches, französisches, deutsches, italienisches und japanisches) gab es in Tientsin. Das letzte der ausländischen Postämter in China wurde am 31. Dezember 1922 geschlossen.

Der Ort, an dem sich die größte Anzahl verschiedener Postverwaltungen versammelt haben, ist die Insel Kastellorizon, unweit der Küste von Kleinasien. Bis 1915 wurden dort türkische Marken verwendet, doch danach wurde sie von der französischen Marine besetzt und benutzte seither Briefmarken von der französischen Levante bis zum Jahr 1920, als Marken mit dem Aufdruck »Castellorizo« kurzfristig Verwendung fanden. Am 21. August 1920 zogen sich die Franzosen zurück, worauf die Insel von Italien besetzt wurde, dem sie laut Vertrag von Sèvres zugesprochen worden war. Zunächst stand sie unter Marineverwaltung, doch wurde sie später der italienischen Zivilverwaltung der Dodekanes-Inseln übertragen und verwendete Marken, die den Aufdruck »Castelrosso« trugen. Während des Zweiten Weltkrieges wurde die Insel von den Engländern erobert, und überdruckte englische Marken zur Verwendung der Streitkräfte im Mittleren Osten wurden bis zum 31. März 1947 benutzt. Seit diesem Datum stand die Insel bis zum 15. September 1947 unter griechischer Militärverwaltung und verwendete griechische Marken mit dem Aufdruck »S.D.D.« (Abkürzung für »Militärbesatzung, Dodekanes«). Seit November 1947 sind gewöhnliche griechische Marken im Gebrauch. Kastellorizon unterstand also türkischer, französischer, italienischer, britischer und griechischer Verwaltung – all dies innerhalb eines Zeitraums von 32 Jahren.

Postverwaltungen mit der größten Zahl von Ämtern (Statistik des Weltpostvereins von 1980):

Indien	128171
UdSSR	102917
USA	39486
Japan	22788
Großbritannien	22627
Bundesrepublik Deutschland	19224
Frankreich	17335

Für die VR China stand statistisches Material nicht zur Verfügung; man darf vermuten, daß sie einen oberen Rang auf der Liste einnehmen würde.

Die Verwaltung, die die höchste Zahl von Vollzeitbeschäftigten hat, ist die UdSSR mit 731000 (1980) Angestellten. Die Vereinigten Staaten, die vormals mehr als 700000 Beschäftigte hatten, haben ihre Angestelltenzahlen auf 666823 verringert. Im folgenden einige andere Zahlen:

Indien	501000
VR China	305000
Frankreich	285000
Bundesrepublik Deutschland	279295
Großbritannien	176487

Die Postverwaltung mit der geringsten Beschäftigungszahl sind die Pitcairn-Inseln im Südpazifik mit einer Teilzeitkraft.

Das größte Volumen von Postsendungen im Jahre 1983 wurde vom United States Post Office befördert. Die Bruttomenge betrug 119 Milliarden Beförderungseinheiten.

Das durchschnittliche Aufkommen von Postgut im Jahre 1980 (Briefe, Postkarten und Drucksachen), zugestellt pro Kopf der Bevölkerung, belief sich in den führenden Ländern auf:

USA	445
Frankreich	193
Großbritannien	177
Schweiz	164
Bundesrepublik Deutschland	118
Japan	115
Indien	10,88
VR China	3,17

Die Postverwaltung mit dem höchsten Bruttoeingang (1980) war das United States Post Office. Das Bruttoaufkommen von $ 17142760000 repräsentiert einen tatsächlichen Nettoverlust von $ 306 392.

Die Eingänge der anderen führenden Länder, ausgedrückt in internationalen Goldfrancs, waren:

Bundesrepublik Deutschland	15 787 989 000
Großbritannien	9 404 642 000
UdSSR	7 330 385 000
Japan	7 242 089 000
Schweiz	1 688 342 000
Indien	1 094 603 000

Die Postverwaltung mit der größten Anzahl von Motorfahrzeugen ist das United States Post Office, das im Jahre 1980 120 000 Fahrzeuge in Betrieb hatte – eine erhebliche Verringerung im Vergleich zu 1979, die darauf zurückzuführen ist, daß mehr als 7000 motorisierte Routen in Zustellungsbezirke zu Fuß umgewandelt worden sind, womit eine Ersparnis von 2282 Litern Treibstoff im Jahresdurchschnitt per Route erzielt werden konnte. In Ergänzung hierzu halfen die Zusammenlegung von Auslieferungsfahrzeugen und der Umstieg auf kleinere Fahrzeuge, eine Nettoersparnis von 10% im Jahre 1980 zu erzielen.

Andere führende Länder, geordnet nach mechanisiertem Fuhrpark, sind:

Japan	64 579
UdSSR	45 116
Bundesrepublik Deutschland	41 548
Frankreich	39 697
VR China	34 990
Großbritannien	27 025

Im Vergleich hierzu verfügt Indien, das eine der größten Postverwaltungen unterhält und Leistungen für eine Bevölkerung von 650 982 000 erbringt, nur über insgesamt 920 Motorfahrzeuge.

Austausch von Korrespondenz in der französischen Metropole zu erleichtern. Diese Kästen wurden an den Kreuzungen der Hauptdurchfahrtsstraßen aufgestellt und dreimal täglich geleert. Unglücklicherweise wurden die Kästen regelmäßig verwüstet, und ungesellige Individuen hatten die häßliche Gewohnheit, »nächtlichen Schmutz« in ihnen zu hinterlegen, so daß die Briefe arg verschmutzt wurden. Es gibt auch Berichte, denen zufolge Mäuse und anderes Ungeziefer in diesen Kästen gehaust und sich aus den Briefen eine leckere Mahlzeit gemacht hätten. Dieser Dienst, der sogar von einer gewissen Art von Briefmarken Gebrauch machte, war infolgedessen nur sehr kurzlebig.

Postkästen lebten zu Beginn des 19. Jh.s wieder auf, und sowohl Frankreich als auch Preußen machten um etwa 1800 von ihnen Gebrauch. Sie breiteten sich 1836 nach Belgien aus.

Die ersten Wandkästen wurden 1857/58 von Smith und Hunter in Birmingham hergestellt. Nur eines der ursprünglichen Modelle ist noch in The Mall, Newport, Isle of Wight, in Gebrauch.

Postkästen auf öffentlichen Verkehrsmitteln – man nimmt an, daß sie erstmals auf Straßenbahnen in New York City (1886) zum Einsatz gekommen sind. Dieser Brauch breitete sich 1891 bis Paris aus und wurde 1893 von England übernommen.

Der früheste Automat zum Frankieren und Aufgeben von Briefen wurde 1844 auf Initiative des Posthalters Waltham Cross aufgestellt. Die *Morning Post* weiß am 3. Oktober 1844 zu berichten: »In das Fenster des Postamtes, und zwar dort, wo gewöhnlich eine Scheibe ist, ist ein Zink-

Der älteste, freistehende Briefkasten, auf den Britischen Inseln noch in Gebrauch. Abbildung auf einer Guernsey-Marke von 1979

Mittelalterlicher Briefkasten auf einer italienischen Marke von 1976

Bahnpostwagen aus dem 19. Jh. auf einer Marke aus der DDR, 1960

Die frühesten Postkästen waren die *tamburi* von Florenz, die in den ersten Jahren des 16. Jh.s aufgestellt wurden. Es waren dies geschlossene Holzkästen mit einer Öffnung im Oberteil, und sie wurden in den größten Kirchen installiert, damit anonyme Denunziationsbriefe gegen Übeltäter und verdächtige Staatsfeinde solcherart »postalisch aufgegeben« werden konnten.

Das erste regelrechte System von Straßenpostkästen wurde 1653 von Renouard de Villayer, »Maître de la Petite Poste«, eingerichtet, um den

blech eingelassen, in das zwei Längsschlitze geschnitten sind – einer für die Aufnahme von Briefen und der andere für Pennies. In der Mitte der Platte ist eine Kurbel befestigt, die einen einfachen Mechanismus im Inneren betätigt. Über der Kurbel ist folgendes zu lesen – ›Brief einwerfen und Griff nach oben drehen; Penny einwerfen und Griff drehen.‹ Dies also ist eine einfache Vorrichtung, Briefe aufzugeben und zu frankieren – es gibt kein Warten, bis man den Posthalter aus irgendeinem Raum, wo er sich aufhalten mag, herbeigeklingelt hat, zu seiner und des Ab-

senders Mißvergnügen – hier handelt es sich nun wirklich um eine Erfindung, die von den Posthaltern in Erwägung gezogen werden sollte und von all jenen, die es betreffen mag.«
Es wird vermutet, daß das Postamt in Ware, Hertfordshire, auch von dieser Erfindung Gebrauch gemacht hat. Der »Postmaster General« allerdings entschied sich gegen die allgemeine Einführung dieses Apparates, mit der Begründung, daß Postkunden mit der Handhabung Schwierigkeiten haben könnten und Briefe unfrankiert einwerfen. Das Ergebnis im Betrieb dieser Maschine war, daß der Penny genau auf den dazugehörigen Brief fiel. Bei der Leerung des Kastens klebte der Postbeamte eine gummierte Marke auf jeden Brief.

Der erste, an einem Briefkasten angebrachte Briefmarkenautomat hing 1885 in der Cannon Street Railway Station, London. Postkartenautomaten wurden versuchsweise in Manchester erprobt; sie waren an einem freistehenden Briefkasten angebracht.

Die Postverwaltung mit der größten Anzahl von Briefkästen aller Arten ist diejenige der UdSSR, die über 679276 Kästen verfügt (Stand 1980), d.h. ein Kasten auf jeweils 386 Einwohner. Die anderen führenden Länder, in Klammern die Zahl der Einwohner pro Kasten, sind:

Indien	426553	(1497)
Frankreich	156420	(341)
VR China	156399	(6126)
Japan	141644	(811)
BRD	109651	(559)
Großbritannien	100000	(558)

Jersey macht für sich geltend, pro Kopf über die meisten Briefkästen zu verfügen und damit den Weltrekord zu halten – dies hält indessen jedoch genauerer Überprüfung nicht stand. Jersey verfügt über 169 Briefkästen für eine Einwohnerzahl von 74500 – d.h. je ein Kasten auf 400 Personen.

Ein automatisches Postamt wurde versuchsweise 1924 in Bath eingerichtet. Es bestand aus einer Telefonzelle (Münzfernsprecher), die mit einem Briefkasten und einem Briefmarkenautomaten verbunden war. Aus diesem Prototyp wurde der »Telephone Kiosk No 4« entwickelt, der 1929 in England allgemein eingeführt wurde und an dem auf der Rückseite ein Briefmarkenautomat angebracht war.

Die Numerierung von Häusern zu Postzwecken begann in Paris 1463–64; der Bezirk Pont Notre Dame war der erste, der so durchgezählt wurde.

Die langsamste Postzustellung wird immer wieder einmal von diesem oder jenem beansprucht. Zweifellos aber gebührt der Rekord der Pariser Post, die in den Jahren 1882, 1910, 1920, 1942, 1951 und 1954 Briefe vom Grund der Seine herausfischte, die dort seit der Belagerung von 1870/71 gelegen hatten. Während dieses Zeitraums wurde der Versuch gemacht, Post in die belagerte Stadt gelangen zu lassen, indem man verzinkte Stahlkugeln verwendete, sogenannte *boules de moulins.* Die Briefbündel wurden in wasserfestes Material eingeschlagen, in den Kugeln hermetisch versiegelt und sodann ins Wasser gelassen, damit sie flußabwärts in die Stadt gelangten. Das Experiment scheiterte jedoch, da deutsche Scharfschützen Zielschießen auf die *boules* machten und die meisten versenkten. Erstaunlicherweise machte die Pariser Post jede nur denkbare Anstrengung, die geborgenen Briefe an die Adressaten oder ihre Nachkommen auszuliefern. Die letzte Entdeckung einer solchen *boule* ereignete sich 1968 bei Rouen, weit stromabwärts von Paris gelegen, und sie enthielt einige hundert Briefe vom Januar 1871. Die französische Post beanspruchte die *boule* samt ihrem Inhalt, doch das Amtsgericht von Rouen entschied am 22. Februar 1972, daß sie dem Finder, Monsieur le Grevelle, auszuhändigen sei, dem zur Auflage gemacht wurde, die Briefe bis 1998 aufzubewahren für den Fall, daß die Erben der Adressaten sich melden und Ansprüche geltend machen sollten.

Beförderung auf dem Landwege

Jedes einzelne Poststück wird irgendwann, auf irgendeiner Etappe seiner Beförderung von einer Person zu Fuß bewegt. Die Zusteller zu Fuß – ob Läufer, Melder, Boten, Briefträger etc. – sind buchstäblich die Fußsoldaten der Postdienste dieser Welt, wie kompliziert und mechanisiert der Vertrieb von Post inzwischen auch immer sein mag.

Die ersten Stadt-Postboten waren die Kuriere, die 1680–82 von William Dockwra in seiner *London Penny Post* eingesetzt wurden. Zu Beginn des 18. Jh.s wurden in London Ausrufer beschäftigt; sie patroullierten stündlich in den Straßen, läuteten eine Glocke und riefen Leute auf, ihre Post abzuholen, oder ihnen Briefe zur Weiterbeförderung auszuhändigen. Charles Povey, der eine *Halfpenny Post* organisierte und dabei Ausrufer einsetzte, wurde mit einer Geldstrafe belegt, da er das Monopol des »Postmaster General« verletzt hatte, und einige seiner Ausrufer wurden ähnlich bestraft. Die englische Post übernahm jedoch das Ausrufersystem, und dieses hielt sich in London wie in den meisten Provinzstädten bis 1855, als die Verwendung von Briefmarken und die Aufstellung von Straßenbriefkästen es überflüssig gemacht hat.

Preußischer Postillion um 1827; Preußischer Feldpostillion um 1760; Brandenburgischer Postreiter um 1700; Postillion der Reichspost um 1897–1925

Die ersten von Pferdegespannen gezogenen Postkutschen seit römischer Zeit wurden vom Postdienst derer von Thurn und Taxis in Europa um 1650 eingesetzt. Das Wort »Kutsche« leitet sich her von der ungarischen Stadt Kocs, wo sie erstmalig auf den Straßen war.

Die längste Route einer Zu-Fuß-Zustellung war jene zwischen Montreal und Niagara, über eine Entfernung von 660 km. Ein regelmäßiger Postdienst wurde um 1789 George Heriot eingerichtet. Ein Kurier machte sich immer im Januar eines Jahres von Montreal aus auf den Weg, auf Schneeschuhen mit umgehängtem Postsack. Bei einer durchschnittlichen Tagesleistung von 24 km brauchte er drei Monate, um seine Tour zu beenden.

Das langlebigste System der Postzustellung war das Dak- oder Dawk-System Indiens, das seine Ursprünge in ungebrochener Linie bis auf die altrömische Einrichtung der Relaisläufer zurückverfolgen konnte. Der Dak-Läufer trug Briefe in einem ausgehöhlten Stab und wurde begleitet von einem *mashalchi* (Fackelträger), um ihn durch die Nacht zu führen, sowie von einem Trommler, um Raubtiere fernzuhalten. Im 17. Jh. wurden die Pflichten des Fackelträgers und Trommlers in einer Person vereinigt. Die Dak-Läufer liefen von einer Relaisstation zur nächsten, rund um die Uhr, und der nächste Läufer setzte sich in Marsch, sobald der erste eintraf. Das System erlebte seine Blütezeit unter der Herrschaft Akbars (1543–1602), als mehr als 4000 Läufer eingesetzt wurden. Dieses System wurde unverändert von der East India Company übernommen. Warren Hastings steigerte dessen Effizienz, indem er *munshis* (Schreiber oder Postinspektoren) und *ghari-wallahs* (Zeitnehmer) hinzunahm, die sicherstellen sollten, daß die Daks die vorgeschriebenen 8 km/h einhielten. Dak-Läufer werden bis auf den heutigen Tag eingesetzt.
Berittene Daks wurden von Sher Ali Shah (1541) für die 3220 km Wegstrecke zwischen Bengalen und Sind eingeführt. Postwagen *(dak tonga)* kamen im 18. Jh. in Gebrauch.

Der Buschpostbote, begleitet von einem eingeborenen Führer, legte zu Beginn des Jahres 1838 erstmals die Strecke zwischen Melbourne und Sydney, Australien, zurück. Der erste Postbote war John Conway Burke, der von Melbourne zum Murray River ritt, wo ein zweiter Reiter die Postsendungen nach Yass weiterbeförderte, die dann von dort per Postkutsche nach Sydney gingen.

Ein von Pferden gezogener Postkarren, Indien, 1867. Briefe wurden für weniger als einen Pfennig über jede gewünschte Entfernung befördert. Ein Pferd geht im Geschirr, das andere zieht seitwärts; dieses Arrangement führte oft zum Umkippen des Fahrzeugs

Briefmarke und Werbe-Postkarte des Coolgardie Cycle Express, 1893

Der Pony Express wurde 1859 eingerichtet, um Post zwischen dem Osten der Vereinigten Staaten und Kalifornien zu befördern. Vorher benötigte man für die Strecke von St. Louis, Missouri, nach San Franzisko drei Wochen. Der Pony Express benutzte 190 Relaisstationen mit 500 Pferden und setzte 80 erstklassige Reiter ein (einschließlich Buffalo Bill Cody, der einen Nonstop-Rekordlauf über 618 km machte und nur anhielt, um die Pferde zu wechseln). Die vorgesehene Zeit für die Strecke von St. Joseph, Missouri, nach Sacramento, Kalifornien, betrug zehn Tage, doch die Pony Express-Reiter trugen Lincolns Antrittsrede über die 3220 km lange Route in sieben Tagen und 17 Stunden, was wahrscheinlich der Geschwindigkeitsrekord aller Zeiten für Postsendungen ist, die von Reitern befördert wurden. Die Fertigstellung der Telegrafenverbindung nach San Franzisko am 22. Oktober 1861 führte zur Einstellung dieses Dienstes.

Fahrräder in der Postzustellung wurden in England erstmals im August 1883 eingesetzt. Verwendet wurden Spezialräder mit einem großen und vier kleinen Rädern. Die offizielle Bezeichnung lautete »Barstow Centrecycle«. Bis ca. 1900 wurde dies Transportmittel für die Zustellung von Päckchen benutzt.
James A. Healy organisierte 1893 den *Coolgardie Cycle Express* für den Transport von Postpaketen, die während des westaustralischen Goldrauschs mit Goldstaub gefüllt waren. Für diesen Postdienst wurden Sondermarken gedruckt. Ein ähnlicher Dienst war die *Lake Lefroy Goldfield Cycle Mail* in West-Australien 1897. Während eines Eisenbahnerstreiks im Jahre 1894 rief Arthur C. Banta eine Fahrradpost zwischen Fresno und San Franzisko ins Leben.
Nach dem Zusammenbruch des österreichischen k. u. k. Postwesens im November 1918 richtete die Stadtverwaltung von Vaduz, Liechtenstein (bis dahin abhängig vom österreichischen Postdienst), eine Fahrradpost bis zur schweizerischen Grenze ein, von wo aus die Sendungen dann weitergeleitet wurden. Es wurden Sonderstempel ausgegeben, um die Beförderungsgebühr im voraus entrichten zu können. Eine ähnliche Fahrradpost, bekannt unter dem Namen *Coralit*, gab es 1944 in Italien; sie brachte bis Juni 1945 Sondermarken heraus, als dieser Dienst eingestellt wurde. Ein örtlicher Dienst mit Namen *Moulins Post* in Timaru, Neuseeland, setzte 1968/69 Fahrradjungen in der Zustellung ein.

Die Ochsenpost wurde zwischen 1846 und 1904 in Indien betrieben; im Einsatz waren Ochsengespanne, die entlang der Grand Trunk Road zwischen Allahabad und Delhi verkehrten. Sie wurde 1855 erweitert, um auch Postwege zwischen Kalkutta und Peshawar sowie in Bengalen eröffnen zu können. Das Postamt in Kalkutta verfügte über einen getrennten Schalter für die Ochsenpost und benutzte einen Hand-Sonderstempel für Empfängerabschnitte bei Päckchen. Der »Ochsenzug« ging im Mai 1862 in private Hand über – die Indian Carrying Company –, doch nur vorübergehend; 1868 wurde sie wieder dem öffentlichen Postwesen angegliedert. In der Folgezeit wurde sie eingesetzt, um Post von den abgelegenen Bergstationen zum nächstgelegenen Umschlagplatz der Eisenbahn zu befördern. 1875 gab es 41 regierungseigene Ochsenzug-Ämter in den nordwestlichen Provinzen und im Pandschab, die den Versand von Päckchen und Fracht abwickelten. Da sich in den 70er Jahren des vorigen Jahrhunderts das Eisenbahnnetz stetig erweiterte, wurden die Ochsenrouten nach und nach eingestellt. Die letzte Linie dieser Art von Ambala nach Simla wurde im Oktober 1904 geschlossen.
Ein ähnlicher Dienst, die sogenannte »Kuhpost« zwischen Rothenuffeln und Hille, wurde 1878 in Deutschland betrieben.

2a 6p Indien, 1937: Abbildung der Ochsenpost

Kamele sind in der Postbeförderung in breitem Umfang genutzt worden, und zwar in ganz Nordafrika, im Mittleren Osten sowie in Mittelasien. Weniger bekannt dagegen sind die von Kamelen getragenen Postdienste in West- und Süd-Australien um die Mitte des 19. Jh.s sowie diejenigen in Texas, Neu-Mexiko und Arizona etwa um die gleiche Zeit. Das einhöckrige Dromedar war in diesen Diensten das Arbeitstier. In den asiatischen Republiken der Sowjetunion wurde das zweihöckrige oder baktrische Kamel

Die Vorrichtung zum Austausch von Postsäcken an der Bahnlinie, letztmals benutzt am 4. Oktober 1971. Fassungsvermögen 18 kg, Austausch vom fahrenden Postzug-Amt aus

in einem Postdienst eingesetzt, der Dushanbe, die Hauptstadt Tadschikistans, mit dem Eisenbahn-Brückenkopf Guzar, 322 km entfernt, verband. Auch wurden Kamelgespanne mit zweien dieser Tiere benutzt, um Postwagen zu ziehen.

Rentiere sind um die Jahrhundertwende in Nordskandinavien und Rußland in der Beförderung von Post auf Schlittengespannen verwendet. Die Annahme, daß im ausgehenden 19. Jh. in Kanada das Kariboo ähnliche Dienste geleistet habe, ist zwar weit verbreitet, trifft jedoch nicht zu. Dieser Mythos erhielt Nahrung dadurch, daß ein lokaler Postdienst in Britisch-Kolumbien und Vancouver den Namen *Barnard's Cariboo Express* trug.

Katzen sind 1879 in Liège, Belgien, im Postdienst erprobt worden; etwa 37 Katzen waren im Einsatz, die Briefbündel in Dörfer in einem Radius von 30 km vom Stadtzentrum Lièges entfernt befördern sollten. Das Experiment war jedoch kurzlebig, da sich die Katzen als durch und durch undiszipliniert erwiesen.

Hunde wurden im ausgehenden 19. Jh. in den Küstenstädten von Sussex, England, vor Postkarren gespannt. Der Dienst kam abrupt zum Erliegen, als Beschwerden von Tierfreunden eingingen, die klagten, die Hunde würden grausam mißbraucht.
Eine reguläre Schlittenpost, die von Hundegespannen gezogen wurde, verkehrte bis 1950 von Fort Yukon, Alaska, aus, doch wurde sie um 1960 eingestellt, als ein örtlicher Flugdienst eingerichtet wurde. Gelegentliche Rennen der *Alaska Dog Team Post* gibt es jedoch bis auf den heutigen Tag.

Per Eisenbahn wurde Post erstmals inoffiziell am 11. November 1930 auf der Strecke von Liverpool nach Manchester befördert. Die erste auf Schienen versandte Post in Amerika hatte am 15. Januar 1831 die Lokomotive *Best Friend* der South Carolina Railroad an Bord, und später dann, Januar 1832, die Baltimore and Ohio Railroad. Dieser Gesellschaft wurde am 1. Januar 1838 der erste offizielle Postvertrag durch das US Post Office ausgestellt.
Auf halboffizieller Basis wurde Post erstmals am 4. Juli 1837 von der Grand Trunk Railway zwischen Birmingham und Liverpool befördert. Am 10. Dezember desselben Jahres sind Sonderzüge (Up and Down Special) zu einem Preis von £ 10 pro Fahrt eingerichtet worden. Frederick Karstadt, Sohn eines Postinspektors, regte Sortierwaggons an, damit die Post unterwegs von den Angestellten sortiert werden könnte.

Der erste experimentelle Sortierwaggon, ein umgewandelter Pferdetransporter, verkehrte am 24. Januar 1838 zwischen Birmingham und Liverpool. Der erste Bahnpost-Stempel mit der Zeile *MISSENT TO RAILWAY POST OFFICE* wurde am 27. Januar 1838 vom Mail Coach Officer herausgegeben. Es wird manchmal behauptet (irrigerweise), daß dieser Dienst am 6. Januar 1838 aufgenommen worden sei, doch ist dies das Datum eines Memorandums von George Louis an den Secretary of the Post Office, Colonel Maberly, in dem dieses Experiment angeregt wurde.

Die erste technische Vorrichtung, Postsäcke aus einem fahrenden Zug aufzunehmen und abzusetzen, ließ sich Nathaniel Worsdell am 4. Januar 1838 patentieren. Worsdell war Oberinspektor der Waggonfabrik Grand Junction. Erfolgreiche Experimente wurden im Dezember 1837 auf einem Streckenabschnitt nahe Winsford, Cheshire, durchgeführt. Worsdell bot seine Erfindung dem Post Office für £ 3500 an, doch wurden ihm nur £ 500 geboten, die er ablehnte. Das Post Office brachte einen seiner Angestellten, John Ramsay, schließlich dazu, den Worsdell-Apparat »neu zu konstruieren«, und dieser wurde dann am 30. Mai bei Boxmoor erprobt und im November 1838 auf der Strecke London–Liverpool allgemein eingeführt.

Zu Wasser

Der erste reine Postzug der Welt war die *London and Bristol Special Mail*, die ihren Betrieb am 1. Februar 1855 aufnahm und aus zwei Sortierwaggons sowie einem Packwagen bestand, die von einer *Fire Fly 7*-Lokomotive gezogen wurden. In Bristol wurde er mit dem Personenzug von Paddington nach Exeter zusammengekoppelt. Dieser kombinierte Postzug war bekannt unter dem Namen *London and Exeter Railway Post Office*. Der *Special* wurde zu einer *Limited Mail*, als im Juni 1869 dem Zug ein Erster-Klasse-Waggon angehängt wurde.

Der älteste Postzug der Welt mit einem Eigennamen ist die *Irish Mail*, die am 1. August 1848 den Verkehr von London nach Holyhead aufnahm. In der Zeit vor der Fertigstellung der Britannia Tubular Bridge am 18. März 1850 wurden Fahrgäste und Post mit Pferdewagen über die Telford's Menai Bridge von Bangor nach Llanfair übergesetzt.

Von Pferden gezogene Päckchenwagen wurden von dem British Post Office erstmals 1887 in dem Versuch eingesetzt, die Betriebskosten zu senken. Bis August 1883 mußte das Post Office 55% aus seinem Gebührenaufkommen für den Versand von Päckchen an die Eisenbahngesellschaften abführen. Um 1890 verkehrte ein Nachtpäckchen-Kutschendienst von London nach Oxford, Colchester, Watford und Chatham.

Der erste Auto-Posttransporter war ein Fahrzeug mit Dampfantrieb, das zwischen London und Redhill, Surrey, im Jahre 1897 vom Post Office eingeführt wurde. Später im selben Jahr wurde vom General Post Office, London, ein Lastwagen mit Verbrennungsmotor versuchsweise betrieben. 1898 verkehrte zwischen Reading und Newbury ein Daimler-Transporter. Für den Päckchendienst in London, Liverpool und Manchester wurden 1903 drei Lastwagen eingesetzt.
1899 machte das US Post Office eine Ausschreibung für einen Lieferwagendienst in Chikago, doch gingen keine Angebote ein. Der erste motorisierte Dienst wurde von der New York Electric Company am 15. April 1901 versehen; er beförderte Post zwischen dem Postamt von Buffalo und dem Ausstellungsgelände der Pan American Exposition über eine Entfernung von 7 km.

Der erste motorisierte Postbus wurde vom bayerischen Postwesen in Betrieb genommen, das vom 1. Juni 1905 an einen 29-PS-Daimler-Bus zwischen Bad Tölz und Lenggries einsetzte. Der Oldtimerbus wird heute im Nürnberger Verkehrsmuseum ausgestellt.

Der erste Bericht über die Nutzung von Meeresströmungen zur Übermittlung von Korrespondenz stammt aus dem Jahre 300 v. Chr., als der griechische Philosoph Theophrast Flaschen ins Wasser geworfen hatte, die Botschaften enthielten, wodurch er beweisen wollte, daß das Mittelmeer seine Hauptwassermenge aus dem Atlantik bezieht. Benjamin Franklin untersuchte die Strömungsrichtungen des Golfstroms, indem er Flaschen »verschickte«, denen Botschaften an die Finder beigegeben waren. Ein »Royal Uncorker of Bottles« (Königlicher Flaschen-Entkorker) wurde 1560 ausdrücklich damit beauftragt, vom Wasser angetriebene Botschaften zu untersuchen; dieses Amt bestand bis in die Zeit der Regierung Georg III. (1760–1820).
Lady Grange, die von ihrem Gatten auf die Insel St. Kilda ausgesetzt worden war (von 1734–42), »widmete ihre gesamte Zeit ihren Tränen und dem Umwickeln von Korkstücken mit Briefen, die von Garn zusammengehalten wurden, in dem Versuch, ob eine ihr günstige Woge sie einem Christenmenschen zutragen würden, um irgendein menschliches Wesen davon zu unterrichten, wo sie sich aufhielte«. Ein solcher Brief von Lady Grange, datiert vom 20. Januar 1738, der auf diesem Weg übermittelt wurde, erreichte einen Empfänger erst im Jahre 1740. Diese Methode nutzte die nordatlantische Strömung und die vorherrschenden Westwinde.
John Sands, der 1876 für sieben Monate nach St. Kilda verbannt worden war, verwendete ausgehöhlte Treibholzstücke (St.-Kilda-Postschiffchen), um Botschaften in die Außenwelt zu tragen. Sein erstes »Schiffchen«, das im Dezember 1876 zu Wasser gelassen worden war, wurde im September 1877 bei Sortlund, Norwegen, entdeckt. Ein anderes wurde nur wenige Tage nach der »Verschickung« bei Poolewe, Highland, aufgefunden. Die Bewohner des Eilands St. Kilda benutzten diese Methode regelmäßig von 1885 bis 1930 (als die Insel evakuiert wurde), und von 1906 an setzte das Post Office einen Finderlohn von 2s6d für jeden aus, der ein solches Postschiffchen fand. Seit der Wiederbesetzung St. Kildas durch die Streikräfte im Jahre 1956 sind von Zeit zu Zeit Blechdosen-Postsendungen ausgesetzt worden, die mit einem besonderen Aufdruck kenntlich gemacht waren.

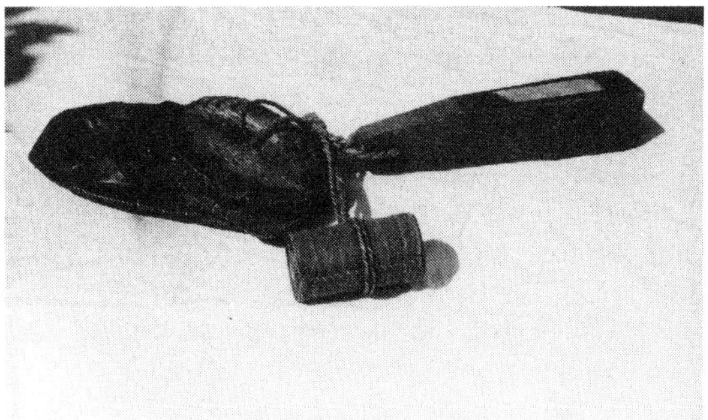
»Postboot« aus St. Kilda, 1898

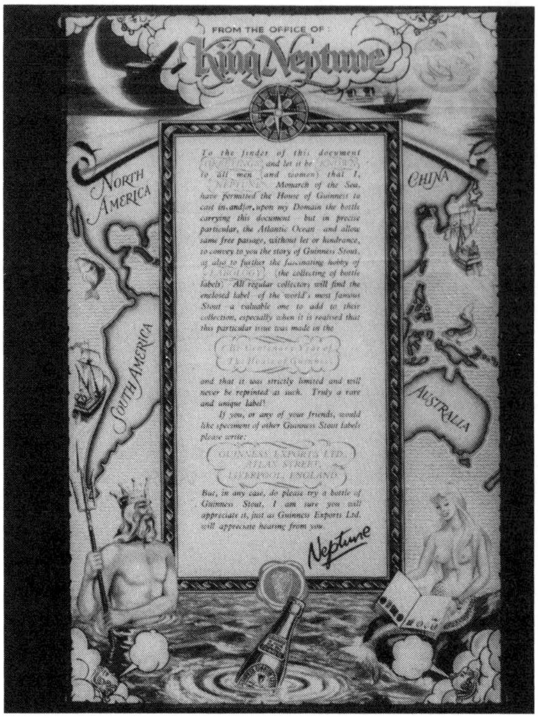

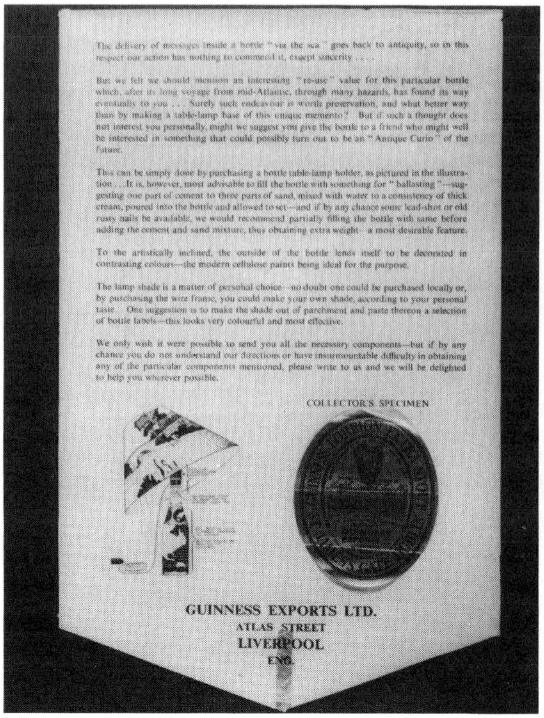

Flaschenpost von 1959 mit einer Urkunde »König Neptuns« an alle Heimwerker mit der Bestellanleitung für eine Stehlampe

Weitere Beispiele einer Treibpost: 1894: Beobachtungsstationen für ozeanische Strömungen des »Scottish Fishery Board« brachten bis 1955 53000 Stück Flaschenpost zu Wasser.
1899: Bojen mit Briefen von Andree's Ballonflug vom 11. Juli 1897 wurden über Bord geworfen und am 11. September 1897 sowie am 14. Mai 1899 wiedergefunden.
1902–04: Flaschenbotschaften der »Scottish Antarctic Expedition«, aufgefunden zwischen 1907 (Victoria) und 1952 (Neuseeland).
1903: Deutsche Südpolarexpedition, Kerguelen-Inseln; entdeckt 1955 bei Neuseeland! Der Langstreckenrekord einer Flasche von Kerguelen beträgt 25750 km – sie wurde sechs Jahre später bei Bunbury in Westaustralien gefunden.
1954: »National Institute of Oceanography« zur Untersuchung der Ölverschmutzung des Meeres. Einige tausend Karten aus PVC, angebunden an Korkstückchen wurden über den Western Approaches aus Flugzeugen abgeworden. Gefunden zwischen dem arktischen Rußland und dem Fluß Targus, Portugal, erst im Jahre 1965; die meisten von ihnen wurden im Umkreis der Britischen Inseln angetrieben.
1959: Zur Zweihundertjahrfeier der Guinness-Brauereien werden an der amerikanischen Küste Flaschen ausgesetzt; im Mai 1960 wurden bei St. Kilda zwei Flaschen gefunden. Die Flaschen enthielten eine Urkunde von »König Neptun«.

Die Tonga-Blechbüchsenpost wurde 1921 von Stuart Ramsay bei Nuiafo'ou begonnen, nachdem ein eingeborener Postschwimmer von einem Hai getötet worden war, als er einen Postkanister durch die Brandung zu manövrieren versuchte. Den Dienst übernahm im Jahre 1932 Walt Quensell, der bis zu 23 verschiedenfarbige Blechdosen-Poststempel für die abgehende Post verwendete.
Vor den Kokos-Inseln und der brasilianischen Strafinsel Fernando da Noronha verwendete man treibende Fässer und Keksdosen, um Post vom Schiff zur Küste zu befördern. In beiden Fällen ist nichts über Sonderstempel bekannt.

Die erste Postbeförderung durch Kanalboote wurde 1691 von der »diligence d'eau« (wörtlich »Wasserkutsche«) versehen, die auf dem Canal du Midi, Frankreich, verkehrte. Sondermarken sind 1869 von der Suez Canal Company ausgegeben worden.

Der erste Posttransport durch Flußschiffe fand am 23. Januar 1812 statt, als durch das Dampfschiff *New Orleans* Postsendungen den Mississippi flußaufwärts von New Orleans nach Natchez befördert wurden. Um 1820 trugen Dampfschiffe Postgut auf dem Missouri, Hudson, Delaware und dem St.-Lawrence-Strom. Der erste Flußpostdienst in Europa wurde von der k. u. k. Donau-Dampfschiffahrtsgesellschaft und den Balkanstaaten betrieben (seit 1839). Die Donau-Dampfschiffahrtsgesellschaft brachte zwischen 1866 und 1874 eigene Marken für die Verschikkung von Post auf Dona, Drava, Sava und Tisza, zwischen Bayern und dem Schwarzen Meer heraus. Der erste Dienst in Asien war die Kalkutta-Allahabad-Dampfschiff-Gesellschaft (1828), die über eine Strecke von 1259 km auf dem Ganges verkehrte.

Der erste reguläre Paketdienst wurde 1633 gegründet und verband Dover mit Calais. Bis 1654

Herausgefischter Postsack vom havarierten deutschen Dampfer Schiller, *der am Freitag, den 7. Mai 1875 um 22.30 Uhr, im dichten Nebel nahe dem Bishop Rock gesunken war; der Untergang forderte 312 Menschenleben*

war dies ein wöchentlicher Transportdienst, danach wurden zwei Fahrten pro Woche genehmigt. Die Engländer bestanden bis 1783 darauf, daß ein britisches Paketboot benutzt werden müßte, und der Postversand mit anderen Schiffen wurde ausdrücklich verboten. 1683 kam es zur Einrichtung einer Linie zwischen Dover und Nieuport. Falmouth wurde Ausgangshafen für den Paketdienst des Post Office im Jahre 1688 nach Spanien und entwickelte sich über die folgenden 150 Jahre zum führenden internationalen Postzentrum der Welt. 1825 war Falmouth der Mittelpunkt von 39 Paketrouten nach Europa, Asien, Afrika und Amerika. In den 30er Jahren des 19. Jh.s indessen wurde Falmouth nach und nach von Southampton abgelöst; 1850 gab es in Falmouth keine öffentliche Paketstation mehr.
Weitere internationale Paketdienste: Corunna nach Havanna, viermal jährlich (gegründet 1767); der baltische Dienst zwischen Deutschland und Schweden (1824); Frankreich und Vereinigte Staaten (1783).

Der erste Raddampfer im Postverkehr war die *Rob Roy*, die im Jahre 1818 Post zwischen Greenock und Belfast transportierte und dann 1820 der Dover-Calais-Linie überstellt wurde.

Der erste Schraubendampfer im Postverkehr war das französische Paketschiff *Napoleon*, das 1836 auf der Route Marseilles–Korsika verkehrte.

Das erste Dampfboot im transatlantischen Postverkehr ist die SS *Royal William* gewesen. In Quebec für die Quebec-Halifax-Linie gebaut, verließ sie Quebec in Richtung London via Pictou am 4. August 1833; sie brauchte 25 Tage für die Überquerung bis nach Cowes, Isle of Wight. Es war dies eine noch nicht offizielle Postlinie; die erste mit offizieller Genehmigung wurde von

Schwere Stürme und die Flut im November 1875 stellten den Postdienst von Windsor vor einige Probleme

der *Great Western* im Jahre 1838 von New York nach Bristol eingeführt. Samuel Cunard schloß Postverträge ab für die Linie England–Kanada und die Vereinigten Staaten (1840), die »Peninsular and Orient Company« erhielt Lizenzen für die Linie von England zur Iberischen Halbinsel (1837) und von Southampton nach Indien (1842), während die »Royal Mail Steam Packet Company« die Strecke nach Westindien und Südamerika befuhr (1842).

Erste Postsortierung auf einem Schiff fand am 1. Oktober 1860 statt, als der Holyhead und Kingstown-Paketdienst gegründet wurde. Vier nach den irischen Provinzen benannte Dampfschiffe wurden auf dieser Route eingesetzt. Auf jedem Schiff gab es zwei Sortierräume, einen für Briefe und den anderen für Zeitungen und Drucksachen. Poststempel mit dem Schriftzug *H. & K. Packet* wurden für Transitpost seit 1860 verwendet. An Bord des Schiffes aufgegebene Post wurde seit 1919 durch Sonderstempel entwertet, 1925 stellte man diesen Dienst ein.

Die ersten Postämter an Bord von Schiffen, die den Passagieren einen kompletten Schalterdienst boten, wurden im Juli 1879 an Bord der Dampfer *Columba* und *Iona* installiert. Betreiber der Schiffe war David MacBrayne in Schottland für die Greenock-Ardrishaig-Route. Nach Ausbruch des Ersten Weltkrieges wurden die Postämter geschlossen, doch der Sortierbetrieb und die Stempelung der Post blieben bis zum 14. April 1917 aufrechterhalten.

Die erste Postbeförderung mittels eines U-Bootes wurde von der Deutschen Ozean-Reederei 1916 vor Eintritt der Vereinigten Staaten in den Ersten Weltkrieg mittels der beiden Handels-U-Boote *Deutschland* und *Bremen* durchgeführt. Mit Genehmigung der Deutschen Reichspost vom 9. August 1916 gab die Deutsche Versicherungsbank GmbH, Berlin, Wertzeichen heraus, die Porto- und Versicherungsbetrag in ihrem Nennwert vereinigten. Der Betrag des Portos wurde später der Postverwaltung überwiesen.

Die erste Postbeförderung durch Hovercraft setzte am 20. Juli 1962 zwischen Rhyl in Nordwales und Wallasey, Merseyside, ein. Für die in beide Richtungen durch Saunders-Roe-Hovercraftschiffe beförderte Post wurden Bildwerbestempel verwendet.

Auf dem Luftweg

Zeitgenössische Skizze, die die Startvorbereitungen für einen Fesselballon aus der Zeit der Belagerung von Paris durch preußische Truppen 1870/71 zeigt

Die frühesten Berichte über die Übermittlung von Botschaften durch die Lüfte:
5. Jh. v. Chr.: Durch Pfeile übermittelte Nachrichten während der Belagerung von Potidaea.
549 n. Chr.: von Drachen getragene Briefe, berichtet aus China während einer Belagerung.
1575: Brieftauben während der Belagerung von Leiden, Niederlande.
1784: Vincent Lunardi befördert Briefe im Ballon; abgeworfen und wiedergefunden am 15.

September bei Northaw Common, Hertfordshire.
1807: Über den französischen Linien abgeworfene Flugblätter während des Spanisch-Französischen Krieges auf Anregung des Admirals Cochrane.
1850: Von unbemannten Ballons über Nordkanada abgeworfene Flugblätter anläßlich der Suche nach Sir John Franklin's Arktis-Expedition.

Die erste offizielle Luftfracht wird verzeichnet am 17. August 1859 zwischen La Fayette und Crawfordsville, Indiana, im Ballon *Jupiter* mit seinem Steuermann John Wise. Der Transport der Briefe wurde in der Lokalpresse angekündigt und die Briefe mit dem Vermerk *PREPAID* von Thomas Wood, dem Posthalter von La Fayette, versehen. Es ist dieser Umstand, der der *Jupiter*-Post offiziellen (wenngleich lokalen) Charakter gibt. Die USA gaben 1959 eine 1c-Luftpostmarke heraus, zum Gedenken an den hundertsten Jahrestag dieses Fluges.

Der erste, von einer Regierung betriebene Luftdienst wurde während der Belagerung von Metz (5. September–3. Oktober 1870) eingerichtet, als 31 unbemannte Ballons aufstiegen, von denen jeder eine Last von 150–200 *papillons* (wörtlich »Schmetterlinge«) oder lose Blätter trug. Größere Ballons des Goulier-Robinson-Typs mit einer bezahlten Fracht von 30000 losen Blättern stiegen zwischen dem 15. September bis zum 3. Oktober in die Luft auf. Während der Belagerung von Paris (1870–71) wurden 65 Ballons aus der Stadt ausgeflogen. Zollbeamte, die durch die Belagerung arbeitslos geworden waren, wurden in der Herstellung der Rahmenkonstruktion beschäftigt, und 25 Näherinnen arbeiteten rund um die Uhr, um die Ballonhülle zusammenzunähen. Von diesen 65 Ballons waren 18 mit professionellen Piloten besetzt, 17 mit Freiwilligen und 30 mit Marinesoldaten. Sechs fielen dem Feind in die Hände, und zwei wurden aufs offene Meer hinausgetragen und nie wieder gesehen, doch die anderen 57 landeten sicher. Der kürzeste Flug wurde von der *General Ulrich* (35,4 km in 8 Stunden 45 Minuten am 18. Oktober) und der längste von der *Ville d'Orleans* (3142 km in 14 Stunden mit Landung bei Litfjeld in Norwegen – mit einer Durchschnittsgeschwindigkeit von 241 km/h, was erst 1915 überboten werden konnte) unternommen.

Die erste Post, die von einer propellergetriebenen Maschine geflogen wurde, erreichte im August 1908, inoffiziell aus Paris kommend, den Bestimmungsort St. Nazaire.

Die erste offizielle Luftpost der Welt wurde am 18. Februar 1911 zwischen Allahabad und Naini, Indien, eröffnet. L. Pecquet flog einen Humber-Sommer-Doppeldecker und beförderte Post anläßlich einer Ausstellung der Vereinigten Provinzen; ein Bildsonderstempel, der ein Flugzeug abbildete, wurde verwendet. Indien brachte 1961 drei Briefmarken heraus, um das goldene Jubiläum würdig zu begehen. Die erste offizielle Luftpost in England, Dänemark, Italien und den USA wurde gleichzeitig im September 1911 eingerichtet.

Die erste offizielle Luftpost durch Propellermaschinen zwischen zwei Ländern wurde *nicht* von Louis Blériot anläßlich seiner Kanalüberquerung 1909 befördert, sondern von Jorge Chavez, dem peruanischen Luftpionier, der an den Verletzungen starb, die er sich zuzog, als sein Flugzeug bei Domodossola (Italien) nach der Alpenüberquerung von Brig in der Schweiz aus am 23. September 1910 abstürzte. Eine kleine Anzahl Postkarten, die er auf diesem dramatischen und tragischen Flug mit sich führte, wurden mit einem Vierzeiler gestempelt: »Domodossola, erste Kontrollstation beim Überfliegen des Simplon mit dem Flugzeug«. Am 22. Juli 1913 wurde von Augustin Parlá Post zwischen Cape Sable, Florida, und Havanna, Kuba, transportiert, am 4. Januar 1914 von Marc Pourpé zwischen Kairo und Khartum und am 2. September 1917 von

5-d-Gedenkmarke zum 50. Jahrestag des Atlantik-Fluges

Teodoro Fels zwischen Buenos Aires und Montevideo. Reguläre Postflüge sind im Juni 1918 zwischen London und Paris eingeführt worden.

Der erste Nonstop-Postflug über den Atlantik wurde am 14. Juni 1919 erfolgreich von John Alcock und Arthur Whitten-Brown in einem umgebauten Vickers Vimy Bomber durchgeführt. Der Flug von St. John's, Neufundland, nach Clifden, Co Galway, beanspruchte 16 Stunden und 12 Minuten. Neufundlandmarken mit Sonderstempel und mit einem Sonderwert von $ 1 wurden bei diesem Anlaß auf die Postsendungen geklebt. Frühere Atlantikflüge waren solche von Flugbooten der amerikanischen Navy (unterstützt von 27 Zerstörern, die sich strategisch über die Strecke verteilten), von denen nur eines die Gesamtstrecke in zwölf Tagen zurücklegte und keine Post an Bord hatte, und die Posttransportflüge von Raynham und Morgan sowie Hawker und Grieve, die beide mißglückten.

Die spektakulärste Flugpost aller Zeiten war jene, die anläßlich des Balbo-Massenflugs von

Gedenkmarke Frankreich, 1934, mit Überquerung des Ärmelkanals im Flugzeug durch Blériot, 1919 (s. S. 27)

Flugpost an Rhein und Main, 1912

Flugpostmarke mit Luftschiff Graf Zeppelin, *1928*

25 Savoia-Marchetti-Flugbooten im Juli 1933 von Rom nach Chikago und zurück Briefe beförderte. Die Schwadron, die von General Italo Balbo befehligt wurde, flog über Amsterdam, Londonderry, Island, Labrador, Shediac und Montreal und trug Post aus Italien, den Niederlanden, Island, Neufundland und Kanada. Aus Anlaß dieses Fluges brachte Italien zwei dreiteilige Luftpostmarken und Island einen Luftpostsonderaufdruck heraus. Für den Rückflug brachten sowohl Island als auch Neufundland Sondermarken heraus. Die phantasievollste Ausgabe wurde von Italien gedruckt, das Briefmarken in paarweisen Triptychons ausgab, wobei die linke Seite aus einer Registriermarke ohne Wertbezeichnung bestand, die Mitte das Porto für die zusammengefaßte Brief-Einschreibe- und -Eilgebühr (5,25 Lire) trug und die rechte Seite entweder mit der Postgebühr für Island (19,75 Lire) oder für die USA (44,75 Lire) versehen war. Die linke Seite war überdruckt mit den abgekürzten Namenszügen jeweils desjenigen von den teilnehmenden 20 Piloten, der die Post beförderte.
Ebenso wie diese 60 Triptychons war eines verschiedenfarbig bedruckt und trug die Aufschrift *SERVIZIO DI STATO* für die offiziellen Schreiben an Präsident Roosevelt und die Bürgermeister von New York und Chikago. Das Triptychon war zudem mit dem Vermerk *VOLO DI RITORNO* (Rückflug) überdruckt, doch wurde es nie benutzt.

Die erste Postbeförderung mittels eines Zeppelins wurde 1912 vom 10. bis zum 23. Juni durch das Zeppelin-Luftschiff LZ 10 *Schwaben* zwischen Darmstadt, Frankfurt a. M., Mainz, Offenbach und Worms durchgeführt. Aus diesem Anlaß wurde eine halbamtliche Sondermarke »Flugpost an Rhein und Main« herausgegeben.
1928 zur Amerikafahrt des Luftschiffs LZ 127 *Graf Zeppelin* gab die Deutsche Reichspost extra Zeppelin-Marken zu 2 und 3 Reichsmark heraus.

Die Idee, Nachrichten auf Mikrofilm festzuhalten, um Gewicht bei der Luftbeförderung einzusparen, kam erstmals im Deutsch-Französischen Krieg von 1870/71 zum Tragen. Die Technik war von dem Pariser Chemiker Barreswil entwickelt worden und wurde angewandt für Nachrichten, die von Brieftauben übermittelt wurden, und zwar von Tours nach Paris. Vermittels der Fotomikroskopie war eine Brieftaube imstande, bis zu 40000 Mitteilungen auf 12 bis 18 Filmen (38 × 60 mm) mit sich zu führen, die auf Nadelstärke zusammengerollt wurden und in Gänse- oder Krähenkiele eingeführt werden konnten, durch die ein Seidenfaden gezogen worden war, um sie an den Schwanzfedern der Taube zu befestigen. Bei Ankunft in Paris wurden die Filme sorgfältig entfernt, aufgerollt, auf Glasplatten gezogen und auf eine Leinwand geworfen, so daß vier Telegrafisten die Mitteilungen in Normalschrift übertragen konnten zwecks Weiterbeförderung zu den jeweiligen Adressaten durch eine städtische Post.
Die Idee wurde 1932 von Kodak wiederaufgegriffen, doch vom British Post Office abgelehnt, in der Gewißheit, daß die Öffentlichkeit sich niemals bereit finden würde, Formblätter auszufüllen oder einzuwilligen, daß die Mitteilungen für alle sichtbar offengelegt würden. 1941 jedoch wurde diese Methode zur Verwendung durch Militärangehörige, die im Mittleren Osten stationiert waren, wieder verwendet. Kodak stellte die Ausrüstung sowie die Techniker und richtete ein textverarbeitendes Büro in Kairo ein. Es wurde ein Standardformblatt ausgearbeitet und eine Gebühr von 3d je Aerograph festgelegt. Die ausgefüllten Formulare wurden auf Mikrofilm aufgenommen und nach England geflogen, wo sie in Kodaks Zweigniederlassung Wealdstone nahe London entschlüsselt wurden. Die Kopien wurden für den Londoner Postbezirk frankiert, gefaltet und in Fensterumschläge mit der Aufschrift »Airgraph« gesteckt und sodann an die Adressaten verschickt. Die ersten Aerographen verließen Kairo am 21. April 1941 und erreichten England am 13. Mai. Ein entsprechender Dienst in entgegengesetzter Richtung wurde im August 1941 eingerichtet und nach und nach auf die anderen Kriegsgebiete ausgedehnt. Am 31. Juli 1945 wurde der Dienst eingestellt. Innerhalb von vier Jahren waren etwa 350 Millionen Aerographen übermittelt worden. Das Gesamtgewicht der verwendeten Filme betrug nicht mehr als 50 Tonnen – im Vergleich zu einem geschätzten Minimum von 4500 Tonnen, die eine ähnliche Anzahl gewöhnlicher Briefe gewogen hätte.

Die erste Luftpost mit einer Düsenmaschine wurde im Mai 1952 durch eine Comet-1 der BOAC zwischen London und Johannesburg befördert.

Katapultpost nannte sich eine Methode, die erfunden worden war, um die transatlantische Post zu beschleunigen. Leichtflugzeuge wurden an Bord des Liners *Ile de France* mitgeführt und bei Annäherung an die französische Küste in die Luft katapultiert, wodurch eine Tagesreise an Zeit eingespart werden konnte. Entsprechende Experimente wurden am 8. und 12. August 1928 durchgeführt (ohne Sonderstempelung), und für den späteren Flug am 23. August wurden Sondermarken mit einem Sonderzuschlag von 10 Franc herausgebracht.
Obgleich die Franzosen diese Idee bald fallenließen, wurde sie von den Deutschen wiederaufgenommen, die sie am 22. Juli 1929 auf der *Bremen* erstmals eine Tagesreise von New York entfernt einsetzten, und auf der Rückreise am 2.

August vor der Ankunft in Bremen. Sonderaufdrucke wurden bei beiden Gelegenheiten den Postsendungen beigefügt, doch wurden keine Sondermarken herausgebracht. In der Folgezeit machte die *Bremen* vor New York, Amsterdam, Cherbourg und Southampton von der Katapultpost Gebrauch. Das Verfahren wurde 1930 auf die *Europa* und in der Saison 1930/31 auch auf die *Columbus* ausgedehnt. Im Dezember 1931 kam es zur Einstellung dieses Dienstes, im Sommer 1932 wurde eine vorübergehende Wiederaufnahme beschlossen, und am 15. Juli 1932 war vor Southampton *(Europa)* endgültig Schluß damit. Auch auf der Südatlantiklinie kam die Katapultpost auf der *Westfalen* und der *Schwabenland* vor den südamerikanischen und afrikanischen Küsten zum Einsatz. 1936 wurde die *Ostmark* in diesen Dienst eingegliedert und speziell dafür ausgerüstet. Der Sonderdienst kam bei Ausbruch des Zweiten Weltkrieges zum Erliegen.

Segelflugpost wurde erstmals im August 1923 anläßlich eines Gleitertreffens bei Gersfeld im Rheinland befördert. Veraltete, ungültige Marken aus den 1919-Serien erhielten für diese Gelegenheit einen nichtoffiziellen Aufdruck. Am 19. Oktober 1923 flog von Wascheran bei Stockeran, Österreich, ebenfalls eine Segelflugpost. Ein-

ter im Schlepptau motorisierter Maschinen. Einer der Piloten, der an diesem sogenannten *Lustig Sky Train* teilgenommen hatte, Jack O'Meara, organisierte einen Gleiterzug von Havanna nach Miami im Mai 1935. Kuba brachte aus diesem Anlaß eine 10c-Sondermarke heraus.

Die erste Postbeförderung mit einem Tragschrauber fand im Mai 1934 im Zusammenhang mit der APEX Luftpostausstellung in London von Hanworth nach Windsor statt. Anläßlich der Gedenkfeiern zum 100jährigen Jubiläum Königin Victorias im November 1934 wurde Souvenirpost von demselben Tragschrauber zwischen Melbourne und Portland, Australien, befördert. Der erste offizielle Tragschrauberdienst wurde 1938 von der Eastern Air Lines zwischen Philadelphia Post Office und dem Flugplatz Camden betrieben.

Die erste Hubschrauberpost startete im Juli 1946 in Los Angeles und wurde vom »Air Transport Command« und dem »Air Rescue Service der USAAF« in Betrieb genommen. Die Postsendungen trugen einen Sonderaufdruck. Ein Sonderpoststempel fand Verwendung, als zwischen Den Haag und Brüssel am 5. November 1947 in Europa ein Erstflug durchgeführt wurde.

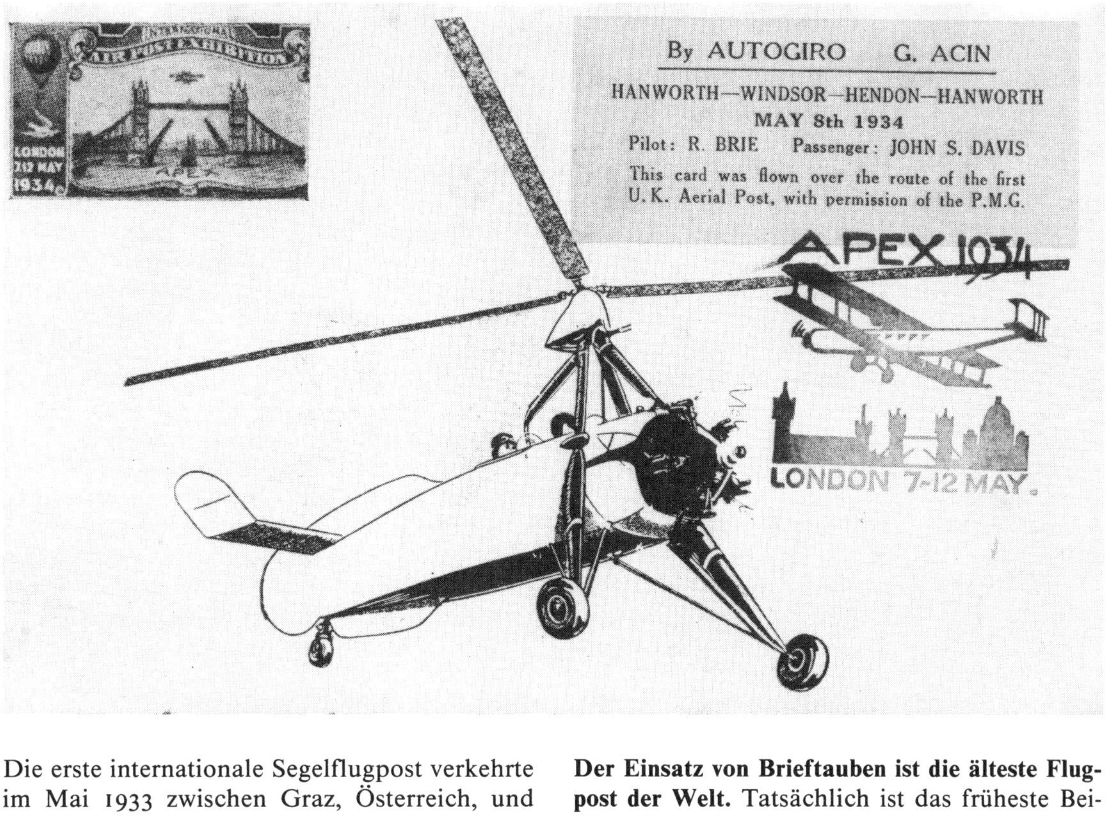

Von einem Tragschrauber im Mai 1934 beförderter Umschlag

Die erste internationale Segelflugpost verkehrte im Mai 1933 zwischen Graz, Österreich, und Maribor, Jugoslawien.
Im Jahre 1930 wurde quer durch die Vereinigten Staaten ein Gleiter von San Diego, Kalifornien, nach New York geschleppt. 1934 waren auf dem Flug von New York nach Washington drei Glei-

Der Einsatz von Brieftauben ist die älteste Flugpost der Welt. Tatsächlich ist das früheste Beispiel dafür, daß dieser Vogel benutzt wurde, um dem Menschen eine Botschaft zu bringen, jene Taube, die Noah den Olivenzweig als ein Zeichen göttlicher Barmherzigkeit überbrachte. Von den Griechen, Ägyptern und Assyrern wird gemeinhin angenommen, daß sie Brieftauben verwendeten. Plinius erzählt, wie Brutus, von Marc Anton in Modena belagert, Brieftauben einsetzte, um den römischen Konsuln Nachrichten zu senden. Brieftauben wurden eingesetzt bei der Belagerung von Leiden (1575), von den Rothschilds, um von dem Sieg von Waterloo (1815) informiert zu werden, und dies drei Tage früher, als die Nachricht sich in London verbreitete. 1870/71 flogen mehr als 300 Tauben Botschaften nach Paris ein, zuerst handgeschriebene winzige Blättchen und später Mikrofilme *(pellicule)*. Die Tauben wurden an Bord bemannter Ballons aus Paris herausgebracht.

10-c-Luftpostmarke, USA, 1969, aus Anlaß der ersten bemannten Mondlandung

Der erste kommerzielle Brieftaubendienst wurde 1855 zwischen Galle und Colombo, Sri Lanka, aufgenommen, um Nachrichten über den Krimkrieg zu befördern. Er wurde 1858 eingestellt.

1896 führte W. Fricker Experimente mit Brieftauben durch, und zwar zwischen den Great Barrier Islands und Auckland, Neuseeland, und gründete im Frühjahr 1897 einen öffentlichen Dienst. Gummierte Sondermarken wurden im November 1898 ausgegeben. Zwei solcher Dienste existierten bis 1908, als die Ausbreitung des Telegrafendienstes sie überflüssig machte.

Halboffizielle Brieftaubendienste waren zwischen 1931 und 1941 in Indien in Betrieb, die speziell bedruckte dünne Blättchen, häufig im Gedenken an besondere Anlässe, benutzten; sie dienten später bei Geldsammlungen für Kriegsaufwendungen.

Ein Brieftaubenservice wurde 1949 zwischen Guernsey und der Insel Herm betrieben. Sondermarken von einem Shilling wurden zusammen mit dünnem Spezialpapier ausgegeben.

Fregattvögel wurden um 1880 von Missionaren auf den Gilbert-Inseln zur Postbeförderung eingesetzt.

Experimente mit Raketen für den Postversand wurden seit 1928 in Österreich von Friedrich Schmiedl durchgeführt, doch, abgesehen von persönlichen Botschaften, wurde bis zum Februar 1931 keine Post transportiert, als eine V-7-Rakete erfolgreich gestartet wurde. Die erste Raketenpost für die Öffentlichkeit beförderte im selben Jahr die R-1. Sonderstempel (inoffiziell), besondere Umschläge und Aufdrucke wurden verwendet.

Die größte Anzahl von Postraketenflügen verzeichnet Indien. Zwischen September 1934 und Dezember 1944 startete Dr. Stephen Smith insgesamt 75 Raketen.

Die einzige, von einer Postverwaltung jemals ausgegebene Briefmarke für eine Raketenpost war die 10-Centavos-Marke, herausgegeben am 15. Oktober 1939 von Kuba mit dem Aufdruck EXPERIMENTO DEL COHETE POSTAL ANO DE 1939. Marken und Miniaturbogen wurden 1964 zum Gedenken an den 25. Jahrestag dieses Raketenflugs herausgebracht.

Während des Mondfluges von *Apollo 11* im Jahre 1969 führten die Astronauten die Matrize für eine Briefmarke mit sich, auf der abgebildet war, wie sie erstmals ihren Fuß auf die Mondoberfläche setzten. Als das Mondmobil auf dem Mond auftrat, zogen sie eine Kopie von dieser Matrize auf Papier und schufen so die erste Briefmarke vom Mond. Die Matrize wurde zur Erde zurückgebracht und sodann in der Produktion der Druckplatte für Amerikas 10c-Luftpostmarke verwendet, die im September 1969 herausgegeben wurde. Die Astronauten führten außerdem einen Umschlag mit sich, frankiert mit einem nichtperforierten, farbigen Probeabzug der Marke. Diese entwerteten sie auf dem Mond mit einem Sonderstempel mit der Aufschrift MOON LANDING USA mit Datum vom JUL 20 1969 in der Mitte. Das erste lunare Postamt verfügte über ein Minimum an Ausrüstung – einen Gummistempel und ein Stempelkissen. Alle drei Astronauten berührten den Gummistempel mit den Händen und entwerteten den Umschlag gemeinsam.

Absonderliche Methoden der Nachrichtenübermittlung umfaßten gehöhlte hölzerne Stöcke, bekanntgeworden als *pilbud* oder *härpil* (Schweden), die seit Ende des 9. Jh.s benutzt wurden, indem Boten sie von Station zu Station trugen und jeweils in Pfähle steckten, damit der nächste sie herausnehmen konnte. Später wurde eine raffiniertere Form ausgehöhlter Holzstäbe verwendet, die *Budkavle* (Schweden) oder *Budstika* (Norwegen) hießen, und im 18. sowie im 19. Jh. hauptsächlich für offizielle Ankündigungen eingesetzt wurden.

Postkasten-Steine waren große Felsbrocken mit eingravierten Hinweisen, die den Leser dazu aufforderten, nach darunterliegenden Briefen zu schauen. Diese Steine fanden Verwendung am Kap der Guten Hoffnung und auf St. Helena bei den Ostindiern. In südlicher Richtung fahrende

Schiffe mochten Briefe für andere Schiffe auf der Rückpassage haben, die diese aufnehmen und in England oder Holland abliefern sollten. Die Kap-Steine wurden zwischen 1602 und April 1632 benutzt, während jene auf St. Helena um die Mitte des Jahrhunderts in Gebrauch waren.

Postkasten-Schuhe waren alte Schuhe und Stiefel, die von einem großen Baum in der Olifants Bay, Südafrika, herabhingen, und im 18. Jh. von Ostindiern als eine Art Briefkasten benutzt wurden.

Der Walfängerbaum im Hafen Stilla nahe Kap Hoorn wurde von Walfängerschiffen der Antarktis als Briefkasten verwendet. Schiffe, die heimwärtsfuhren nach Nantucket, New Badford und in andere Walfängerstädte Neuenglands, machten hier halt, um die Post aufzunehmen, die zwischen Baumwurzeln hinterlegt worden war. Die Briefe brauchten zwischen 14 Monaten bis zu vier Jahren, um zu ihren Empfängern zu gelangen.

Umgang mit Postsendungen

Briefzensur wurde in vielen Ländern praktiziert, sowohl im 17. als auch im 18. Jh., doch seither wird nur noch insgeheim zensiert. Briefe trugen keinen Vermerk, der darauf hinwies, daß sie untersucht worden waren. Das früheste Beispiel für Vermerke solcher Kontrollen stammt aus der Zeit der Jacobite-Rebellion zwischen 1745/46. Zwischen Schottland und England mit Verspätung zugestellte Briefe trugen den Hinweis OPENED BY THE REBELS (Geöffnet von den Aufständischen), wobei dieser Vermerk handschriftlich vom Post Office eingetragen worden war. Nicht amtliche Prüfung von ähnlicher Art ereignete sich während der Unruhen in Irland (1916–1921), und es gibt Umschläge mit der Stempelung CENSORED BY THE I.R.A.
Die amtliche Postzensur, mit ausdrücklich hinweisender Stempelung, setzte während des amerikanischen Bürgerkrieges ein. Verschiedene Marken mit der Inschrift EXAMINED oder APPROVED wurden in den Gefangenenlagern der Nordstaaten für jene Postsendungen benutzt, die für die konföderierten Staaten bestimmt waren. Briefe von gefangenen Nordstaatlern in Lagern der Südstaaten trugen lediglich den handschriftlichen Vermerk EXAMINED. Zensur von Post aus Kombattantenländern in andere Gebiete waren im Deutsch-Französischen Krieg 1870/71 und im Balkan-Krieg 1878/79 auf beiden Seiten üblich. Sowohl die britischen wie die burischen Behörden zensierten die Post von Soldaten und Zivilisten aus den Kampfzonen während des Burenkrieges (1899–1902). Die Zensur wurde ausgedehnt auf Postsendungen von und in benachbarte neutrale Länder, während des Ersten Weltkrieges und während des Zweiten Weltkrieges galt dies sogar für Post von und für Zivilisten innerhalb besetzter militärischer Gebiete.

Im Lazarett von Malta desinfizierte Post; man beachte die Schlitze zum Austreten der vergifteten Luft!

Desinfektion der Post während der Pest und anderer Epidemien war seit dem 17. Jh. weit verbreitet. Strenge Bestimmungen für die Desinfektion einlaufender Post aus pestverseuchten Ländern wurden in England durch die Quarantine Act von 1710 durchgesetzt. Vier Methoden der Desinfektion waren gebräuchlich:
a) Öffnen des Briefes; sein Inhalt wird der Luft ausgesetzt;
b) Räucherung über einem Kohlenbecken (Brandspuren);
c) Bespritzen mit Essig (Flecken);
c) Durchbohrung, um die verseuchte Luft herauszulassen (Schlitze oder Einschnitte).
Sonderstempel wurden in Frankreich, Italien, Malta und anderen maritimen Ländern im 18. und frühen 19. Jh. verwendet.

Katastrophenpost

Aus Schiffswracks und Unfällen geborgene Post wird gewöhnlich gekennzeichnet, um die Ursache der Verzögerung oder des Schadens zu benennen. Das erste Beispiel für derartige Post aus einem Schiffswrack, die einen Vermerk trug, stammt aus dem Jahre 1846, als Briefe, die aus dem Wrack der *Great Liverpool* geborgen worden waren, auf solche Weise mit einer gerahmten Stempelmarke versehen worden waren.
Besondere Aufdrucke, die Postsendungen hinzugefügt wurden, die aus einem Eisenbahnunglück geborgen werden konnten, wurden erstmals im Januar 1873 in Kanada für Briefe benutzt; das Unglück ereignete sich auf der Grand Trunk Railway nahe Grafton, Ontario. Gummigestempelte Vermerke wurden auf erhaltenge-

Sonderstempel auf Postsendungen, die aus Schiffswracks, nach Flugzeugabstürzen und Zugunglücken geborgen werden konnten

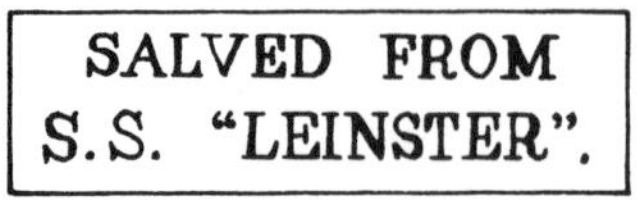

bliebene Post aus den Unglücksfällen am Mattawan River, Ontario (Juni 1894), von Grantham, Lincs. (September 1906), Zugbränden in Frankreich (1917, 1919 und 1924) und dem Capetown-Port-Elizabeth-Express, Südafrika (Mai 1925) aufgedruckt. Nach der Katastrophe an der Tay Bridge (1879) gefundene Briefe wurden lediglich handschriftlich gekennzeichnet.

Das früheste Beispiel für einen Handstempel nach einem Flugzeugunglück auf Postsendungen datiert vom Juli 1934. Teilweise verbrannte Post, die nach der Explosion der experimentell gestarteten Postrakete von Scarp nach Harris geborgen werden konnte, wurde vom Postmeister von Harris mit einem Dreifach-Linien-Stempel markiert, um die Ursache der Beschädigung zu erklären. Das erste Beispiel einer Stempelung nach dem Absturz einer Linienmaschine stammt von 1935, als Briefe aus der *City of Khartoum*, die vor der Küste Alexandrias abgestürzt war, auf diese Weise gekennzeichnet wurden. Beispiele aus der Folgezeit beziehen sich auf Unglücksfälle der *Scipio* (1936), *Boadicea* (1936), *Cygnus* (1937), *Calpurnia* (1938), *Centurion* (1939) und die beiden Abstürze von *Comet*-Maschinen vor Singapur und bei Prestwick (beide 1954).
Am 6. Mai 1937 wurden die aus dem Wrack des Luftschiffes *Hindenburg* geborgenen Luftpostbriefe von der amerikanischen Post geborgen und den Adressaten in großen durchsichtigen Umschlägen zugestellt, die mit einem schwarzen Etikett verschlossen waren: »Post Office Department United States of America / Officially Sealed«.

Poststempel

Die frühesten postalischen Kennzeichen überhaupt sind die roten und blauen Markierungen auf den Briefen ägyptischer Hofbeamter während der Dritten Dynastie (ca. 3000 v. Chr.), mit der Ermahnung: »Im Namen des lebendigen Königs, Eile!« Im Kairoer Museum sind Exemplare davon aufbewahrt.

Die frühesten Beispiele für einen Poststempel in Europa bestehen aus amtlichen Verfügungen an die Adresse von Postbeamten, staatliche Korrespondenz nicht zu verzögern. Eine im Venedig des frühen 14. Jh.s verwendete Formel war das lateinische *»Cito, citissime, volantissime«* (etwa: schnell, sehr schnell, in Windeseile). Im 16. Jh. etwa vermerkten die Franzosen auf ihrer Post *»en diligence«* (mit Eile und Sorgfalt), und von diesem Vermerk rührt es her, daß französische Postkutschen unter dem Namen *»diligences«* bekannt geworden sind. Im England der Tudor-Zeit war auf Briefumschlägen gewöhnlich zu lesen: *»Haste, haste, for life, post haste«*, und dies wiederum hat die Sprache um einen Ausdruck erweitert, in der Bedeutung: Mit allergrößter Geschwindigkeit.

Viele der gewichtigeren staatlichen Briefe trugen den Namenszug der jeweiligen Postmeister, durch deren Hände sie unterwegs gegangen waren, zusätzlich mit dem Vermerk über Ankunfts- und Abfahrtszeiten. Solche Eilbriefe sind von erheblichem Interesse für Historiker des Postwesens, weil sie ein Licht werfen auf die mittelalterlichen Postrouten und die Zeitspannen, die benötigt wurden, diese Strecken zurückzulegen.

Erst als die exklusiven staatlichen Dienste dem allgemeinen Publikum geöffnet wurden, kam ein System handgeschriebener Kennzeichen in Gebrauch, womit dem Empfänger der jeweilige Nachnahmebetrag angezeigt wurde. Selbst noch nach Einführung der Handstempelung wurden die Gebühren oftmals handschriftlich angegeben: schwarze Tinte für Nachnahmesendungen und rote Tinte oder Ölkreide für vorausbezahlte Briefe.

Der früheste Bericht über von Hand eingetragene Postgebühren stammt aus Frankreich um die Mitte des 16. Jh.s, als sich bei den Absendern die Gewohnheit durchsetzte, die Umschläge rückseitig mit dem Vermerk zu beschreiben *»Port quatre solz«* oder *»Dte (décompte?) pour le port cinq solz«*, um darauf hinzuweisen, daß die Briefe vorab bezahlt worden waren, doch waren diese Eintragungen eher nichtamtlich, und es wird nicht angenommen, daß sie vom Postamt

Postkutsche auf französischer Marke von 1952

herrühren. Im Jahre 1588 allerdings wurde in Verfügungen für den Kurierdienst zwischen Toulouse und Paris bestimmt, daß jeder Brief auf dem Umschlag mit einem Vermerk über den gezahlten oder zu zahlenden Betrag zu versehen sei: *»à raison de huict soulz pour once poix de marc«* (zur Gebühr von acht Sous per Unze Gewicht). Gebühren wurden ganz einfach als Ziffern in schwarzer oder roter Tinte eingetragen. Beispiele aus der Zeit vor 1640, als diese Praxis auf ganz Frankreich ausgedehnt wurde, sind sehr selten.

Die frühesten Briefe des breiten Publikums in England wurden ohne Gebührenkennzeichen versandt. Während des Bürgerkrieges (1642–49) war dieser Dienst schwer in Mitleidenschaft gezogen und war erst 1652 wieder voll funktionsfähig. Seit dieser Zeit wurden Gebühren durch einfache Ziffern kenntlich gemacht. Bezahlte Briefe erhielten gewöhnlich den handschriftlichen Vermerk *»Post payd«* oder *»P Pd«*, doch sind sie relativ selten zu finden. Handschrift wurde ebenfalls verwendet, um das Postaufkommen zu kennzeichnen, und zwar bis zur Einführung der Uniform Fourpence Postage im Dezember 1839 und der Penny Post im darauffolgenden Januar, doch fuhren viele Postämter darin fort, die Gebühren mit schwarzer Tinte einzutragen. Selbst noch nach Einführung gummierter Marken im

D'JARSEY

Ankunftsstempel aus Jersey (1683)

DE LYON

Poststempel aus Lyon von 1695; frühester Namensstempel in Frankreich

STRABANE

Strabane, 1698; frühester Namensstempel von den Britischen Inseln

DUNS

Duns, 1731; frühester Namensstempel aus Schottland

W-Empfänger-Stempel, Dublin, 1667; verwendet von Warburton, Stellvertretendem Generalpostmeister

VOC-Stempel der holländischen Ostindien-Kompanie

Gekrönter schwedischer B-Stempel auf privater Post

Jahre 1840 gestattete das British Post Office die Barvorauszahlung von Briefen bis in die 50er Jahre des 19. Jh.s, wobei die Summe in roter Tinte oder Ölkreide auf die Vorderseite des Briefes geschrieben wurde. In den Provinzen wurde dieses Zugeständnis 1852 rückgängig gemacht, doch im Raum London hielt es sich bis 1855.

Die früheste Handstempelung, die den Ort der Absendung auswies, war zu Beginn des 14. Jh.s in Mailand in Gebrauch und ist auf Briefen entdeckt worden, die von der städtischen Post (von der Visconti-Familie gegründet) verschickt worden waren. Das erste dieser Zeichen war in farblosem Relief hohlgeprägt und trug das Stadtwappen sowie die lateinische Inschrift *»Sub pena furcarum«* (bei Strafe der Gabel) – eine Warnung an die Boten, bei Strafe durch ein besonders grausames Folterinstrument nicht in der Post herumzuschnüffeln. Der letzte der Viscontis, Filippo Maria, muß trotz dieser Drohung einigen Ärger mit seinen Postboten gehabt haben, denn 1425 führte er einen Poststempel mit der Inschrift *»Sub pena mille furcarum«* (bei Strafe der tausend Gabeln) ein. Spätere Stempel enthielten winzige Dolche und einen Stern, die das mittelalterliche Folterrad darstellen sollten, auf dem die Gliedmaßen von Übeltätern gebrochen wurden. Der Brauch breitete sich auf andere italienische Stadtstaaten aus, deren einige auch farblose Prägestempel verwendeten, die ihre Wappen zeigten.

Der erste Poststempel, der direkt auf die Post Bezug nahm, fand sich laut Berichten auf einem Brief von Aleppo, Syrien, an Leonardo da Vinci bei Amboise, aus dem Jahre 1519. Die Worte *»POSTA CECA«* waren auf ein Wachssiegel gedrückt. Alle Versuche, die Bedeutung dieser Inschrift aufzuhellen, schlugen fehl.

Der früheste Poststempel in Europa, der den Namen einer Stadt oder Ortschaft trägt, hatte die Inschrift D'JARSEY (21 × 3 mm) und wurde 1683 in St. Malo auf von Jersey kommende Post gedruckt; bisher sind nur zwei Exemplare aufgetaucht. Dadurch wird die allgemeine Einführung von Namensstempeln in Frankreich um zwölf Jahre vorausdatiert. Der früheste Namensstempel von Jersey selbst (JERSEY in einem Bogen), tauchte nicht vor 1794 auf. Frankreich führte 1695 die Namensstempel allgemein ein, wobei dem Eigennamen in den meisten Fällen die Präposition DE vorangestellt ist.
Irland benutzte Namensstempel noch vor allen anderen Ländern der Britischen Inseln. Das früheste Beispiel aus dem Jahre 1698 taucht in Strabane auf. Andere Städte, aus denen bislang über die Verwendung von Namensstempeln berichtet wird, sind Mullingar und Waterford (1699), Cork (1703), Lochrea (1703), Kinsale und Clonmel (1704). Die frühesten Namensstempelungen aus England datieren aus dem Jahr 1701, als Stone, Bolton und Coventry derartige Stempel verwendeten. Ein Aufdruck mit der Inschrift EXON ist auf einem Brief aus Exeter von 1700 bekannt, doch ist der genaue Status nie zu ermitteln gewesen. 1715 wurden den Posthaltern Instruktionen erteilt, die die Anordnung enthielten, daß sie ihre Büros mit Namensstempeln ausrüsten sollten, doch bis in die 30er Jahre des 18. Jh.s wurde diese Praxis nicht allgemein befolgt. Die frühesten Stempelungen in Schottland wurden von Duns (1731) und Dumfries (1732) vorgenommen, beides Grenzstädte, die diese Idee vermutlich von ihren englischen Nachbarn übernahmen.

Die frühesten Stempel, die auf die Herkunft der Briefe verwiesen, wurden auf den Britischen Inseln in Dublin 1667/68 verwendet. Der erste Typ bestand aus den Buchstaben W in einem Kreis, und man nimmt an, daß damit Warburton, seinerzeit Deputy Postmaster General für Irland, gemeint ist. Ein zweiter Typ mit einem D (für Dowling?) wird von Briefen aus dem Jahre 1669 berichtet. Das früheste Herkunftszeichen dieser Art aus England ist der sogenannte Karfreitagskuchen-Stempel, der auf Briefen von 1681 aus der Gegend um Chichester, Farnham und Worplesdon in der Grafschaft Hampshire gefunden wurde. Von diesem Aufdruck wird angenommen, daß er dem rudimentären Stadtplan von Chichester ähnlich sei, und es wird vermutet, daß er auf Postsendungen gedruckt wurde, um jene Briefe, die auf der Straße von Chichester nach London befördert wurden, deutlich herauszuheben. Man weiß z. B., daß Colonel Roger Whitley, der Leiter der Postdienste, 1673 ein Schreiben an Robert Tayer, den Posthalter von Chichester, sandte, in dem er ihn drängte, sich einen Stempel anzuschaffen, »um Ihre Briefe von den unseren zu unterscheiden«, und es ist wahrscheinlich, daß der Karfreitagskuchen-Stempel die Antwort darauf gewesen ist.
Briefe, die von Schriften der »Dutch East India Company« befördert wurden, sind seit 1665 am VOC-Monogramm der Kompanie erkennbar – also noch zwei Jahre vor der Verwendung des ersten Poststempels in den Niederlanden. Briefe aus Stockholm (1685) trugen als Aufdruck ein Oval und eine Krone über den Buchstaben B (Privatpost) oder F (amtliche Post).

Der erste postalische Datumsstempel der Welt wurde von Colonel Henry Bishop, Postmaster General of Britain, entworfen, der ihn als Antwort auf die ständige Kritik herausbrachte, daß Briefe durch die Post oftmals verspätet zugestellt wurden. Eine Ankündigung in der Aprilnummer des *Mercurius Publicus* von 1661 hebt hervor: »Ein Stempel wurde erfunden, der auf jeden Brief getan wird und den Tag des Monats anzeigt, an dem jeder Brief in das Amt gekommen, so daß kein Briefträger von Postamt zu Postamt es wagen wird, einen Brief zurückzuhalten, was vormals üblich gewesen.« Der Bishop-Stempel bestand aus einem kleinen Kreis, der in zwei Abschnitte geteilt war. Der eine Abschnitt trug Zahlen und der andere eine Abkürzung aus zwei Buchstaben für den Monat: Also 18 MA würde bedeuten 18. März und 21 IV hieße dann 21. Juni. Der Stempel war aus Holz gefertigt und ähnelte zwei kleinen Stäben mit einem Halbkreis, eng zusammengebunden wie die altmodischen hölzernen Kleiderhalter. Zunächst wurden die Bishop-Stempel nur in London benutzt, doch sie breiteten sich 1670 nach Dublin und 1693 nach Edinburgh aus. Sie überdauerten in London bis 1787, in Dublin bis 1795 und in Edinburgh bis 1806. Während des 18. Jh.s wurden koloniale Versionen übernommen in Albany (1773–87), Boston (1768–1800), Charlestown (1768–75), New York (1758–76), Quebec (1776–99), Philadelphia (1766–76) und in Kalkutta (1775–77). Obwohl diese Stempel alle demselben Grundmuster entsprachen, können sie durch Abweichungen in der Form, im Durchmesser und im Layout der Inschrift voneinander unterschieden werden.

Der erste Handstempel, der den Namen des Amtes trägt, war ein Zwei-Zeilen-Typ mit der Inschrift NEW/YORK, von dem aus dem Jahre 1756 berichtet wird.

Die ersten Handstempelungen, die die Nachnahme durch den Empfänger markieren, wurden von 1663 bis 1667 im Foreign Post Office, London, benutzt.

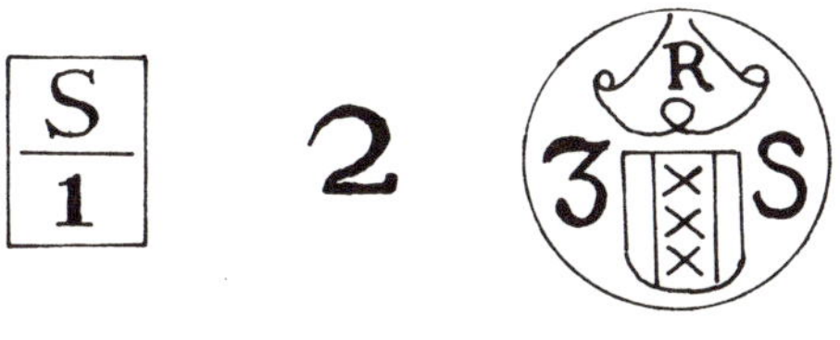

Rechteckiger Gebührenstempel, 1663; ›2‹ aus Montrose, 1742; holländischer Silberstempel

Die Stempel waren rechteckig, mit einer durch den Mittelpunkt gezogenen Querlinie und einem D (*»due«,* Porto zahlt Empfänger) sowie dem Betrag in Ziffern. Die Stempel wurden plötzlich eingezogen, und über nahezu zwei Jahrhunderte zog es das Londoner Auslandspostamt vor, die Gebühren handschriftlich einzutragen – ein wunderlicher Rückschritt.
Zu Beginn des 18. Jh.s wurden sehr fein ausgeführte Stempel, die die Initialen der Städte trugen, aus denen Briefe kamen, und auf denen die in Stuivers zu zahlende Gebühr vermerkt war, in Amsterdam verwendet.

Die ersten Poststempel mit Angabe der Entfernungen sind 1784 in England eingeführt worden. Die Ziffern unterhalb oder längs der Postamtsbezeichnung vermerkten die Entfernung dieser Poststelle von London und halfen den Postbe-

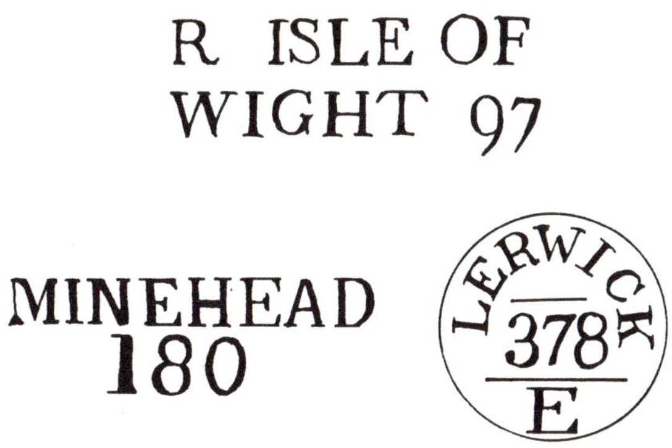

»Meilen«-Stempel aus England, Schottland und Irland, 1784–1828

diensteten, die Nachnahmegebühr zu berechnen. Diese Stempel kamen 1795 außer Gebrauch, nachdem man herausgefunden hatte, daß viele der Meilenangaben ungenau waren, doch 1801 wurden sie wieder eingeführt. Die Verwendung dieser Meilenkennzeichnung wurde Ende des Jahres 1828 abgeschafft, doch einige wenige Postämter in Schottland und Irland benutzten sie bis weit in die 50er Jahre des 19. Jh.s weiter, lange nachdem die Berechnung der Gebühren nach Entfernung aufgegeben worden war.

Die ersten Handpoststempel, die die Vorauszahlung von Postsendungen anzeigten, wurden von William Dockwra erfunden, einem Londoner Händler, der dreieckige Stempel für einen privaten Dienst, die *London Penny Post* (gegründet 1680), entworfen hatte. Dockwra richtete ein System von Abholerhäusern in London und Westminster ein. Briefe, die von diesen Büros bearbeitet wurden, erhielten einen Aufdruck mit doppellinig-dreieckigen Stempeln, dreiseitig beschriftet mit PENNY/POST/RAID. Im Mittelpunkt stand ein Buchstabe mit dem Hinweis auf das Empfänger-Haus: L für das Hauptbüro in der Lyme Street, W für Westminster, T für Temple und P für St. Paul's. Dockwras Post wurde von den Boten und Austrägern der Stadt heftig bekämpft, die ihren Lebensunterhalt bedroht sahen. Titus Oates beschimpfte sie als »einen papistischen Trick« und behauptete, daß hinter dem ganzen die Jesuiten steckten. Vor allem aber hatte Dockwra das Post Office gegen sich, dessen Monopol er durchbrochen hatte. Als Folge einer gerichtlichen Verfügung wurde sein Dienst im November 1682 eingestellt, doch kurz darauf unter Kontrolle des Post Office wieder eröffnet. Dockwra wurde schließlich eine Pension von £ 500 pro Jahr zugestanden, und er fungierte fortan als Kontrolleur der *Penny Post* (1696–1700). Ähnliche dreieckige BEZAHLT-Stempel wurden vom staatlichen Postdienst bis 1795 verwendet.

Die ersten Stempel, mit Zeitangabe des Datums der Aufgabe, wurden ebenfalls von William Dockwra erfunden. Jeder von seiner *London*

Bischofs-Stempel, 1661

New York-Namensstempel, 1756; der erste in Amerika

Stempel der Penny Post *Dockwras, 1680*

Dockwras herzförmiger Zeitstempel, 1680

Peter Williamson Penny Post, *Edinburgh, 1774*

Die erste Provinz-Penny Post auf den Britischen Inseln wurde 1773 in Dublin gegründet. Eine Parlamentsakte von 1765 hatte den Städten die Einrichtung von Penny Post *innerhalb ihrer Grenzen gestattet, doch war keine bereit, eine solche Verpflichtung zu übernehmen. In Edinburgh wurde 1774 eine private* Penny Post *eröffnet und von Peter Williamson erfolgreich betrieben. Er war einer der farbigsten Charaktere, die jemals mit dem Postwesen zu tun hatten; er stammte aus Aberdeen, war im Alter von zehn Jahren gekidnappt worden und in die amerikanischen Plantagen als Sklave verkauft worden. Als wäre dies noch nicht übel genug, wurde er später von Indianern eingefangen, mit denen er etliche Jahre verbrachte, was ihm den Spitznamen »Indian Peter« einbrachte. Er kehrte schließlich nach Schottland zurück, wo er seinen Lebensunterhalt als Schriftsteller, Verleger, Drucker und Kneipenwirt verdiente. Er gab den* Edinburgh City Directory *heraus und machte darin Reklame für seinen örtlichen Postdienst, der in einem Radius von einer Meile vom Edinburgh Cross aus operierte. Er verwendete BEZAHLT- und UNBEZAHLT-Stempel, wovon einige ein Datum trugen. Sein Dienst hielt sich 19 Jahre lang, bis er schließlich in das Postnetz der Regierung eingegliedert wurde. In Anerkennung seiner Dienste erhielt Williamson eine Pension von L 25 pro Jahr.*

Penny Post beförderte Brief war zusätzlich mit einem kleinen herzförmigen Aufdruck versehen, der die Stunde des Versands kennzeichnete. Stempel mit Angabe der Uhrzeit waren auf die *Penny Post* von London und Edinburgh beschränkt, doch wurden sie 1843 und 1838 abgeschafft. Danach wurde die Zeit nur unbestimmt vermittels Codebuchstaben angezeigt: M für morgens, E für abends *(evening)* oder A für nachmittags *(afternoon)*, und auch dieses Zugeständnis wurde um 1857 zurückgenommen. Allmählich jedoch übernahmen die größeren Postämter ein System aus einer kombinierten Zahlen-Buchstaben-Folge, die den Stemplungsort kenntlich machten und eine grobe Vorstellung vom Zeitpunkt der Stempelung vermittelten (dem Postamt, wohl aber nicht dem Publikum). Vier-Buchstaben-Codes wurden 1894 in Datumsstempel eingefügt, doch klare Zeitangaben wurde auf den gesamten Britischen Inseln bis 1895 nicht wieder eingeführt. Im Verlauf des 19. Jh.s hatte die Mehrzahl der europäischen Länder Zeitstempel eingeführt, und es scheint merkwürdig, daß gerade jenes Land, das sie erfunden hat, sie nur so widerwillig verwendete, doch hatte das British Office eine erklärtermaßen tiefsitzende Abneigung dagegen, die Öffentlichkeit wissen zu lassen, wann genau die Postsendungen aufgegeben worden waren.

Die älteste Lokal- oder Ortspost der Welt war die von Renouard de Villayer im Jahre 1653 gegründete Paris Petite Poste. Durch ein Dekret vom 8. August 1653 wurde de Villayer *Mâitre des Requêtes* ermächtigt, die Post zu betreiben. In der zeitgenössischen Literatur ist dieser Dienst gut dokumentiert, doch er war nur kurzlebig, und Exemplare irgendwelcher Briefe, die von ihm befördert worden sind, sind niemals gefunden worden. Dieser Postdienst wurde erst am 5. März 1758 wiederaufgenommen.

Die frühesten Beispiele für ein Frankierungsprivileg, das eine kostenlose Beförderung amtlicher Korrespondenz gestattete, läßt sich nicht mit Sicherheit angeben, da die ältesten Postdienste der Welt ausdrücklich für eben diesen Zweck eingerichtet worden sind. Sobald der Allgemeinheit gestattet war, die Postdienste in Anspruch zu nehmen und sich daraus zwangsläufig die Frage der Gebührenzahlung ergab, wurde es notwendig, zwischen jenen Sendungen, auf die eine Gebühr erhoben wurde, und jenen, die weiterhin gebührenfrei befördert werden durften, zu unterscheiden. Die erste Sondervollmacht für solche Post wurde in einem Dekret des Staatsrats von 1652, zur Zeit der englischen Republik Cromwells (1649–1660), erteilt, die es gestattete, daß Postsendungen zwischen Parlamentsmitgliedern und bestimmten Staatsbeamten kostenlos befördert wurden. Derartige Briefe waren durch Aufdruck auf ihren Wachssiegeln erkennbar, doch wurde 1653 verfügt, daß alle amtlichen Briefe quer über die Vorderseite die Aufschrift zu tragen hatten: *»These are for the Service of the Commonwealth«.* Französische Regierungskorrespondenz von 1692/93 trug den handgeschriebenen Vermerk: *»Pour les expresses affaires du Roy«.*

Der früheste mit einem Freimachungsprivileg verbundene Poststempel war ein zweizeiliger, ungerahmter Stempel mit der Inschrift AFFRANCHI/PAR ETAT (bezahlt vom Staat), der 1672 auf die aus Paris abgehende amtliche Korrespondenz in Schwarz oder Rot aufgedruckt wurde. Dieser Stempel ist deshalb um so bemerkenswerter, als er jeder anderen Handstempelung in Frankreich um 23 Jahre vorausging. Es verging einige Zeit, bis dann 1744 ein einzeiliger Aufdruck mit der Inschrift AFFAIRES DU

Frankierungsstempel aus Frankreich, England und Irland

ROY das alte Muster ablöste. Während der Revolutionsjahre wechselten die Stempelungen in schneller Folge – ein Reflex der turbulenten französischen politischen Verhältnisse dieser Zeit.
In England wurde amtliche Post und Parlamentspost gebührenfrei befördert, und zwar wurde dieses Privileg kraft königlicher Vollmacht erteilt, da die Einnahmen des Post Office an die Krone gingen. 1764 wurden die Posteinnahmen von der Krone im Austausch gegen eine Zivilliste dem Parlament zugestanden. Fortan mußte das Frankierungsprivileg durch Parlamentsakte autorisiert werden. Dies machte die Einführung von besonderen Stempeln mit dem Aufdruck FREE im Mai 1764 notwendig. Anfangs waren sie noch undatiert, doch 1791 kam die Datierung hinzu. 1799 wurde das Symbol einer Krone hinzugefügt, und dies war eine Besonderheit der englischen Frankierungen, bis sie dann 1840 im Zuge eines ganzen Pakets von Postreformen abgeschafft wurden, die von Rowland Hill durchgesetzt worden waren. Nur ein einziger Typ des *»free«*-Handstempels wurde jemals in Edinburgh benutzt (1772–88), doch verfügte Dublin über ein sehr ausgefeiltes System. Denn Irland verwendete von 1706 an bestimmte Stempelungen, unter denen die *»mermaids«* (Meerjungfrauen) die auffälligsten waren – so benannt nach der weiblichen Figur, die ihren Rahmen zierte, vermutlich herrührend von der Figur auf der Leier im Wappen Irlands.

Der erste Poststempel, der das Freimachen von durch die Post versandte Zeitungen und Zeitschriften kenntlich machte, wurde 1779 in Frankreich eingeführt. Er bestand aus einem doppelten Kreis mit der Inschrift PERIODIQUES, sowie dem Wort FRANCS (frankiert) und einer Krone und einer Lilie in der Mitte. Die königlichen Embleme wurden 1793 entfernt, und dann 1797 die phrygische Kappe der Freiheit, das Wahrzeichen der Revolution, ebenfalls ausgewechselt.

Besondere Sonntagsstempel fanden in London und Dublin Verwendung. Es war eine Bedingung des Freimachungsprivilegs, daß Briefe das Datum der Aufgabe in handschriftlicher Eintragung durch den Absender tragen mußten und nicht gebührenfrei befördert wurden, wenn sie an irgendeinem anderen Tag aufgegeben worden waren. Da frankierte Briefe, sofern sie an einem Sonntag zur Post gebracht wurden, erst am darauffolgenden Tag abgestempelt wurden, erhielten sie zusätzlich einen eigenen Sonntagsstempel, womit der offensichtliche Unterschied zwischen dem handgeschriebenen Datum und dem Datum der Frankierung erklärt wurde. Diese Stempel hatten die Aufschrift SUN oder SUNDAY. In Dublin wurden diese auch der gewöhnlichen Post hinzugefügt, die dort an einem Sonntag eintraf und erst am darauffolgenden Tag zugestellt wurde. London verfügte zudem über Extrastempel, die besagten, daß die Postboten diese Briefe von 10 Uhr vormittags an Sonntagen auszuliefern hätten. Diese Sonntagsstempel überdauerten die Abschaffung des Freimachungsprivilegs um etliche Jahre.

Die ersten französischen und englischen Zeitungsstempel

Die erste Entwertung überhaupt in Form eines Poststempels, um die Wiederverwendung von Briefmarken zu verhindern, war der sogenannte Malteser-Kreuz-Stempel, mit dem jeder städtische Postbezirk auf den Britischen Inseln ausgestattet wurde und im Zusammenhang mit der Einführung gummierter Briefmarken im Mai 1840 gebräuchlich wurde. Eigentlich ist die Bezeichnung »Malteser-Kreuz«, wie sie in der Frühzeit der Philatelie geprägt wurde, unzutreffend, da der Entwurf die Tudor-Rose zur Vorlage hatte und nur wenig Ähnlichkeit mit dem Kreuz der Malteser-Ritter aufweist. Die Stempel wurden in einheitlichem Muster aus Messing hergestellt, so daß es gewöhnlich nicht möglich ist, das Postamt auszumachen, in dem die Entwertung vorgenommen worden war. Einige wenige, spätere Ersatzstempel indessen sind hinreichend unterscheidbar und erzielen in Sammlerkreisen hohe Preise. Zu Anfang wurde rote Tinte verwendet, doch von Februar 1841 an bevorzugte man Schwarz (es war in London seit August 1840 versuchsweise benutzt worden). Ein-

zelbeispiele von Marken, die sowohl mit roten wie mit schwarzen »Maltester-Kreuzen« entwertet worden sind, sind erhalten. Der amtliche Datumsstempel wurde auf die Rückseite des Umschlags gesetzt, gemäß dem Verfahren vor Einführung gummierter Briefmarken.
Der Schweizer Kanton Zürich, der im März 1843 Briefmarken eingeführt hatte, ließ sich in seiner Wahl des Stempels eindeutig vom englischen »Malteser-Kreuz« anregen. Er hatte dieselbe Gestalt wie das »Malteser-Kreuz«, doch war das weit, daß man mit der Unkenntlichmachung des Markenbildes soweit gehen wollte, die ganze Marke zu vernichten, wie die von Dr. Thebussem (*nom de plume* des spanischen Postreformers, eigentlich M. P. de Figueroa) angeregte Maßnahme, der tatsächlich für die Verwendung ätzender Tinte eintrat und sogar die geniale Methode empfahl, das Papier mit Schießpulver zu imprägnieren, so daß die Briefmarke buchstäblich explodierte, sobald sie vom Entwertungsstempel getroffen würde.

Sonntagsstempel aus England und Irland (s. S. 37)

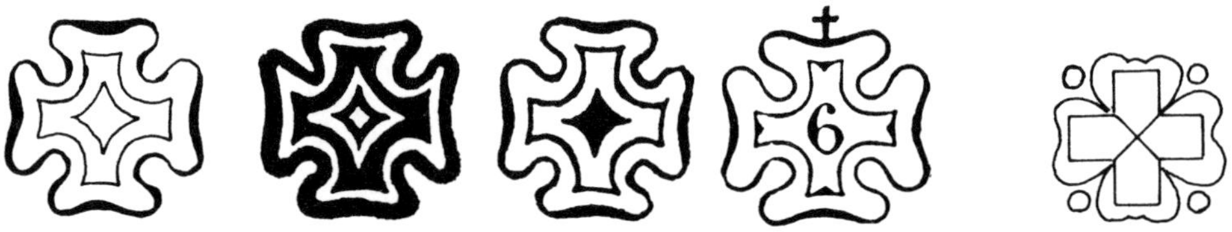

Malteser-Kreuz-Entwertungsstempel, 1840–44, und die Züricher Rosette von 1843

Ziffernentwerter von den Britischen Inseln, 1844

schweizerische Kreuz diesem eingedruckt, und kleine kreisförmige Ornamente füllten die Zwischenräume. Dieser Entwerter ist als die Züricher Rosette bekannt geworden. In der Folgezeit wurde er auch von Genf (September 1843) verwendet und findet sich gleichfalls auf den frühesten Bundesmarken (1850). Zürich bevorzugte schwarze Tinte und Genf die rote, doch war auch blaue Tinte gebräuchlich.
Brasilien, das seine ersten gummierten Marken am 1. August 1843 herausbrachte, benutzte keine besonderen Stempel, sondern machte von vorhandenen Datumsstempeln oder undatierten Namensstempeln Gebrauch.

Die gründlichsten Entwerter wurden Mitte des 19. Jh.s von Postverwaltungen entworfen, die von der Aussicht, daß unehrliche Leute die Stempeltinte abwaschen und die Marken wieder benutzen könnten, geradezu verfolgt. Man verzichtete in der Regel grundsätzlich auf eine Aussage der Stempelung hinsichtlich des Ortes der Abstempelung oder des Datums der Aufgabe, sondern legte den Hauptwert auf die gründliche Entwertung der Marken durch verschiedenste Arten von Schwärzungen. Dies ging sogar so

Entwertung durch Zerreißen der Marke ist gar nicht so häretisch, wie es zunächst erscheinen mag, und diese Praktik findet sich in der Entwertung von Billetts allenthalben. Zum Segen der Philatelie indessen sind nur zwei Beispiele bekannt. David Bryce, Eigner des Küstendampfers *Lady McLeod*, der zwischen Port of Spain und San Fernando, Trinidad, verkehrte, entwertete die Marken, die er für die auf seinem Schiff beförderten Briefe bereithielt, indem er eine Ecke der Briefmarke vom Umschlag ablöste und die Rückseite mit seinem Fingernagel einkerbte. Später allerdings entschied er, daß die Entwertung mit Feder und Tinte das weitaus schnellere und wirksamere Verfahren sei.
Die ersten Briefmarken aus Afghanistan, die berühmten »Tiger« von 1870–81, wurden von den Postbeamten gewöhnlich dadurch entwertet, daß sie eine Ecke anhoben und ein Stück abrissen. Es ist deshalb schlechthin unmöglich, postalisch verwendete Exemplare dieser Marken vollständig erhalten zu finden. Die Telegrafenpost in Spanien wurde durch Lochen der Marke ungültig gemacht.
Im Osmanischen Reich war bei Verwendung der Briefmarken auf Paketkarten zusätzlich zur Ab-

stempelung vorgeschrieben, diese Marken durch einen Scherenschnitt zu entwerten.
Eine interessante Art der Markenentwertung bzw. der Zerstörung des Markenbildes bei Ablösung der Marken und versuchter Wiederverwendung machte 1866 auch Preußen, indem es zwei hohe Werte von 10 und 20 Silbergroschen, die nur für den Innendienst bestimmt waren, rückseitig bedruckte, wobei sich die Farbe auf dem dünnen Papier schon bei leichter Berührung mit Wasser von dem Papier löste.

Die ersten Stempel mit Ziffern wurden im Mai 1844 vom Britisch Post Office eingeführt. Obwohl der amtliche Datumsstempel der Rückseite von Briefen aufgedruckt wurde, fand man es sinnvoll, daß der Entwertungsstempel auch das Amt kenntlich machen sollte, wo er aufgebracht worden war. Getrennte Serien bezifferter Entwerter wurden im London Chief Office (Inlandsabteilung) benutzt, in der Bezirkspost London, in den Provinzämtern Englands, d. i. Wales, den Kanalinseln, der Isle of Man und in Schottland und Irland. Jede Serie hatte ein eigenes Design: England oval, Schottland reckteckig und Irland rautenförmig, jeweils mit Nummern im Zentrum. Jeder städtischen Post und vielen der bedeutenderen Regionalämter waren Nummern zugewiesen. Diese Nummern wurden in zeitlicher Abfolge auf anderen Entwertern, Datums-, Gebühren- und anderweitig hinweisenden Stempelungen verwendet.
Diese Stempel galten ab 1850 für veraltet, doch einige wenige überlebten bis in die ersten Jahre des 20. Jh.s, und sowohl Aberdeen (1) als auch Southampton (723) fuhren darin fort, diese antiquierten Entwerter bis in die 50er Jahre unseres Jahrhunderts zu benutzen, bis sie schließlich doch durch die maschinelle Entwertung verdrängt wurden.

Nummernstempel wurden in den 50er Jahren des 19. Jh.s von vielen britischen Kolonien und einer Anzahl ausländischer Staaten übernommen. Nachfolgend aufgeführt sind die wichtigsten Länder mitsamt einer kurzen Beschreibung der verwendeten Muster numerischer Stempel:

Baden	Fünfringstempel (1851–67)
Bayern	geschlossener »Mühlrad«-Stempel (1850), offener »Mühlrad«-Stempel (1856)
Braunschweig	Nummernstempel mit 16 Balken (1856)
Preußen	Ringstempel (vier Ringe mit Ortsnummern von Nr. 1 bis 1987) (1850–59)
Sachsen	Gitter zwischen zwei Kreisen, Nummer des Postamts von 1 bis 220 (1852–66)
Schleswig-Holstein	17 Striche im Rund, in der Mitte fünf Striche davon unterbrochen (1850)
Thurn und Taxis	vier konzentrische Kreise (1852–67)
Belgien	Rechteck innerhalb horizontaler Linien mit Kreisformat (1850)
Dänemark	Dreiringstempel (1851)
Frankreich	Punktstempel in rhombischer Anordnung (1852)
Griechenland	Punktstempel in rhombischer Anordnung (1861)
Indien	verschiedene Stabmuster in einem Rautenformat (1854–73)
Kanada	Vierringstempel (1851), Zweiringstempel (1858)
Mauritius	Dreiringstempel (1849), Zweiringstempel (1850–68)
Neubraunschweig	ovales Gitter von Parallellinien (1851–67)
Norwegen	Dreiringstempel (1856–68)
Polen	sechs konzentrische Quadrate (1860), Vierringstempel (1860–63)
Portugal	aufrechtgestelltes Oval mit horizontalen Strichen (1855)
Queensland	Sonnenstrahlen (1860)
Süd-Australien	Oval aus Strichen nach Londoner Art (1855–60)
Tasmanien	Oval aus Strichen im englischen Stil (1853–61)
Victoria	Schmetterlingsmuster (1849–51), aufrechtstehendes Oval mit Strichmuster (1851–56)
West-Australien	Oval mit horizontalem Strichmuster (1859)

Die ersten Stempel, die sowohl die Datumsangabe wie die Entwertung kombinieren, wurden im Juni 1853 von der Londoner Bezirkspost zur Stempelung von Briefen mit dem Vermerk »Unzustellbar« verwendet. Dieser Stempel hatte einen rechteckigen Datumsstempel und einen gestreiften, ovalen Entwertungsstempel. Ein Stempel für den Aufdruck auf gewöhnlichen Briefen mit kreisförmigem Datumsstempel wurde kurz darauf ausgegeben. Diese und die spätere Londoner Stempel sind eigentliche »Doppelstempel«, da der Datumsstempel und der Entwertungsstempel getrennte Einheiten gewesen sind. Echte Doppelstempel, auf denen Entwerter- und Datumsteil zusammengefaßt waren, wurden Ende Mai 1854 in England für eine Reihe von Provinzämtern bereitgestellt. Diese Doppelstempel waren ungewöhnlich im Entwurf und zumindest zwei davon waren einzigartig: der Reading »Keks« (1854) und der Rugby-»Schuh« (1857). Die echten Doppel galten nur versuchsweise und wurden 1858 durch Standardmuster von Doppelstempeln abgelöst. Viele von ihnen, obwohl seit 1880 veraltet, hielten sich bis in das 20. Jh.

Ein in der Form eines barocken Bilderrahmens ausgeführter Stempel wurde 1859 in Sizilien entworfen, um Briefmarken mit dem Porträt König Ferdinands (im Volksmund »Bomba« genannt, wegen seiner Angewohnheit, Schiffsbombardements anzuordnen, um seine aufsässigen Untertanen in Schach zu halten) zu entwerten. Das einzige andere Beispiel einer solchermaßen ehrenden Abstempelung findet sich auf Marken des indischen Staates Bhor von 1901. Es ist nicht bekannt, daß diese Stempel überhaupt postalisch benutzt wurden; es handelte sich offenbar um Gefälligkeitsabstempelungen.

Erster Londoner Doppelringstempel

Das erste Postamt, das einen kombinierten Stempel mit kräftigen schwarzen Balken zwischen den Kreisen verwendete, war das in Each Dulwich, London, im April 1894. Dieser Typ ist dementsprechend unter Sammlern als das Dulwich-Muster bekannt. Seltsamerweise ging diesem ein ähnlicher Stempel um etwa 14 Tage voraus, der in Sunderland benutzt wurde, jedoch mit schmaleren Balken im unteren Teil. Der Sunderland-Stempel war eindeutig ein Versuchsmodell, das später nicht allgemein eingeführt wurde. Der Dulwich-Typ wurde in der Folgezeit auf den gesamten Britischen Inseln eingesetzt wie auch in vielen Überseeländern, namentlich im Commonwealth. Obwohl seit 1949 veraltet (als die Stempelung mit dünnem Bogenmuster eingeführt wurde), sind immer noch Exemplare des Dulwich-Typs in Gebrauch.

In der Folgezeit wurden Doppelstempel von vielen britischen Kolonien und vom Ausland übernommen. Das einzige Land, daß sie bis auf den heutigen Tag verwendet, sind die Vereinigten Staaten; wenngleich der Entwertungsabschnitt nicht numeriert ist.

Kombinationsstempel, die aus Datumsstempeln bestehen, welchen zugleich als integraler Bestandteil des Designs ein Entwertungselement eingefügt war, wurden zuerst 1850 in Österreich verwendet. Einzelbeispiele für dergleichen Stempel, die Entwertung zugleich mit Namen und Datum verbanden, bestanden von da an bis in die 60er Jahre des 19. Jh.s, wie z. B. der raffinierte »Zahnrad«-Entwurf von Gfoehl, das phantasievolle Ovalmuster von Kaposvar und das Streifenoval von Aussee, Mähren, doch waren dies eigentlich Unikate. Doppelkreis-Datumsstempel mit Kurvenlinien-Ornament am Fuß des inneren Bogens gab es seit ca. 1850, und seit dieser Zeit wurden sie in der Habsburger-Monarchie allenthalben benutzt.
Die ersten Kombinationsstempel in England und Wales waren die sogenannten quadrierten Kreise, die erstmals im September 1879 in Leeds Verwendung fanden.
Um die Jahrhundertwende wurde dieser quadrierte Kreis-Typ auch in Italien, Kanada, Südafrika und Neuseeland verwendet. Die Antwort des Deutschen Reiches darauf war der Brücken-Stempel, auf welchem das Datum auf einer einzelnen Zeilen-»Brücke« von zwei vertikalen Entwertungsstreifen stand. Erstmals 1884 eingeführt, war dieser Stempel in Deutschland bis in die 20er Jahre des 20. Jh.s im Gebrauch, doch wurden Abarten auch in Österreich, Ungarn, in der Schweiz und den skandinavischen Ländern benutzt; die letzten skandinavischen Exemplare stammen aus den 50er Jahren. Dieses Muster wurde versuchsweise auch in England (1905), in Frankreich (1913) und in Irland (1922) eingeführt; doch sind solche Exemplare überaus selten.

Der erste Versuch einer mechanischen Entwertung wurde mit einer Maschine gemacht, die von Pearson Hill, dem Sohn von Sir Rowland Hill, entworfen worden war und der die Arbeit an diesem Problem 1853 aufnahm und 1857 eine Maschine konstruiert hatte, mit der im September in London ausgedehnte Versuche gemacht wurden wie auch im Februar 1858. Der Pearson-Hill-Apparat war dampfgetrieben, oder er konnte über ein Fußpedal in Gang gesetzt werden und brachte einen deutlichen Doppeldruck hervor, mit dem Datum innerhalb einer Reihe von vertikalen Linien. Eine spätere Version trug den Namen London auf der Unterseite. Diese beiden Arten von Entwertung sind ungewöhnlich selten. 1858/59 wurde eine weitere Hill-Maschine, bekannt als die »Parallel Motion«, getestet. Dieser Aufdruck ähnelte den herkömmlichen Doppelstempeln der Zeit. Experimente in Edinburgh mit diesen Maschinen brachten die berühmten Brunswick-Star-Poststempel von 1863–65 hervor. Parallel-Motion-Maschinen wurden bis zur Jahrhundertwende auf den Britischen Inseln häufig eingesetzt. Andere, weniger erfolgreiche Apparate, die in den späten 50er Jahren des 19. Jh.s erprobt worden waren, stammten von Charles Rideout und G. H. Cresswell, zwei Postinspektoren. All diese Maschinen wurden von Hand betrieben, und Puristen neigen dazu, sie als »mechanisch unterstützte Handstempel« anzusehen.

Kreise im Quadrat: die frühesten kombinierten Datums- und Entwertungsstempel

Pearson Hill Parallel-Motion Maschine auf einer italienischen Briefmarke von 1976

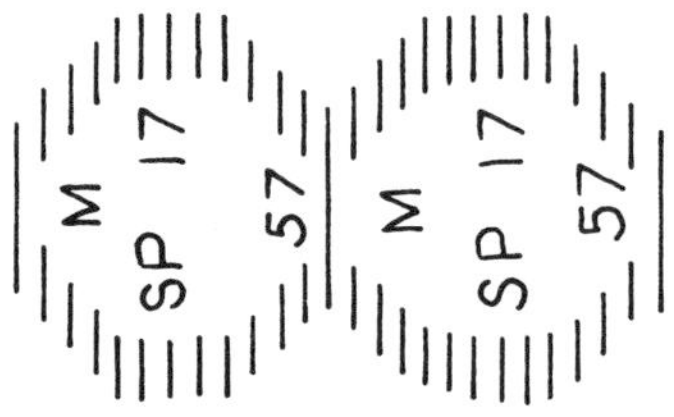

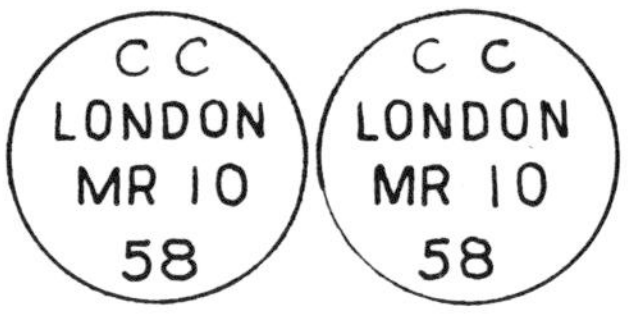

Experimentelle maschinelle Entwertung: Pearson Hill (1857), Rideout und Creswell (beide 1858)

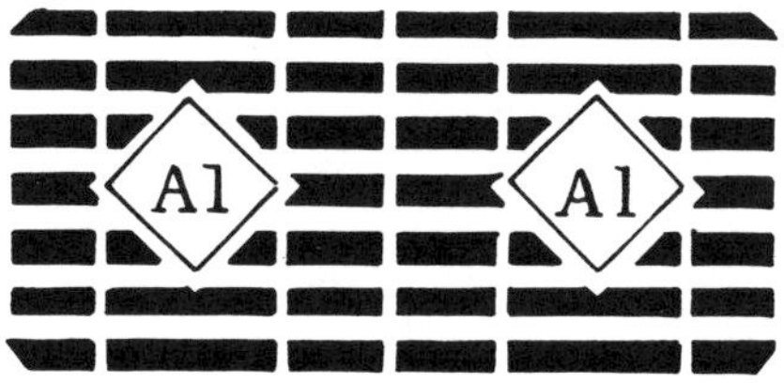

Die erste Hochgeschwindigkeits-Abstempelungsmaschine im modernen Sinne wurde 1867 von Franz Wirth aus Deutschland erfunden. Ein anderer Deutscher, Albert Höster, modifizierte das Wirth-Modell und stellte Abstempelungsmaschinen her, die durch Fußpedal betätigt wurden.

Die erste vollautomatisierte Abstempelungsmaschine wurde um ca. 1880 von Thomas und Martin Leavitt aus Boston, Massachusetts, erfunden. Den Leavitt-Brüdern gelang es allerdings nicht, einen Prototyp zu bauen, und sie verkauften ihre Patente 1885 an Frank und Martin van Buren Ethridge aus Boston, die die »American Postal Machine Company« gründeten. Die erste dampfgetriebene Maschine der Ethridges wurde 1886 in Boston aufgestellt und eine ähnliche Maschine zwischen September 1886 und April 1887 in London erprobt. Von Dampf und später auch elektrisch betriebene Maschinen wurden in Kanada (1895) und Frankreich (1898) eingeführt und waren um 1900 in den meisten Ländern Westeuropas verbreitet.

Der erste Poststempel mit einem Slogan wurde 1661 in London verwendet. Er wurde per Hand auf Briefe gesetzt, die für Adressaten entlang der Straße nach Kent bestimmt waren, und bestand aus einem großen Kreis mit der neunzeiligen Beschriftung »THE POST FOR ALL KENT GOES EVERY NIGHT FROM THE ROVND HOVSE IN LOVE LANE & COMES EVERY MORN(ING)« (die Post für ganz Kent geht jede Nacht vom Round House in der Love Lane ab und kommt jeden Morgen). Bis 1663 wurden zwei Arten von Handstempeln verwendet. Ein ähnlicher Slogan wurde auf Postsendungen gedruckt, die 1674/75 entlang der Straße nach Essex befördert wurde, und er lautete: »ESSEX POST GOES AND COMES EVERY DAY« (Essex-Post kommt und geht jeden Tag). Auch hiervon sind zwei Varianten bekannt. All diese handgestempelten Slogans sind extrem selten. Eine seltene Abart des letzteren Slogans mit einem S. X. für Essex befindet sich lediglich auf Briefen, die im Public Record Office, London, aufbewahrt werden.

Die erste maschinelle Entwertung, die einen Werbespruch innerhalb der Stempellinien hatte (Werbestempel), wurde benutzt, um für die Columbian Exposition, Chikago, im Jahre 1893 zu werben. Seit 1894 verwendeten viele amerikanische Postämter maschinelle Entwerter, die die »Stars and Stripes« aufdruckten. Die sieben Wellenlinien dieser Fahne wurden später als Elemente der Stempelung für viele Maschinen weltweit übernommen. Fahnen-Abstempelungen durch in den USA hergestellte Maschinen wurden um die Jahrhundertwende in vielen anderen Ländern eingesetzt: Kanada (1897–1900), Frankreich (1898–1900), Neuseeland (1899). Italien und Deutschland hatten auch Stempel, die ihre Nationalflaggen zeigten. England verfügte 1897 über eine Matrize, auf der der Union Jack abgebildet war und die die Aufschrift trug »1837 VICTORIA 1897«, um damit das diamantene Regierungsjubiläum der Königin zu würdigen, doch sie fand nicht überall Verwendung. Eine amerikanische Flaggenstempelung wurde während der Weltausstellung in Paris 1900 vom Pavillon der USA ausgegeben. Werbesprüche, die auf bedeutende Ereignisse der Zeit während der ersten Jahre dieses Jahrhunderts hinwiesen: Kanadas Nationalausstellung (Toronto, 1901), die Weltmesse von St. Louis (USA, 1902/03), die Dreihundertjahrfeiern in Jamestown (USA, 1907), die Oberammergauer Passionsspiele (Bayern, 1910), die Brüsseler Messe (Belgien, 1910) und die Ausstellung in Auckland (Neuseeland, 1912).

Kommerzielle Werbung auf Poststempeln ist lediglich in zwei Ländern gestattet worden. Im Jahre 1923 tauchte ein Poststempel mit einem Slogan auf Sendungen aus den größeren italienischen Städten auf mit dem Aufdruck »reservierter Raum für Werbung – wenden Sie sich an . . .«; angefügt waren die jeweiligen Adressen und Telefonnummern der Werbeabteilungen der Post. Im folgenden Jahr zeigten sich erstmals die Früchte dieser Werbekampagne. Leser des *Il Corriere Italiana* wurden dringend aufgefordert, Guido da Veronas neuen Roman *Mata Hari* zu lesen (der Werbespruch war sogar geschmückt mit einer Büste der üppigen javanischen Spionin); ein Bekleidungsgeschäft warb für seine Verkaufsaktionen, und unvermeidlich waren auch die Tabakhersteller sogleich zur Stelle. Raucher aus der Toskana bevorzugten – gemäß einem der Slogans – Zigaretten aus Rom, während den Venezianern nahegelegt wurde, nach Savoia-Eva-Zigaretten zu verlangen – DIE BESTEN UND BEKÖMMLICHSTEN. In den Nachkriegsjahren rangierten Produkte, für die

Entwertung durch die experimentellen Azemar-Maschinen

Die Boston-Maschine, 1885–87

Entwertung durch die Höster-Maschinen (1882/83)

Kent, Postwerbung, 1661: erster Poststempel der Welt mit einem Wahlspruch

auf Poststempeln geworben wurde, von Motta-Brot bis zum Parfüm Weiße Orchidee, von Rilsan-Synthetikfasern bis Allonlit-Kolben und dem Fiat Nuova 500. Die letzten dieser kommerziellen Werbesprüche sind um 1960 aufgetaucht. Bald darauf folgte Frankreich dem Beispiel Italiens und machte Werbung für Medaillen aus

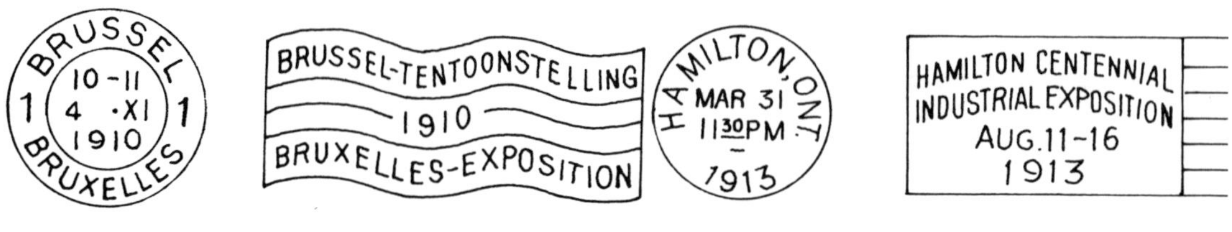

Frühe Poststempel mit Wahlspruch, 1893–1913 (s. S. 41)

der staatlichen Münze (1924). Kommerziellere Werbekampagnen scheinen sich auf die Tabakindustrie zu beschränken, die für Gitanes- und Celtiques-Zigaretten und für die Zigarre Nouveau Diplomate während der 30er Jahre Reklame machten.

Englische Werbung für Kriegsanleihen. Vollständig lautet der Text: »Buy National War Bonds Now, Buy National War Bonds« und »Feed the Guns with War Bonds« (»Zeichnen Sie jetzt nationale Kriegsanleihen, Zeichnen Sie Kriegsanleihen« und »Füttern Sie die Kanonen mit Kriegsanleihen«)

Lokale Öffentlichkeitswerbung aus Calais, 1921 (s. S. 41)

Die erste örtliche Öffentlichkeitswerbung, die zum Beispiel Annehmlichkeiten von Urlaubsorten anpries, wurde 1921 in Calais eingesetzt; sie rühmte »LE PORT, LA PLAGE, LES DENTELLES«. Diese Idee breitete sich auf andere Erholungsorte aus, etwa Boulogne-sur-Mer, das mit einem Werbespruch die CURE D'AIR und

Slogan zum 100jährigen Bestehen des Briefmarken-Auktionshauses Stanley Gibbons, 1965 (s. S. 41)

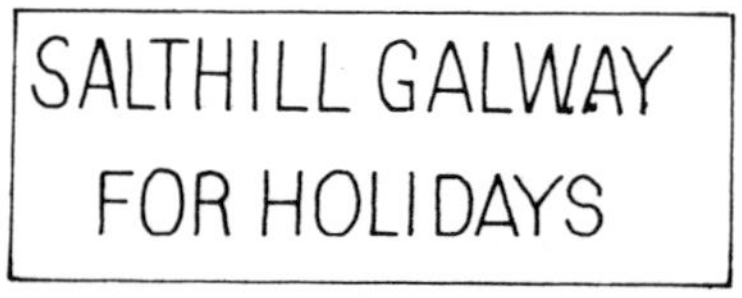

Lokale Öffentlichkeitswerbung aus Salthill, 1935

sein Spielkasino anpries (1924). Andere frühe Beispiel einer derartigen Öffentlichkeitswerbung werden berichtet aus Hyeres, St. Lunaire, Dinard, Dijon und Carcassonne (1925) sowie aus Cluses, St. Claude und Avignon (1926). Sogar Industrie- und Handelszentren erkannten den Wert einer solchen Publizität, und um 1926 waren in Le Havre und Lille solche Sprüche im Umlauf. Diese Slogans bestanden ausschließlich aus Wörtern. Die ersten französischen *flammes illustrees* (bildhafte »Flammen« – wie auf den Bannern mittelalterlicher Ritter) tauchten nicht vor 1950 auf, auch wenn das Konzept bildhafter Wahlsprüche vor diesem Datum durchaus schon Verwendung gefunden hatte. Die erste lokale Öffentlichkeitswerbung außerhalb Frankreichs lautete »VISIT THE DUNES, MICHIGAN CITY«; sie wurde am 5. Oktober 1921 durch eine Kongreßakte autorisiert.

Die erste Bildwerbung für örtliche Publicity wurde 1942 in Bern und Genf, Schweiz, verwendet. In beiden Werbeaktionen wurde das städtische Wappen benutzt.

Mißglückte Slogans sind verschiedentlich verwendet worden, wobei ihre Botschaft entweder durch die Briefmarken, die sie entwerteten, oder durch die Art der Post, auf die sie aufgedruckt waren, ins Gegenteil verkehrt wurde. Die häufigsten Beispiele finden sich auf Vorladungen wegen Verkehrsvergehen, die Urlaubern zugestellt wurden und touristische Öffentlichkeitswerbung trugen. Ein britischer Nationalslogan »ARE YOU FULL INSURED?« (Sind sie voll versichert?) wurde als sehr anstößig empfunden,

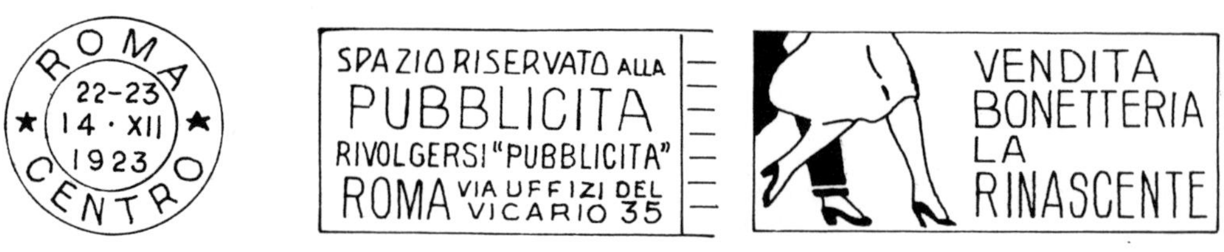

Kommerzielle italienische Öffentlichkeitswerbung, 1923–60

da er verwendet worden war, die Benachrichtigungen von Krankenhäusern an ihre Patienten abzustempeln, denen eine bevorstehende Operation angekündigt wurde. Ein bekannter amerikanischer Slogan aus den späten 50er Jahren, »REPORT OBSCENE MAIL TO YOUR POSTMASTER« (»Melden Sie obszöne Postsendungen umgehend Ihrem Postbeamten«), soll schleunigst zurückgezogen worden sein, nachdem man ihn benutzt hatte, Einladungsschreiben zur Hochzeit einer Senatorentochter damit zu stempeln.
Solche unglücklichen Verdrehungen waren von den betroffenen Postbehörden schwerlich zu vermeiden. Auf noch mehr Mißfallen indessen stießen jene Slogans, die nicht den Charakter der Briefmarken in Erwägung zogen, die sie entwerten sollten. Der schlimmste Fall ist vermutlich der kanadische Slogan »CONSERVE CANADA'S WILDLIFE« (»Erhaltet Kanadas Wildbestand«) gewesen, mit dem 1957 häufig eine Serie von Marken gestempelt wurde, die der Jagd, dem Schießen und Angeln gewidmet waren. Ein italienischer Wahlspruch zur Verkehrssicherheit wurde 1968 benutzt, um Briefmarken zu entwerten, die zum Gedenken an die Weltmeisterschaft der Straßenfahrer ausgegeben worden waren. Ein in Südrhodesien verwendeter Slogan gegen Alkoholmißbrauch schien auf den ersten Blick unschuldig genug: »ONE FOR THE ROAD MEANS ONE FOR THE GRAVE« (»Einer auf den Weg heißt einer für das Grab«), doch wurde dabei der Umstand nicht in Betracht gezogen, daß die Inlandsmarke einer laufenden Serie das Grab von Cecil Rhodes in den Matopo-Hügeln abbildete. Ähnlich mißglückt war die Verwendung eines Spruches in den USA: »ALIENS MUST REPORT THEIR ADDRESSES DURING JANUARY« (»Ausländer haben ihre Anschrift im Januar zu melden«), der über die ganze Welt ging, und eine Luftpostmarke entwertete, die die Freiheitsstatue mit dem Bildtext »Liberty for all« abbildete.

Der erste mit einem besonderen Ereignis zusammenhängende Poststempel war ein Ein-Kreis-Datumsstempel, mit der Inschrift INTERNATIONAL EXHIBITION/LONDON W., der vom British Post Office zur Verwendung in einem Sonderpostamt anläßlich der Great Exhibition von 1851 ausgegeben worden war. Exemplare dieses Poststempels in blauer Tinte sind bekannt, doch sind niemals bisher vollständige Umschläge gefunden worden, so daß bezweifelt werden darf, ob der Stempel jemals benutzt wurde. 1979 ist ein Umschlag gefunden worden, der als Stempelung in gerader Linie die kleingedruckten Buchstaben »Great Exhibition« trägt, doch selbst wenn dies sich als authentisch herausstellen sollte, bleibt es höchst unwahrscheinlich, daß es sich hier um einen amtlichen Poststempel handelt. Als wahrscheinlicher kann gelten, daß die Organisatoren der Ausstellung hier einen privaten Aufdruck verwendeten.
Der erste echte Sonderpoststempel mit Hinweis auf eine Großveranstaltung weist auf die Exposition Universelle in Paris 1855 hin. Weitere Sonderstempelungen: International Exhibition, London, Mai bis November 1862.

Doppelstempel von der Weltausstellung, London, 1862

Die ersten Bild-Poststempel waren die seit dem frühen 15. Jh. von italienischen Stadtstaaten verwendeten Wappen-Typen. Bildhafte Elemente waren auf den frühesten Poststempeln vieler Länder durchaus nicht ungebräuchlich. Andere frühe Beispiele sind die französischen Bezahlt-Stempel aus den Provinzen, mit der Lilie (ca. 1700) und aus Leon, Spanien, mit dem Bildnis eines Löwen (ca. 1750).

Datumsstempel von Exposition Universelle, 1855

Der üppigste Gebrauch von Bildvorlagen bei Stempelungen wurde zwischen 1850 und 1880 in den Vereinigten Staaten gemacht. Während dieser Zeitspanne stand es im Ermessen der einzelnen Postdirektoren, sich mit eigenen Stempeln auszurüsten. Die Mehrzahl dieser Stempel waren in Kork oder dichtgemasertes Buchsbaumholz geschnitten, doch sind einige wenige bekannt, die aus Messing hergestellt waren, und später wurde auch Gummi verwendet. Viele von diesen wurden von einem Mr. Klinkner aus Oakland, Kalifornien, hergestellt, und zu seinen bekannteren Machwerken zählt das sog. *kicking mule* (der ausschlagende Maulesel), der in Forbestown, Goleta, Port Townsend und Susanville benutzt wurde. John W. Hill (1836–1921), Angestellter im Postamt Waterbury, Connecticut, zeichnet für eine Anzahl ungewöhnlicher Stempel verantwortlich, die die Form eines rennenden Kükens, eines Adlers und eines Elefanten hatten. Als er es zu weit trieb, und ein Herz zum Valentinstag sowie einen Clownskopf zum 1. April benutzte, erhielt er einen scharfen Verweis vom United States Post Office. Allerdings sind die zwischen 1865 und 1869 von Hill benutzten Poststempel heute sehr begehrt.

Bezahlt-Stempel aus der Provinz, Frankreich, ca. 1700

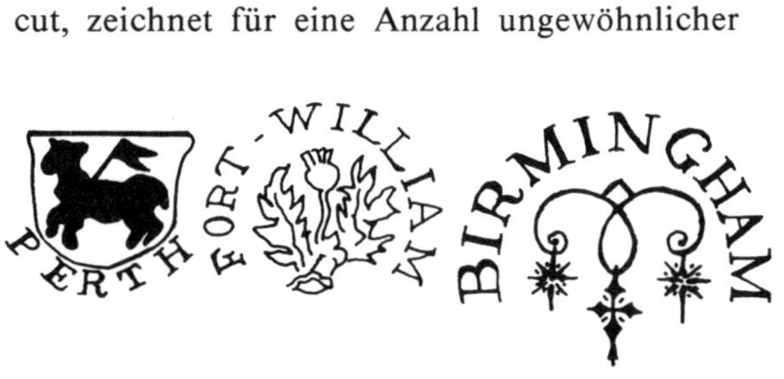

Das Lamm aus Perth, 1750; die Distel aus Fort William, 1769; der Kandelaber aus Birmingham, 1772

Bild-Poststempel vom Jubiläum der Penny Post, 1890

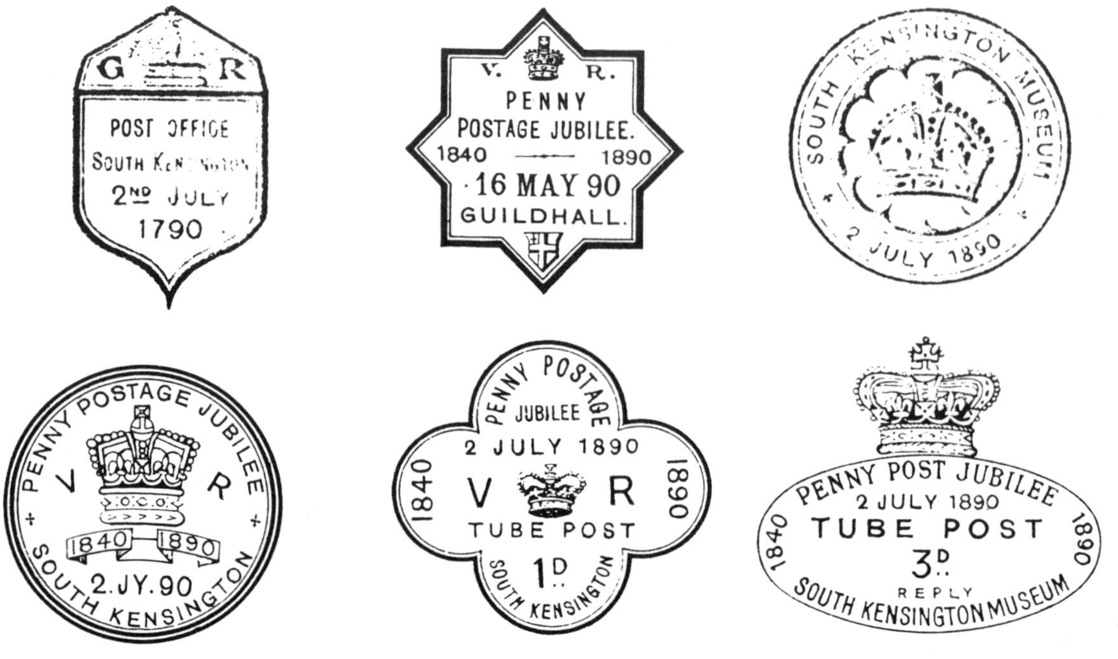

Tschechischer Dreifarben-Poststempel, 1935

Phantasiestempel aus den USA

Bild-Stempel wurden von einigen hundert amerikanischen Postämtern eingesetzt; ihre größte Verbreitung erreichten sie während des amerikanischen Bürgerkrieges, als auf ihnen vielfach patriotische Motive abgebildet wurden – besonders populär waren die »Stars and Stripes« und der Slogan UNION. Diese Stempel bestanden aus Umrißprofilen aller Art, teils erkennbar (George Washington), teils pfiffig-verschroben (der Pfeifenraucher, ein weiterer Waterbury-Stempel). Sterne, Strahlensonnen und Freimaurerembleme waren ebenfalls sehr beliebt. Das künstlerisch gelungenste war das Bildnis einer Lokomotive, das in South Hanson, Massachusetts (1875), benutzt wurde. Phantasiestempel (wie sie unter Sammlern genannt werden) waren in geringerem Umfang auch in Kanada gebräuchlich, wo das Ahornblatt-Emblem sich besonderer Beliebtheit erfreute (von etwa 1868 bis 1900).

Die seltsamste Phantasiestempelung ereignete sich 1895 in St.e Genevieve de Batiscan, Provinz Quebec, wo ein Entwerter in Gebrauch war, der das nicaraguanische Staatswappen in detailgenauer Ausführung zeigte.

Die ersten Handstempel aus besonderem Anlaß mit einem Bildmotiv wurden in London 1890 zur Jubiläumsausstellung der *Penny Post*, South Kensington, verwendet. Es wurden sieben verschiedene Handstempel eingesetzt, alle mit Kronenmotiven. Vier davon waren Phantasieausführungen, und diese sind nämlich in ungewöhnlichen Farben gedruckt worden: in Blau, Rot oder Violett. Sie wurden nicht zur Entwertung benutzt, sondern gegen Entrichtung einer geringen Gebühr auf Souvenirkarten und -umschlägen aufgebracht.

Die ersten mehrfarbigen Poststempel wurden am 28. Oktober 1935 von der Tschechoslowakei verwendet; in Prag wurden am Unabhängigkeitstag rote und blaue Poststempel auf Andenkenpost gestempelt. Dreifarben-Stempel wurden vom 25. bis 27. September 1936 in Pardubice und bei zwölf ähnlichen Anlässen in zahlreichen anderen Postämtern benutzt; letztmals am 16. September 1940 in Pardubice. Einzeln verwendete rote, blaue und andere Farben wurden auf Sonderstempeln aus der deutschen Besatzungszeit benutzt, aber auch von den tschechischen Exiltruppen in England während des Zweiten Weltkrieges.

Polnische Kundschafter-Post, 1944: Der billigste Poststempel der Welt wurde aus einer Gummisohle bzw. einer Kartoffel hergestellt, die in zwei Hälften geschnitten und in die grob die Linie, das Emblem der Kundschafter-Bewegung eingeschnitten war. Der Poczta-Harczerska-Stempel wurde während des Warschauer Getto-Aufstandes, 1944, benutzt

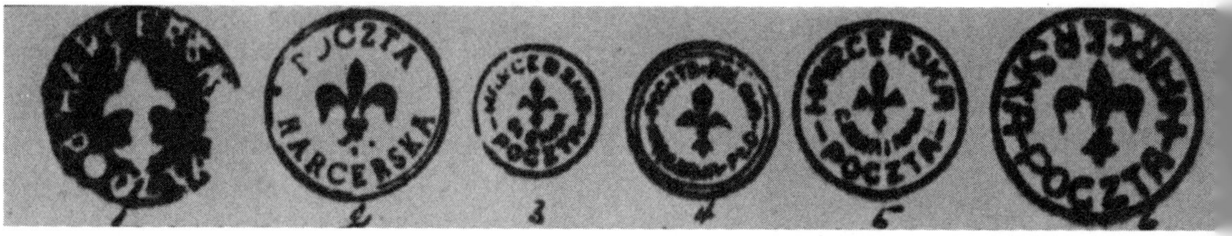

Eine Walze mit drei Farbkomponenten ist im April 1964 anläßlich der Wiltshire Philatelic Convention versuchsweise eingesetzt worden, um Sonderstempel in Schwarz, Rot und Grün auszudrucken. Dreifarben-Stempel wurden in England erst wieder anläßlich der Internationalen Philatelisten-Ausstellung »Philympia« im Jahre 1970 verwendet. An jedem Ausstellungstag wurden verschiedene Poststempel ausgewählt, jeder in Dreifarben-Kombinationen.

Der größte Hand-Datumsstempel, 117 × 35 mm, wurde am 17. Oktober 1978 in Milton Keynes, Großbritannien, benutzt, als das Volkswagenwerk die Eröffnung seines neuen Hauptsitzes mit einem besonderen Päckchen-Stempel feierte. Es war dies das erste Mal, daß ein solcher Stempel aus Anlaß eines einzigen Tages eigens geschaffen wurde, ohne in Anspruchnahme eines Sonderpostamtes.

Der Datumsstempel mit dem längsten Ortsnamen in der Welt ist seit 1973 aus zwei besonderen Anlässen für jeweils einen Tag in Llanfair-pwllgwyngyllgogerychwyrndrobwllllantysiliogogogoch, Anglesey, Wales, benutzt worden. Der normale Datumsstempel gibt den Namen gewöhnlich in abgekürzter Form wieder: Llanfairpwll oder Llanfair P. G. Die Übersetzung des Namens lautet: Die Kirche St. Mary in einer Talsenke mit weißen Haselsträuchern, nah' einem wilden Wasserstrudel und unweit der Kirche St. Tysilio; der Namenszug soll von einem ansässigen Schneider im 19. Jh. erfunden worden sein, um Touristen anzulocken.

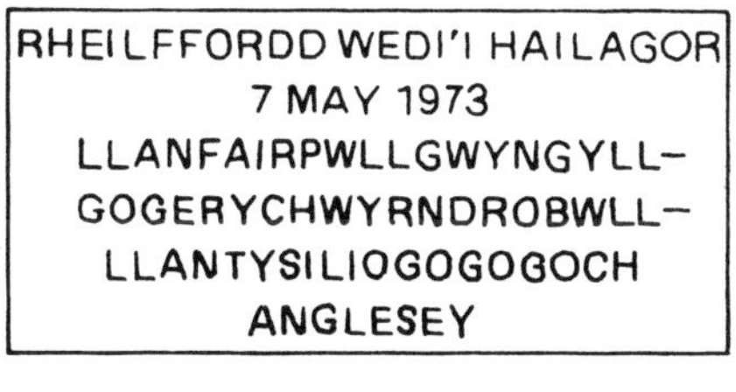

Datumsstempel mit den kürzesten Ortsnamen, die aus nur zwei Buchstaben bestehen, sind: Ae (Schottland); Au (Deutschland, Österreich, Schweiz); Ba (Fidschi, Ghana); Go (Japan); Ii (Finnland); Is (UdSSR); Ko (Japan); Li (Norwegen, Thailand); Lo (Belgien); Lu (Schweiz); Mo (Norwegen); Na (Norwegen); Oi (acht verschiedene Postämter in Japan); Ro (Dänemark, Italien, Schweden); Sa (Portugal, Thailand); Ut (UdSSR); Va (Norwegen, Schweden); Ye (Birma); Yi (Uruguay).
Zwei Ortsnamen aus nur einem Buchstaben finden sich in Norwegen, doch da beide gleichlautend sind, wird jeweils der Name des Bezirks hinzugefügt, um eine Verwechslung zu vermeiden: Å in Afjord und Å in Lofoten.

Stempel, die in einem Mordprozeß eine wichtige Rolle spielten. Bis auf diesen Tag benennen Sammler die experimentellen Doppelstempel, die 1856/57 in Glasgow benutzt worden sind, nach Madelaine Smith, die wegen Mordes an ihrem Geliebten, Emile l'Angelier, vor Gericht stand. Die Beweisgrundlage für die Anklage beruhte hauptsächlich auf einer Reihe von Briefen, die M. Smith an l'Angelier geschrieben hatte. Da die Briefe selbst undatiert waren, hatten die Poststempel auf den Umschlägen entscheidende Bedeutung – und das Scheitern der Anklage, zu einem Schuldspruch zu gelangen, war in nicht geringem Umfang der Tatsache zuzuschreiben, daß der Standard der Poststempelung uneinheitlich war –, ein Umstand, den der Richter in seiner Urteilsbegründung mit Mißbilligung vermerkt hatte. Der anstößige Poststempel war allerdings aus dem Verkehr gezogen worden, noch bevor der Prozeß begonnen hatte, so daß es unrichtig ist, zu behaupten, er sei wegen der kritischen Bemerkungen des Richters eingezogen worden. Trotz der schlechten Qualität der Poststempel auf der Smith-Korrespondenz muß demgegenüber festgehalten werden, daß ein Madelaine-Smith-Stempel gewöhnlich einen sehr deutlichen Aufdruck zeigt und undeutliche, verwischte Exemplare relativ selten sind.

Poststempel zur Unterstützung einer Mörderjagd wurden 1979/80 in England eingesetzt. Während der ausgedehnten Polizeifahndung nach dem berüchtigten Yorkshire Ripper, der in Yorkshire und im Nordosten Englands für die Ermordung und Verstümmelung einer Anzahl junger Frauen verantwortlich war, wurde auf Postsendungen ein Spruch gedruckt, jedoch nicht auf die Ortsstempel. Die West Yorkshire Constabulary war auf diesen Slogan gekommen, in der Erwartung, er könne ein Mittel sein, die

Silber- und Elfenbein-Datumsstempel vom Flughafen Southampton. Diese teuersten Datumsstempel hatten Handgriffe aus Elfenbein und einen Silberknauf. Verwendet in Croydon, 1931–34, und Southampton, 1937, zur Eröffnung des Luftpostdienstes

Datumsstempel im Kreis, diesmal mit der Namensschreibung »Llanfair-pwllgwyngyll«

A – Norwegens Ortsname mit nur einem Buchstaben

Madeleine-Smith-Poststempel, Glasgow, 1856/57

Gedenk-Poststempel des Volkswagenwerks in Milton Keynes, 1978. Der größte jemals in Großbritannien verwendete Stempel (s. links oben)

Rechteckiger Datumsstempel aus Llanfairpwll, der den voll ausgeschriebenen Namen zeigt

Bevölkerung zur Mitarbeit aufzurufen, doch sie verwarf die in diesem Fall üblichen Methoden als zu kostenaufwendig. Allein die Entwertung der gesamten Briefpost aus Leeds hätte beschriftete Matrizen für 24 Maschinen erfordert, und das wäre bei weitem zu teuer gewesen. Eine Methode, mit nur einer einzigen Matrize auszukommen, bestand darin, einen Stempel auf alle Rechnungen zu setzen, die vom North Eastern Gas Board in Leeds verschickt wurden, womit ein hoher Prozentsatz der Öffentlichkeit erreicht werden konnte und die größtmögliche Wirkung

Slogan in der Mörderjagd nach dem Yorkshire Ripper, 1979/80

bei sparsamstem Einsatz von Mitteln erzielt wurde. Die Postbehörden stimmten ausnahmsweise diesem Vorschlag zu, und auch das North Eastern Gas Board gab seine Einwilligung zur Mitarbeit. Der Aufdruck wurde in schwarzer Tinte auf NEGAS-Umschläge gesetzt, die bereits mit Freistempel frankiert waren (Leeds Serial No. 18). Der erste Packen von Umschlägen wurde am 27. Oktober 1979 und der letzte mit der am 21. Januar 1980 beginnenden Woche verschickt. Der Einsatz eines solchen Appells bei der Jagd eines Schwerverbrechers ist ohne Beispiel in der Welt.

Es ist sehr unwahrscheinlich, daß ein solches Verfahren jemals wieder verwendet wird, da es nicht gelungen war, das gewünschte Ergebnis zu erzielen. Der Ripper, Peter Sutcliff, wurde schließlich bei einer Routineüberprüfung durch zwei Streifenbeamte gefaßt.

Vorausentwertungen, verwendet von The Times *(1870) und dem* Stamford Mercury *(1911)*

Vorausentwertete Marken aus USA, 1903; Luxemburg, 1903; Frankreich, 1926; Belgien, 1925; USA, 1980

Vorausentwertung wurde erstmals am 1. Oktober 1870 von *The Times* praktiziert, einer der wenigen Zeitungen in England, die Zeitungsstempelmarken noch verwendeten, nachdem diese *»tax on knowledge«* im Jahre 1855 bereits abgeschafft worden waren. Fortan dienten diese Stempel, die in Schwarz auf die rechte obere Ecke der Titelseite gedruckt wurden, zur Kennzeichnung des Portos. Am 1. Oktober 1870 wurde die Besteuerung von Zeitungsstempeln aufgehoben und gleichzeitig das uralte Privileg der Verschickung und Wiederverschickung beseitigt, aufgrund dessen eine Zeitung mehrfach per Post versandt werden konnte. Da jetzt der Stempel nur ein einziges Mal benutzt werden durfte, wurde es notwendig, ihn zu entwerten. Die Post gestattete *The Times*, die Entwertung direkt vorzunehmen als Teil des Druckvorganges. Der Freistempel hatte die Form eines aufrechtstehenden ovalen Entwerters mit den Ziffern ›70‹, mit denen die amtliche Versandstelle, St. Martin's-le-Grand, bezeichnet wurde. Die einzige andere Zeitung, die von dieser Einrichtung Gebrauch machte, war der *Stamford Mercury*, der eine Abstempelung mit der Zahl ›742‹ trug (laut Liste von 1844 war dies die Nummer für Stamford). Der *Stamford Mercury* benutzte diese Stempel letztmals am 21. November 1878.

Die ersten zur Vorausentwertung bestimmten gummierten Marken – sog. *»Precaneels«* – bildeten die kanadischen »small cents«-Freimarkenserien von 1889. Zu Beginn mußte eine Mindestmenge von 25 000 Einheiten verschickt werden, doch wurde dies 1906 auf einen Wertumfang von $ 25 verringert; seit 1922 ist keine Wertuntergrenze mehr festgelegt worden. Vorausentwertete Marken zur Verwendung auf Drucksachen wurden 1893 von Frankreich eingeführt. Weitere Länder, die die Vorausentwertung übernahmen, waren Algerien, Belgien, Luxemburg, Monaco, die Niederlande, Österreich, Ungarn und die Kanalzone, Tunesien und die Vereinigten Staaten. Amerikanische Vorausentwertungen sind von besonderem Interesse, da sie den Ort der Verschickung anzeigen. Seit 1931 trugen auch kanadische Vorausentwertungen den Namen der Stadt, seitdem jedoch kamen Seriennummern in Gebrauch.

Die Postverwaltung mit der größten Zahl maschineller Entwerter sind die Vereinigten Staaten mit über 25 000 (genaue Zahlen waren nicht erhältlich). Dichtauf gefolgt von: UdSSR (11 760), Frankreich (7108), Japan (2589), Großbritannien (2064) und Bundesrepublik Deutschland (1134).

Genehmigter Postversand, d.h. die Genehmigung für private Firmen zum Aufdruck ihres eigenen Frankovermerks auf Massensendungen, gewöhnlich auf Drucksachen, wurde erstmals am 28. April 1904 durch das US Post Office gewährt. Diese Stempel mußten den Namen der Stadt, die Genehmigungsnummer, das Wort PAID (Bezahlt) und die Wertangabe aufweisen. Dieses Verfahren breitete sich nach Kanada und Neuseeland aus, die bis auf den heutigen Tag den häufigsten Gebrauch von dieser Methode des Postversands machen.

Die erste Maschine zum Aufstempeln und Registrieren, also der Vorläufer der Frankiermaschinen, wurde 1884 in Paris von Carl Bushe erfunden, doch fand er keinen Mäzen, einen Prototyp zu bauen.

Die erste automatische Frankiermaschine im Einsatz wurde von Christian A. Kahrs erfunden und zwischen dem 24. August und 14. September 1900 in der Vorhalle des Hauptpostamtes in Christiana, Oslo, aufgestellt. Es war dies ein Münzautomat, der nach Einwurf von 5- oder 10-Øre-Münzen einen grünen bzw. roten Frankovermerk für Inlandsdrucksachen respektive Briefe aufdruckte. Nach Aufgabe klebte die Post gummierte Marken über die Stempelungen und entwertete sie auf ganz gewöhnliche Weise; offenbar wurden die Stempel lediglich als Quittungen über die bezahlte Postgebühr angesehen. Es muß zweifelhaft erscheinen, ob jene als Zahlstempel im eigentlichen Sinne angesehen werden können.

Die erste Frankiermaschine im eigentlichen Sinne wurde 1904 in Neuseeland benutzt. Versuche mit Münzautomaten als Stempelmaschinen waren 1903 in Australien und Neuseeland durchgeführt worden, doch wurden sie aus Sicherheitserwägungen für unbrauchbar erachtet. Ernest Moss aus Christchurch indessen gelang der Durchbruch mit der Erfindung eines Post-Zählgerätes. Am Münzbetrieb wurde zunächst festgehalten, da der Zähler durch einen Gold-Sovereign in Gang gesetzt werden mußte, worauf die Maschine 240 Einheiten durchfrankierte, bevor sie automatisch blockierte. Die Moss-Frankiermaschinen gelangten vornehmlich deswegen auf den Mark, um den Diebstahl kleiner Münzen und Marken aus Ämtern zu verhindern, und nicht in erster Linie als geeignete Methode, die Abwicklung der Postsendungen zu beschleunigen. In der Folgezeit wurde die Goldmünze durch einen Jeton ersetzt und später ein Zählwerk eingebaut.

Eine Besonderheit der neuseeländischen Frankiermaschinen bestand darin, daß die Sendungen vom Postamt mit Briefmarken versehen wer-

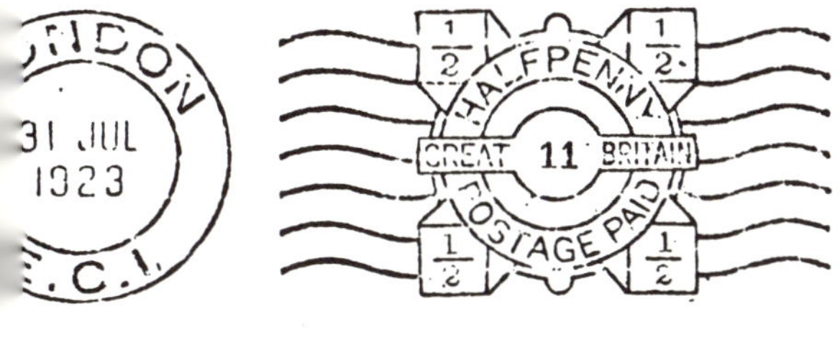

Früher Pitney-Bowes-Zähler-Stempel aus England, 1923

den mußten – ein Brauch, der sich bis auf den heutigen Tag gehalten hat.

Die erste Frankiermaschine mit Datumsangabe wurde von Arthur H. Pitney (sein Beitrag war der Frankierer) und Walter H. Bowes (der den Entwerterteil entwickelte) erfunden. Ihre Maschine Modell A wurde erstmals am 10. Dezember 1920 in Stamford, Connecticut, eingesetzt.

Erster Zähler-Stempel aus Neuseeland, 1904

Früher Zähler-Stempel aus Norwegen, 1900–03 (s. oben)

Der Einsatz von Frankiermaschinen wurde auf einem Kongreß des Weltpostvereins in Madrid im Jahre 1920 international beschlossen. Am 1. Januar 1922 trat die entsprechende Regelung in Kraft. Die ersten Hersteller solcher Maschinen waren die »Universal Automatic Machine Company«, Neuseeland, und die »Pitney-Bowes Postage Meter Company«, USA, die in den 20er Jahren fast alle Maschinen herstellten.

Die größte Anzahl zugelassener Frankiermaschinen haben die Vereinigten Staaten mit 880000. Andere führende Länder sind Frankreich (140785), Großbritannien (119904), Indien (25036), Schweiz (18810), UdSSR (11389), Japan (2690) und Bundesrepublik Deutschland (1105).

Automatisches Einrichten und Abstempeln von Post wurde in England entwickelt. Versuche mit

Werbung für Postleitzahlen auf einer österreichischen Marke

mechanischer Trennung und automatischer Einrichtung von Briefen (d.h. richtiges Aufstellen für die Entwertung) wurden 1934 in London in der Post Office Research Station, Dollis Hill, aufgenommen. Verwendet wurde ein optisches Abtastsystem. Das erste Gerät zum Aussondern wurde im selben Jahr gebaut, doch waren die Ergebnisse mangelhaft. 1938 wurde eine automatische Briefeinrichtungsmaschine konstruiert. Eine zweite, 1949/50 gebaute Maschine verfügte über eine manuelle Einspeisung, da das Problem der automatischen Trennung zu jener Zeit noch nicht elektronisch gelöst werden konnte. Aus diesem Prototyp wurde der Automatic Letter Facer (ALF) entwickelt und am 19. Dezember 1957 in Southampton eingesetzt. Inzwischen waren die elektronischen Abtaster durch einen optischen Ultraviolett-Scanner ersetzt worden. In der Folgezeit wurden in diversen Ländern verschiedene Versuchsmaschinen erprobt. In Großbritannien wurden zeitweise die Marken mit einem Naphtadadag-Aufdruck allein wie auch kombiniert mit Phosphorstreifen versuchsweise verwendet, die aber nicht sehr erfolgreich waren. Ab Frühjahr 1960 wurden sowohl von der Deutschen Bundespost als auch von Großbritannien Versuche mit fluoreszierendem Papier durchge-

Einführung von Postleitzahlen – öffentliche Werbung auf Briefmarken in Japan, USA, Italien, den Niederlanden und Österreich (s. S. 47)

führt, die letztlich zu Erfolgen führten, so daß seit 1969/70 sich die Mechanisierung der Bearbeitung der Post und die mechanische Entwertung immer mehr ausbreiteten und heute das elektronische Umwenden, Sortieren und Abstempeln von Post in mehr als 52 Ländern praktiziert wird.

Erste Versuche einer mechanischen Postsortierung vor Zustellung wurden in den Niederlanden gemacht. Eine Maschine zum Sortieren einlaufender Post für die Hauszustellung wurde von J. J. M. L. Marchand erfunden und von Professor J. C. Andriessen von der Technischen Hochschule Delft konstruiert. Sie erhielt den Namen *Transorma* (*Trans*port, *Sor*tierung von Post durch *M*archand und *A*ndriessen) und wurde der Öffentlichkeit im Jahre 1927 anläßlich der International Aero-Postal Conference in Den Haag erstmalig vorgestellt. Sie wurde 1930 im Rotterdamer Hauptpostamt installiert, und weitere Maschinen wurden in anderen holländischen Postämtern eingesetzt. Im September 1935 wurde diese Maschine erstmals außerhalb Hollands in Brighton und Hove, England, verwendet.

Elektronische Sortierung von Inlandspost wurde erstmals im Oktober 1955 im Sortieramt Bath, England, erprobt, wobei ELSIE (Electronic Letter Sorting Indicator Equipment) zum Einsatz kam. Ähnlich den Transorma-Maschinen erzeugte dieser Apparat Buchstabenaufdrucke nach dem Alphabet. Spätere Modelle, die für die Arbeit mit Postcodes umgerüstet waren, benutzten ein Muster aus Phosphorstrichen (Luton, 1960).

Das erste Land, das Postcodes einführte, war 1942 Deutschland. Es handelte sich hierbei um ein unvollständiges System, das die zweistelligen Nummern der jeweiligen Oberpostdirektion verwendete. Am 3. November 1961 wurden vierstellige Codezahlen eingeführt. Andere Länder, die diesem Beispiel folgten: Österreich (1. Januar 1966), Australien (1. Juli 1967), Belgien (15. Dezember 1969), Dänemark (20. September 1967), DDR (1. Januar 1965), Norwegen (18. März 1968) und die Schweiz (26. Juni 1964). Länder mit fünfstelligen Kennziffern: Finnland (1. Januar 1971), Frankreich (Oktober 1965), Italien (1. Juli 1967), Schweden (19. März 1968), USA (1. Juli 1963) und Jugoslawien (1. Januar 1971). Japan verfügt über ein variables System, in dem drei bis fünf Leitzahlen verwendet werden (1. Juli 1968).

Mehrere Länder benutzen ein alphanumerisches System, das geeignet ist, die Straße des Adressaten zu codieren, während die vier- und fünfstelligen Leitzahlen ausschließlich den Städtenamen verschlüsseln. Führend in der Entwicklung alphanumerischer Codes war Großbritannien, wo seit 1959 Norwich versuchsweise damit experimentierte. Die allgemeine Einführung wurde erst 1966 vollzogen. Croydon war die erste Stadt mit einem vollständigen Code. Doch erst 1973 war die Durchführung abgeschlossen. Die Philippinen übernahmen am 1. Januar 1968 ein alphanumerisches System unter Benutzung der Buchstaben von A bis O, die jeweils einen der zehn Landesregionen repräsentierten, und dreier Ziffern. Die Einführung von Postcodes in Kanada begann am 1. April 1971 und konnte 1974 abgeschlossen werden. Sie bestanden aus sechs Buchstaben und Ziffern in zwei Dreiergruppen.

Abgesehen von den Poststempeln, die (mit Ausnahme Großbritanniens) die Postcodes beinhalten, hat jedes Land, das sich ihrer bedient, zugleich Marken, Aufkleber, Informationsblätter und Werbungsstempel herausgebracht, die mit ihrem Kodierungssystem bekannt machen.

Gummierte Briefmarken

Die erste gummierte Briefmarke der Welt wurde nach allgemeiner Auffassung am 8. April 1653 in Paris im Zusammenhang mit der *Petite Poste* herausgebracht, die von Renouard de Villayer gegründet worden war. Die Idee, Marken herzustellen, um damit postalische Vorauszahlung anzuzeigen, scheint von Anne Genevieve, Herzogin von Longueville und Mätresse Fouquets, Oberintendant der Finanzen, zu kommen. Sie soll schmale Papierstreifen angeregt haben, die mit einer Lösung aus Fischleim befestigt wurden, die als *billets de port payé* bekannt geworden sind. Diese Aufkleber trugen die Inschrift *»Port payé ... le ... jour de l'an 1653«* (Postgebühr bezahlt am ... Tag des Jahres 1653). Sie wurden für einen Sou in Klöstern, Bergwerksbüros, Gerichtshöfen, Hochschulen und Gefängnissen verkauft. Der Absender trug das Datum handschriftlich ein, brachte die Marke auf den Brief auf und steckte ihn in einen der an Straßenecken angebrachten Briefkästen, die für diesen Zweck vorgesehen waren. Dieser Dienst fand ein jähes Ende, zum Teil weil die Kästen regelmäßig verwüstet und Briefe beschädigt worden waren, doch hauptsächlich wegen des Sturzes von Fouquet. Obwohl sie in der zeitgenössischen Literatur reichlich Erwähnung finden, ist kein Exemplar dieser Marken jemals gefunden worden.

Briefmarken im eigentlichen, modernen Sinne haben viele Vorläufer. Handpoststempel, die die Vorauszahlung der Briefgebühren belegen, hatten seit Dockwras *Penny Post* im Jahre 1680 existiert. Gummierte Aufkleber waren seit 1802 vom »Board of Customs and Excise« in England verwendet worden, um die erhobene Steuer auf Hüte, Patent-Medizinen und andere steuerpflichtige Artikel vorauszuzahlen. Gestempelte Umschläge oder Briefbogen, auf die an dafür vorgesehener Stelle der Vorauszahlungsvermerk gedruckt bzw. aufgestempelt war, noch bevor der Brief geschrieben wurde, gab es bereits lange vor 1840.

Eine nichtbestätigte Erzählung (von Gustav Schenk in seinem Buch *The Romance of the Postage Stamp*, 1962) stellt die Behauptung auf, daß eine schottische Schiffahrtsgesellschaft bereits 1811 gummierte Marken in ihrem privaten Postdienst verwendet habe. Weitere Details wurden nicht angegeben, und Beweise, die diese Behauptung stützen könnten, sind nicht gefunden worden. Schottland beansprucht für sich, Geburtsort der gummierten Briefmarke zu sein. Der Buchhändler aus Dundee, James Chalmers (1782–1853), hatte sich seit 1825 aktiv für eine Postreform eingesetzt und verschiedene Verbesserungen im Postdienst zwischen Dundee und London angeregt. Es ist wahrscheinlich, daß er sich mit dem Problem der Postreform näher befaßt hatte unter dem Eindruck der parlamentarischen Vorstöße von Robert Wallace, Abgeordneter für Greenock (der bezeichnenderweise auch Rowland Hill stark beeinflußt hat). In der Treasury Competition (vom Schatzamt ausgeschriebener Wettbewerb) reichte Chalmers 1839 Aufsätze ein, die als ungeeignet zurückgewiesen worden waren. Am 1. Oktober 1839 schrieb er an Rowland Hill: »Wenn Papierstreifen (d.h. Marken) benutzt werden sollten, dann kann ich mir schmeicheln, mit meinem Vorschlag der erste gewesen zu sein, da es jetzt beinahe zwei Jahre zurückliegt, seit ich dies erstmals veröffentlicht habe und in einem Gespräch mit dem Abgeordneten Mr. Wallace mitgeteilt habe.« Das würde die Erstveröffentlichung von Chalmers Modell auf das Ende des Jahres 1837 datieren. Dies wird durch andere Korrespondenz bestätigt, in der Chalmers das Datum, zu dem er seinen Plan veröffentlichte, mit November 1837 angibt.

Briefmarkenheft von 1982 zu Ehren von James Chalmers; auf dem Titelblatt sind die Prototypen seiner Marken von 1837 abgebildet.

In seiner am 22. Februar 1837 verfaßten Kampfschrift zur Durchsetzung einer Postreform schrieb Rowland Hill: »Vielleicht läßt sich diese Schwierigkeit (in gewissen Fällen gestempelte Umschläge zu verwenden) dadurch beseitigen,

daß man ein Stückchen Papier benutzt, das gerade groß genug ist, den Stempel zu tragen, und auf der Rückseite mit einer haftenden Schicht versehen ist, die der Überbringer unter Verwendung von etwas Feuchtigkeit auf der Rückseite des Briefes befestigen kann, um so der Verlegenheit zu entgehen, daß er rückadressiert wird.«
Es steht somit eindeutig fest, daß Rowland Hill seinen Reformplan, eingeschlossen die Anregung zur Verwendung von gummierten Briefmarken, etwa neun Monate vor Chalmers veröffentlichte. Letzterer gelangte zweifellos zu derselben Schlußfolgerung und dies unabhängig von Hill. Sein Brief vom Oktober 1839 zeigt, daß er bis dahin von Hills früherer Veröffentlichung nichts gewußt hatte. Als er dies erkannte, schrieb er wiederum an Hill und nahm seinen vorher geäußerten Anspruch höflich zurück. In einem Brief vom 18. Mai 1840 heißt es: »Mein Grund dafür, nicht früher geantwortet zu haben, rührte von dem Wunsch her, die Marken im Verkehr zu sehen ... Ich halte es schlicht für einen Akt der Gerechtigkeit mir selbst gegenüber, Ihnen zu gestehen, was mich bewogen hatte, ein Konkurrent zu werden, denn in dieser Eigenschaft hätte ich mich niemals gezeigt, wenn mir bekannt gewesen wäre, daß irgend jemand – und insbesondere Sie – denselben Plan vorgelegt haben ... Ich kann es nur bedauern, daß ich durch meine Unwissenheit dazu geführt wurde, in dieser Angelegenheit mir selbst und anderen Ungelegenheiten zu bereiten ...«

Rowland Hill auf einer portugiesischen Marke von 1940

Also hat James Chalmers noch zu Lebzeiten anerkannt, daß Sir Rowland Hill den älteren Anspruch habe. Aber bald schon, kurz nach Sir Rowland Hills Tod 1879, sollte Chalmers' Sohn Patrick es auf sich nehmen, Hills Verdienst in Zweifel zu ziehen. Im *Dundee Advertiser*, dessen Eigner er war, schädigte er Sir Rowlands Ruf und beschuldigte ihn, wissentlich den Plan seines Vaters verschwiegen zu haben. Dies löste eine pamphletistische Vendetta zwischen Patrick Chalmers und Pearson Hill aus (in den darauffolgenden Jahren veröffentlichte Chalmers nicht weniger als 35 Pamphlete), und Hill schlug zurück, so gut er konnte. Zwischen 1884 und 1889, als die Kontroverse ihren Höhepunkt erreicht hatte, nahm es Richter John Tiffany auf sich, die Angelegenheit unparteiisch zu untersuchen, und gelangte zu der Schlußfolgerung, daß Sir Rowlands Anspruch zu Recht bestehe.
Dieses unschöne Gezänk wurde durch Patricks Tochter, Miss Chalmers, und Rowlands Enkel, Oberst H. W. Hill, bis in die dritte Generation hinübergeschleppt, die die verbale Stockfechterei bis 1940 fortführten, als die Hundertjahrfeier der Briefmarke begangen wurde.
Patricks Anklage stützte sich beinah ausschließlich auf beeidete Zeugenaussagen einiger alter Angestellten seines Vaters, denen zufolge sie sich erinnern wollten, er habe Essays zur Frage der Briefmarke schon im Jahre 1834 veröffentlicht. Unglücklicherweise überzog einer dieser Männer im *American Philatelic Journal* (September 1887) seine Aussage, indem er erklärte, er sei 1834 bei Chalmers beschäftigt gewesen und er erinnere sich gut, daß dieser »sich darangemacht hat, einen Plan zur Verwendung gummierter Briefmarken auszuarbeiten, als entschieden worden war, daß das Penny-Postage-System eingeführt werden sollte«. Aber 1834 konnte vom Penny-Postage-System noch nicht die Rede gewesen, geschweige denn darüber entschieden worden sein, so daß also das Zeugnis des Mr. Whitelaw, das sich auf Erinnerungen an Ereignisse aus seiner Zeit als Heranwachsender stützte, die 50 Jahre zurücklagen, höchst zweifelhaft erscheinen muß.
Das Jahr 1834 spielt auch in dem einzigen anderen Fall eine Rolle, in dem zu Lebzeiten Sir Rowland Hills ein Anspruch auf die Erfinderschaft geltend gemacht wurde. Dr. John Gray vom Britischen Museum war in den Leserbriefspalten von *The Times* der Herausforderer, nachdem Hill 1864 geadelt worden war. Gray behauptete, auf dem Gebiet der Postreformen Pionierarbeit geleistet zu haben und bereits 1834 die Forderung nach der Einführung gummierter Marken erhoben zu haben. Grays bibliographisches Verzeichnis führt zwischen 1819 und 1874 nahezu 1200 Artikel und Pamphlete über alle möglichen Sachgebiete, von der Entomologie (Insektenkunde) bis zu Fragen der städtischen Kanalisation, auf, doch findet sich darunter keine einzige Bezugnahme auf Postreformen. Wohlbekannt ist Gray hingegen als Pionierautor auf dem Gebiet der Philatelie und als einer der frühesten Briefmarkensammler.
Den Titel des Vaters der gummierten Briefmarke beanspruchen unter anderem auch: Samuel Forrester, ein schottischer Steuerbeamter; Charles Whiting, ein Londoner Papierwarenhändler, der behauptet, »gebührenfreie Verschickung« bereits 1834 angeregt zu haben; Samuel Roberts aus Llanbrynmair, Powys, der seinen Anspruch auf das Jahr 1827 zurückführt; Francis Worrell Stevens, ein Lehrerkollege Hills in Loughton, Essex, der das Jahr 1833 nennt; Ferdinand Egarter aus Spittal, Österreich; Laurenz Kosir oder Koschier aus Laibach, Ljubljana, der am 11. Mai 1836 Postreformen einschließlich der Briefmarkeneinführung vorgeschlagen hatte, doch von seinem Vorgesetzten im österreichischen öffentlichen Dienst übergangen worden war; und Curry Gabriel Treffenberg (1791–1875), der bereits 1823 in Schweden einen Entwurf für Marken auf Schreibwaren vorgelegt hatte, die als sog. *carta sigillata* bekannt geworden sind.
Von Egarter selbst wurde kein solcher Anspruch erhoben, doch im Jahr 1938 wurde in Millstattin, Kärnten, ein Brief in einer Familienbibel gefunden. Am 20. Februar 1839 datiert, von Spittal nach Klagenfurt bestimmt, trug er eine in Braun gedruckte 1-Kreuzer-Briefmarke. Sie wurde

1952 von einem Gremium österreichischer Philatelisten gründlich begutachtet, doch waren die Meinungen über die Authentizität des Briefes wie der Marke geteilt. Die Buchstaben *O. P.* auf der Marke hatten möglicherweise die Bedeutung Ortspost. Um 1830 war es üblich, Postboten ein Trinkgeld von einem Kreuzer für die Zustellung von Sendungen zu geben, und sie mag durchaus diesen Zweck erfüllt haben. Solange nicht ein anderes Exemplar auftaucht, muß ein eindeutiger Spruch in dieser Angelegenheit ausgesetzt werden.

Treffenbergs *carta sigillata* war durchaus keine so neue Idee, da mit Marken versehenes Papier dieser Art bereits seit 1660 auf juristischen Schriftstücken in Schweden üblich war. Obwohl nicht für den Postversand bestimmt, wurden 1824 ähnliche Bogen als Zeitungsbanderolen eingeführt, doch waren sie eher ein Beleg für entrichtete Steuern auf Zeitungen als ein Hinweis auf postalische Vorauszahlung. Diese *tidnigns stämplarna* gestatteten allerdings – gleich ihrem englischen Gegenstück – den gebührenfreien Postversand. Sie blieben bis 1872 im Verkehr.

Ein weiterer möglicher Vorläufer gummierter Briefmarken war ein 40-Lepta-Aufkleber, der 1831 in Griechenland verwendet wurde im Zusammenhang mit der Kopfsteuer und mit dessen Hilfe Geld für die Flüchtlinge der kretischen Erhebung dieses Jahres gesammelt werden sollte. Exemplare dieser Aufkleber sind auf Briefen von Athen nach Piräus gefunden worden, die scheinbar darauf hindeuten, daß sie eine Art postalischer Gebühr darstellen. Allerdings war der Gebrauch von *tesserakonta-lepta*-Aufkleber auf Briefsachen ein Ausnahmefall; erst im Jahre 1861 führte Griechenland gummierte Briefmarken ein.

Die erste gummierte Briefmarke der Welt war die englische Penny Black, die am 1. Mai 1840 in den Verkauf ging und am 6. Mai Gültigkeit für den Postverkehr bekam. Über Jahre hindurch wurde angenommen, daß ihr Gegenstück, die Twopence Blue, gleichzeitig herausgegeben worden sei, eine Behauptung, die von den meisten Katalogen und Handbüchern wiederholt wird, doch eine Überprüfung der Unterlagen des Post Office und des Board of Inland Revenue hat schließlich den Beweis erbracht, daß aufgrund von Produktionsschwierigkeiten die erste Lieferung von Zwei-Penny-Briefmarken erst am Nachmittag des 8. Mai erfolgen konnte.

Die Ausgabe der ersten gummierten Briefmarken ergab sich aus Reformen, die 1839/40 in England eingeführt worden waren: zunächst die Einführung der *Uniform Fourpenny Postage* vom 5. Dezember 1835 und sodann die Verringerung der Mindestgebühr auf einen Penny am 9. Januar 1840. Ein vom Schatzamt ausgeschriebener Wettbewerb wurde 1839 durchgeführt, um geeignete Entwürfe für die geplanten Marken auszuzeichnen. Es wurden mehr als 2600 eingereicht, doch nur 49 davon bezogen sich auf gummierte Marken. Preise wurden verliehen an Benjamin Cheverton, Henry Cole, Charles Whiting, James Bogardus und Francis Coffin, doch keiner ihrer Entwürfe wurde für zweckmäßig empfunden. Unabhängig hiervon wurden Briefmarkenvorlagen von etlichen Privatpersonen veröffentlicht, darunter eine von James Chalmers, dessen Entwürfe zwischen dem 10. Februar 1838 und dem 30. September 1839 hergestellt worden waren.

Letztendlich jedoch kam es auf Anregung Rowland Hills zur Ausführung des endgültigen Entwurfs. Er war zu der Überzeugung gelangt, daß ein Profil der Königin Victoria nicht nur das geeignetste Motiv sei, sondern auch Fälschungen verhindern würde, da die Öffentlichkeit sogleich jedwede Veränderung in der Ähnlichkeit entdecken würde – eine höchst subtile psychologische Beobachtung. Umrißskizzen für die Penny Black gibt es von Hills eigener Hand.

Am 2. Dezember 1839 wandte sich Henry Cole, der im Auftrag Hills aktiv wurde, an das Druckhaus Perkins, Bacon and Petch, um sich über den Druck von Marken zu informieren. Am 13. Dezember gab die Firma ihre Zustimmung. Am 16. Dezember gab Hill einen Prägestock in Auftrag mit dem Profil der Königin, das von der Erinnerungsmedaille gezogen werden sollte, die an den Besuch Königin Victorias in der Guilde Hall vom 9. November 1837 erinnerte. Das Profil der jungen Königin war ursprünglich von William Wyon geprägt und von Henry Corbould für die Briefmarkenproduktion eingerichtet worden. Der Prägestock des Kopfes wurde von Charles Heath und seinem Sohn Frederick geschnitten, während das Schriftbild und der Zierdruck-Hin-

Die Penny Black vom Mai 1840, die erste gummierte Briefmarke

Luft- und Raumfahrtmarken

tergrund (eine weitere Vorkehrung gegen Fälschungen) von Perkins, Bacon and Petch unter Verwendung des von Jacob Perkins entworfenen Rosenzierdrucks gestochen wurde. Zahlreiche vorläufige Prägestöcke und Vorstudien sind vor der Auswahl des endgültigen Prägestocks angefertigt worden. Die Platte für 240 Stück wurde im März 1840 vorbereitet, und der Druck der ersten Lieferung konnte im April aufgenommen werden.
Größe und aufrechtes Format der ersten Briefmarken beruhten auf gummierten Aufklebern, die seit zwei Jahrhunderten im Board of Inland Revenue in Gebrauch gewesen waren. Blindgeprägte Steuerprägungen auf starrem Papier wurden mit Bleidrahtklammern an Pergamentdokumenten festgemacht, die auf der Rückseite durch kleine Aufkleber gesichert wurden, die daraufgeklebt wurden. Diese Aufkleber trugen die Chiffren des jeweiligen Herrschers. Die Erkennungsbuchstaben in den Ecken der ersten Briefmarken galten ähnlich als Sicherheitsmaßnahme, die von jenen Steueraufklebern übernommen worden war.
Der Zierdruck im Hintergrund war ein Merkmal, das von Banknoten der Zeit übernommen worden war. Der Rosenzierdruck wurde 1819 von Jacob Perkins entwickelt und war ursprünglich dazu entworfen worden, Muster auf Kaliko aufzudrucken.

Das früheste Beispiel einer auf einem Umschlag benutzten gummierten Marke war die Penny Black, geklebt in Bath am 2. Mai 1840. Es scheint so, als hätte der Postmeister von Bath seine Anweisung falsch gelesen und die postalische Verwendung vor dem Datum der Freigabe zugelassen. Einige andere Exemplare der Penny Black sind laut Berichten ebenfalls vor dem 6. Mai abgestempelt worden.

Die New York City Despatch Post, 1842

Züricher Kantonal-Marke, 1843

Brasilien, »Ziegenauge« von 1844 und »Katzenauge« von 1850 (s. S. 54)

Die erste außerhalb Englands ausgegebene Briefmarke wurde am 1. Februar 1842 von der New York *City Despatch Post* in Verkehr gebracht. Die Idee, Briefmarken zu verwenden, wurde erstmals von Henry Thomas Windsor aufgegriffen, einem Engländer, der in Hoboken, New Jersey, lebte. Gemeinsam mit seinem Partner Alexander Greig betrieb er einen örtlichen Postdienst in Manhattan in der Nachfolge der Penny Post der Stadt. In dem Rundschreiben, das diesen Dienst ankündigte, stellten Windsor und Greig fest: »Briefe, die die Schreiber gebührenfrei verschicken wollen, müssen mit einer Freimarke versehen sein. Für diesen Zweck ist eine Marke mit Schmuckornament vorbereitet worden ... 36 Cents das Dutzend oder 2 Dollar 50 Cents per Hundert.«
Die Briefmarken mit der Wertangabe von drei Cents waren im Tiefdruckverfahren in Schwarz gedruckt worden (wie die englischen Marken von 1840) und zeigten ein Porträt George Washingtons, des ersten Präsidenten der Vereinigten Staaten. Eine spätere Ausgabe trug die Aufschrift UNITED STATES, obwohl die Marken nur lokal Gültigkeit hatten. Das Beispiel Windsors und Greigs wurde schon bald von den Betreibern anderer örtlicher Dienste nachgeahmt, die in den zwei Jahrzehnten bis 1863 in Blüte standen, als das US Post Office die Verantwortung für Haus-zu-Haus-Zustellung in Klein- und Großstädten übernahm.

Die erste amtliche Ausgabe von Briefmarken außerhalb Englands erschien am 1. März 1843, als der Kanton Zürich 4- und 6-Rappen-Marken in Umlauf setzte. Es waren dies die ersten Briefmarken der Welt, die nach dem lithographischen Verfahren hergestellt wurden, und gleichzeitig die ersten zweifarbigen Marken der Welt, da sie in Schwarz auf Papier aufgedruckt waren, das bereits einen Hintergrund aus horizontalen roten Linien als Sicherheitsmaßnahme trug. Die

Briefmarken wurden produziert von Orell, Füssli & Co. aus Zürich und blieben bis 1850 in Gebrauch, als sie von Marken der Bundespostverwaltung abgelöst wurden. Diese Briefmarken waren ausschließlich innerhalb des Kantons gültig.

Die ersten Marken außerhalb Englands, die für den Postverkehr innerhalb eines Landes Gültigkeit hatten, wurden am 1. August 1843 von Brasilien herausgebracht. Durch ein Dekret vom 30. November 1842 war die Regierung Brasiliens ermächtigt, den Postdienst zu reformieren und gummierte Briefmarken auszugeben. Die Idee stammte von J. D. Sturz, dem ehemaligen brasilianischen Konsul in Preußen, der in England Briefmarken in Umlauf gesehen hatte und sich der Hilfe des englischen Geschäftsträgers in Rio de Janeiro versicherte, um dieses System einzuführen. Unter Verwendung eines Gravierapparates im Besitz Pedro Ludwigs, der von brasilianischen Zollbehörden eingezogen worden war, sowie einer Umdruckmaschine und anderer Ausrüstung, die im Dezember 1842 von Eduardo Lemerick gekauft worden war, druckten Clementino Geraldo de Gonvea und Florentino Rodrigues Prado Briefmarken von Matrizen, die von Carlos Custodio de Azevedo und Guintino José de Farià gestochen worden waren. Die Marken mit den Wertangaben von 30, 60 und 90 Reis zeigten die Ziffern auf einem Zierdruck-Hintergrund. Die Kreismotive, die keine Inschrift trugen, sind Sammlern unter dem Spitznamen »Ochsenaugen« vertraut. Nachfolgende Ausgaben erhielten nach gleichem Vorbild die Bezeichnungen »Ziegenaugen« (1844–46) und »Katzenaugen« (1850).

Lady McLeod *Schiffsmarke, Trinidad, 1847*

Die erste Marke aus einer britischen Überseekolonie war die blaue Five-Cent, die am 16. April 1847 von David Bryce für den Versand von Post ausgegeben worden war, die von seinem Dampfschiff *Lady McLeod* zwischen San Fernando und Port of Spain, Trinidad, befördert wurde. Es waren lithographierte Marken, die oberhalb des Monogramms LMcL ein Bild des Dampfers zeigten. Es handelt sich bei der Marke um eine private Schiffspostmarke mit limitierter Gültigkeit, und es scheint, als sei sie bis 1849 im Verkehr gewesen. Die Entwertung erfolgte mittels Federstrichen vom Kapitän. Die Regierung Trinidads führte erst ab 14. August 1851 eigene Marken ein.

Die ersten von einer britischen Kolonialregierung autorisierten Marken waren die 1d- und 2d-»Post Office«-Marken aus Mauritius, herausgegeben am 21. September 1847. Einheitliche Postgebühren wurden am 1. Januar 1847 festgelegt und die Produktion der Marken James Barnard aus Port Louis übertragen, einem Juwelier, Uhrmacher und Graveur. Die Briefmarken basierten auf den zeitgenössischen roten 1d- und blauen

»Post Office« Mauritius, 1847

2d-Marken und porträtierten die Königin Victoria mit Seitenrändern, die die Inschrift trugen POST OFFICE und MAURITIUS. Die Inschrift zur Linken wurde später in POST PAID abgeändert. Diese ersten Marken waren insofern einzigartig, als Barnard für jede einzelne Marke jeweils eine einzelne Matrize gravierte, und zwar Seite an Seite auf einer kleinen Kupferplatte, die schon vorher für den Druck von Visitenkarten einer Lady verwendet worden war (und auf der Rückseite immer noch ihre Adresse etc. trug). Mühselig druckte Barnard die Marken eine nach der anderen, und daher sind Paare oder andere Mehrfachexemplare ausgeschlossen – obwohl der amerikanische Millionär und Sammler Arthur Hind sich einst gegenüber König Georg V. damit gebrüstet hatte, daß er ein Paar der »Post Office«-Marken besitze.
Es ist festgestellt worden, daß der Inschrift POST OFFICE ein Irrtum Barnards zugrunde liegt. Er hatte mündliche Anweisungen bekommen, doch prompt den genauen Wortlaut der Inschrift vergessen, bis er beim Anblick der Fassade des Postamts auf seinem Heimweg sich

Schiffahrts- und Lokomotiven-Marken

daran zu erinnern glaubte. Andererseits allerdings war »Post Office Mauritius« die herkömmliche Inschrift auf Handstempeln, die den gummierten Marken vorausgingen. Der Status der Mauritius »Post Office«-Marken als die ersten Fehldrucke der Welt läßt sich daher nicht eindeutig klären.
Von jeder Wertangabe wurden lediglich 500 Stück herausgebracht. Seit 1864, als Sammler erstmals von ihrer Existenz erfuhren, sind nur vierzehn der 1d (davon zwei ungebraucht) und zwölf der 2d (davon vier ungebraucht) aufgespürt worden.

Scinde »Dawk« von 1852 auf einer pakistanischen Briefmarke von 1952

»Sydney View«, Neu-Süd-Wales 1850

Die ersten Briefmarken aus Australien wurden am 1. Januar 1850 von Neusüdwales ausgegeben. Obwohl diese Kolonie seit 1838 vorgestempelte Briefbogen verwendet hatte, wurden erst im Dezember 1848 Vorschläge zur Einführung gummierter Marken als Teil eines Pakets von Postreformen eingebracht, die im Jahre 1850 in Kraft traten. Die Marken mit den Wertangaben 1p (karmin – Robert Clayton), 2p (blau – John Carmichael) und 3p (gelbgrün – H. C. Jervis) wurden von verschiedenen Graveuren angefertigt und in Sydney im Tiefdruckverfahren hergestellt. Die Umrandungen der Marken waren den zeitgenössischen englischen Briefmarken nachgebildet, mit dem Wort POSTAGE im Oberteil und der Wertangabe auf dem unteren Rand sowie Ansätzen zu einem Gittermuster auf den Seitenrändern. Das zentrale Motiv allerdings bildete das große Siegel der Kolonie, das Siedler und Strafgefangene zeigt, die in Botany Bay an Land gehen. Es war der Abbildung auf einem Schmuckteller der Firma Josiah Wedgwood in Staffordshire entlehnt, womit sich das merkwürdige Motto am unteren Rand erklärt: »SIC FORTIS ETRURIA CREVIT« (d. h. »So wächst Etruria an Stärke«, wobei Etruria der Name der Fabrik Wedgwoods ist). Auf den Namen der Kolonie wird nur indirekt in der Umrahmung des Motivs Bezug genommen: SIGILLUM NOV. CAMB. AUST. (lateinisch »Das Siegel von Neusüdwales«).
Die Nachbarkolonie Victoria sollte eigentlich gleichzeitig Briefmarken herausbringen, doch war Neujahr ein offizieller Feiertag, und so kam es, daß die Marken nicht vor dem 3. Januar in den Verkauf gingen. Wiederum sind die 1d-, 2d- und 3d-Marken den zeitgenössischen englischen Briefmarken nachgebildet, auch hier mit einem Profil Königin Victorias. Der Name der Kolonie war der oberen Umrandung aufgedruckt wie auch seitlich.

Die Briefmarken in Asien wurden im indischen Distrikt Scinde (Sind) am 1. Juli 1852 ausgegeben. Noch immer sind die Art und Weise wie der Ort ihrer Herstellung von Geheimnis umgeben. Das Gebiet war 1850 von Lord Ellen erobert worden (berühmt geworden durch sein Telegramm *Peccavi* – »Ich habe gesündigt«) und dem Gouverneur Sir Bartle Frere unterstellt worden, der auf eigene Initiative Herstellung und Vertrieb von ½-Anna-Marken in die Wege leitete. In seinen Memoiren erklärte er, daß er die Briefmarken von der Firma De La Rue erhalten habe. In den Firmenarchiven hingegen findet dies keine Erwähnung, und es war erst im Jahre 1854, daß De La Rue mit dem Druck indischer Marken beauftragt wurde. Wenn Freres Erinnerung zutreffend ist, so wären dies die ersten Marken, die von dieser Firma hergestellt worden sind. Es muß allerdings festgestellt werden, daß die Möglichkeit, daß De La Rue damit zu tun gehabt haben könnte, äußerst abwegig scheint, da die Marken keinerlei Ähnlichkeit mit dem hatten, was sie ansonsten druckten.
Die ersten Briefmarken waren auf kreisförmige rote Oblaten gedruckt von der Art, wie sie seinerzeit für das Siegeln von Kuverts und Umschlägen Mode waren, und trugen den Wahlspruch der East India Company mit dem Aufdruck SCINDE DISTRICT DAWK in der Umrandung, wobei *»Dawk«* oder *»Dak«* in Hindi für Post steht. Es gab sie in drei verschiedenen Versionen: als farbigen Prägedruck in Rot, als

farblosen Prägedruck mit doppelter äußerer Kreislinie und als weißen Prägedruck auf blauem Grund. Diese Marken waren einzigartig (bis 1960) insofern, als sie ausschließlich im Kreisformat geschnitten waren. Abgelöst wurden sie von ähnlichen Marken, die in Blau oder farblos in einem herkömmlicheren Bogenformat gedruckt wurden. Nach Einführung einer einheitlichen Ausgabe für Britisch-Indien wurden diese im Oktober 1854 eingezogen. Eine Verwendung kann bis Mitte 1856 belegt werden.

Die ersten afrikanischen Marken waren die am 1. September 1853 ausgegebenen Cape-of-Good Hope-Dreiecke. Die Vorauszahlung von Postsendungen vermittels gummierter Marken war bereits 1846 verfügt worden, und schon zwei Jahre später wurde Perkins, Bacon & Co. aufgefordert, Matrizen und Platten für 1d- und 2d-Briefmarken vorzubereiten. Diese Bestellung jedoch wurde bald darauf widerrufen, und es vergingen weitere vier Jahre, bevor die Sache erneut zur Verhandlung stand. Im August 1852 trat die Regierung des Kaps erneut an Perkins, Bacon & Co. heran und bestellte 1d- und 4d-Marken in Dreiecksform. Skizzen solcher Drei- und Fünfecke wurden von Charles Bell, dem Surveyor-General der Kolonie, in London eingereicht, da Bell davon ausging, daß die Benutzung ungewöhnlicher Formate die Sortierung der Post durch die halb-alphabetisierten einheimischen Angestellten der Postbehörde erleichtern würde. Die Gravur auf den Dreiecksentwürfen stammt von William Humphrys. Sie zeigt die sitzende allegorische Figur der Hoffnung; die Marken wurden im Tiefdruckverfahren von Perkins, Bacon & Co. hergestellt und zum Kap verschifft.

Die unterschiedlichsten Marken innerhalb der kürzesten Frist wurden während der rumänischen Besetzung Debrezins im Osten Ungarns ausgegeben. Zwischen dem 14. November 1919 und dem 4. Juni 1920, als rumänische Truppen die Stadt laut Vereinbarung des Vertrages von Trianon evakuierten, erhielten 124 verschiedene ungarische Freimarkenausgaben, Kriegswohlfahrtsmarken, Portomarken, Zeitungs-, Eilbrief-, Spar- und Steuermarken einen Aufdruck, um die rumänische Besetzung kenntlich zu machen. Die türkische Insel Cheustan (Makronisi) im Golf von Smyrna, die während des Ersten Weltkrieges von britischen Marineeinheiten besetzt worden war, verfügte über mindestens 32 verschiedene Marken (unbedeutende Varianten nicht mitgezählt), die zwischen dem 7. und 26. Mai 1916 ausgegeben wurden.

Marken, die ohne jede technische Veränderung am längsten im Verkehr gewesen sind, waren die irischen Freimarkenausgaben (›e‹-Wasserzeichen), die 28 Jahre (von 1940 bis 1968) in Gebrauch waren.

Die langlebigste Freimarkenserie ist von Norwegen ausgegeben worden, dessen Posthorn- und Ziffernentwurf für die niederen Werte seit 1871 in ununterbrochener Folge in Gebrauch war. In einem mehr als ein Jahrhundert umfassenden Zeitraum hat die Serie eine Anzahl technischer Änderungen erlebt. Die ursprüngliche Serie war im Buchdruckverfahren mit Wertangaben in Skilling hergestellt worden. Seit 1. Januar 1877 wird die Währung in Øre angegeben, von 1882 bis 1893 war das Posthorn ohne Schattierung, von 1893 bis 1908 wurde der Name NORGE in Groteskschrift wiedergegeben, 1909 wurde der übrige Schriftzug neu gezeichnet, 1940–49 und 1950–57 verwendete man ein Rastertiefdruckverfahren, und seither wird in Intaglio gedruckt. Norwegen brachte sogar zwei Marken heraus – mit Datum vom 6. Mai 1972 wohl einigermaßen verspätet –, um das hundertjährige Jubiläum des ältesten, noch immer gebräuchlichen Designs zu begehen.

»Dreieck« vom Kap der Guten Hoffnung, 1853

Norwegens »Posthörner« (1875 und 1978), 5s Tonga (1897–1953), 4c Brunei (1907–52), Portomarke, England (1914–71) und 2d Irland (1922–69)

Weitere Beispiele philatelistischer Langlebigkeit sind:

England, Portomarken (1914–71)	57 Jahre
Tonga, Freimarken mit Bild (1897–1953)	56 Jahre
Irland, Freimarken (1922–69)	47 Jahre

Der Sudan benutzte denselben Entwurf für seine Freimarken-Ausgaben von 1898 bis 1941 und

»Kamel-Postbote«, Sudan, 1898

Präsidenten-Serie, USA, 1938

Freimarken-Ausgabe, Venezuela, 1951–54

von 1948 bis September 1951 – ein Zeitraum von 53 Jahren, doch mit einer Lücke von sieben Jahren. Der Entwurf ist aus verschiedenen Gründen interessant. Er wurde angefertigt von E. A. Stanton, seinerzeit ein *bimbashi* (Hauptmann) in der ägyptischen Armee und später Oberst der englischen Streitkräfte und einer der herausragenden Philatelisten in England. Die Vignette zeigt einen arabischen Postboten, der auf einem Rennkamel sitzt; Modell gestanden hatte hierbei der Scheich des Howawir-Stammes, den Stanton überredet hatte, sich für diese Rolle zu kostümieren und mit vier strohgefüllten Säcken, die Postsäcke darstellen sollten, im Kreis zu reiten, während eine Skizze angefertigt wurde. Optimistisch setzte Stanton die Namen KHARTOUM und BERBERA auf zwei der Postsäcke – Städte, die zu jener Zeit noch in den Händen des Mahdi waren. Diese Inschriften erschienen getreulich auf den von der Firma De La Rue 1898 gedruckten Marken – und blieben mehr als ein halbes Jahrhundert unverändert, lange noch nachdem sie jegliche Bedeutung verloren hatten. Der Kamel-Postbote, entworfen von einem Engländer im Dienst des Khedive, wurde schließlich zum Nationalsymbol des Sudan und erschien auf Gedenkmarken der Jahre 1848 und 1954 zur Feier der Eröffnung der gesetzgebenden Versammlung und der Erlangung der Selbstverwaltung. Seither ist der Kamel-Postbote sogar zum Motiv auf der Vorderseite sudanesischer Münzen geworden.

Die Marke, die am längsten im Verkauf war, ist die 1-Öre-Freimarken-Ausgabe Schwedens gewesen, die im März 1912 ausgegeben worden war und in Hauptpostämtern noch bis 1970, wenn nicht gar später, erhältlich war.

Die ältesten Briefmarken, die noch Gültigkeit im Postverkehr besitzen, sind die am 17. August 1861 herausgebrachten US-Freimarken-Serien. Die Ausgaben von 1847 und 1851 – bis zu diesem Jahr gültig – wurden im Zuge des ausgebrochenen Bürgerkrieges frankaturungültig, um jene Vorräte wertlos zu machen, die die Konföderierten besaßen. Am 1. November 1861 wurde angeordnet, Vorauszahlungen auf Postsendungen für die nordöstlichen Staaten abzuschaffen; seit 1. Januar 1862 galt dasselbe auch für die entlegeneren Staaten und Bundesterritorien. Alle US-Marken seit August 1861 sind noch immer postgültig. Wer allerdings die Originalserie von 1861 für den Postversand benutzen wollte, verhielte sich höchst unklug: ihre Wertangabe beträgt $ 1,75, doch im Katalog von Stanley Gibbons von 1981 ist sie mit £ 4,185 angegeben.

Die umfangreichste Serie von Freimarkenausgaben, die in demselben Jahr erschienen ist, war die amerikanische Präsidentenserie von 1938, die zwischen dem 25. April und 8. Dezember ausgeliefert wurde. Sie umfaßte 32 verschiedene Wertangaben, von ½ Cent bis zu 5 Dollar. Die Cent- und Dollar-Werte porträtierten jeweils einen der 29 Präsidenten von George Washington bis Calvin Coolidge, wobei noch lebende, gemäß einem Act of Congress vom April 1866, der die Abbildung lebender Personen verbietet, weggelassen wurden. Die ½-Cent-Werte (½, 1½ und 4½ Cent) trugen Abbildungen von Benjamin Franklin, Martha Washington und dem Weißen Haus. Bis zur Wertangabe von 22 Cent entsprach der jeweilige Wert der Reihenfolge der Präsidenten – ein nützliches Hilfsmittel, Amerikanern ein Stück politischer Geschichte nahezubringen.

Die umfangreichste, jemals herausgegebene Freimarkenserie wurde zwischen 1951 und 1954 von Venezuela herausgebracht; sie bestand aus Folgen von 16 (sieben gewöhnlichen und neun Flugpostmarken) Marken, die die Wappen eines jeden der insgesamt 23 Bundesstaaten in Verbindung mit entsprechenden bildhaften Vignetten zeigten – insgesamt 368 Marken. Zusätzlich gab Venezuela eine Serie heraus, auf der das Hauptpostamt von Caracas abgebildet war, umfassend elf gewöhnliche und vierzehn Flugpostmarken (1953), neu aufgelegt im Folgejahr mit verbesserter Inschrift.

Die im Jahre 1912 von Portugal produzierte »Ceres«-Freimarken-Ausgabe belief sich am Ende auf 86 Marken (nicht mitgerechnet geringere Abweichungen in Schattierung und Druck). Die zusätzlichen 35 provisorischen Aufdrucke und 6 neubewertete Überdrucke von 1928/29 brachten die »Ceres«-Ausgabe auf insgesamt 127 Marken. Es war die längste Serie mit einem einzigen Design.

Weitere ausgedehnte Freimarken-Ausgaben mit gleichförmigen Designs – auf vereinfachter Grundlage, ohne Berücksichtigung von Wasserzeichen, Perforation oder Schattierung:

England, »Machin«-Serie (1967–82)	74 Marken
Frankreich, »La Semeuse« (1903–38)	73 Marken
Norwegen, »Posthorn und Ziffern« (1871–)	76 Marken
Finnland, »Wappen« (1930–42)	58 Marken
Italien, »La Siracusa« (1953–77)	48 Marken

Das Land mit der umfangreichsten Markenproduktion war das arabische Scheichtum Ajman, das in den späten 60er Jahren dieses Jahrhunderts Verträge an verschiedene überseeische Agenturen vergab. Diese Unternehmungen produzierten eine gewaltige Bandbreite von Marken, die beträchtlich über den wirklichen postalischen Bedarf hinausgingen. Der Ausstoß erreichte 1972 einen Höhepunkt wegen der inzwischen erfolgten Gründung der Vereinigten Arabischen Emirate und der dadurch drohenden

Dieser Bogen mit den Fahnen aller 50 amerikanischen Staaten wurde anläßlich der Zweihundertjahrfeiern herausgegeben. Er war nur als kompletter Bogen erhältlich, was seiner Popularität in der Öffentlichkeit Abbruch tat und dazu geführt hat, daß an geschäftlich benutzte Exemplare nur schwer heranzukommen ist.

»Ceres«, Portugal (1912–29); »La Semeuse«, Frankreich (1903–38); »Wappen«, Finnland (1930–42); »La Siracusa«, Italien (1953–77); »Machin«, Großbritannien (1967–82) und »Germania«, Deutsches Reich (1900–22)

Beendigung sämtlicher Briefmarkenaufträge. Mindestens zwei der rivalisierenden Auftragsfirmen scheinen gleichzeitig aktiv geworden zu sein, und unterschiedliche, einander widersprechende Aussagen hinsichtlich der Gültigkeit einiger der Ausgaben von 1967–72 wurden vorgebracht. Infolgedessen sind sie in ihrer Mehrzahl lediglich in abgekürzter Form in Nachträgen zu Briefmarkenkatalogen aufgelistet, und eine beträchtliche Anzahl von ihnen wird schlicht übergangen. Allein im Jahre 1971 gab Ajman mindestens 57 Serien heraus, die sich auf insgesamt

440 Mark beliefen (abzüglich Miniaturbogen und ungezähnter Versionen). Viele weitere Ausgaben wurden nach dem 1. September 1971 hergestellt, doch ist ihre Gültigkeit vom Generalpostmeister Ajmans bestritten worden.

Das sparsamste Briefmarken-produzierende Land der jüngsten Vergangenheit war die Kanal-Zone, die seit 1968 lediglich zwei Marken herausgebracht hat – 13c- und 15c-Freimarken von 1976 und 1978 – und seit 1963 keine Gedenkausgabe veröffentlichte. Im September 1979 kam ihr Postdienst zum Erliegen.
Weitere Beispiele für einen philatelistischen Konservatismus waren: Nauru – keine neuen Marken zwischen 1937 und 1954; die Malediven – keine neuen Marken zwischen 1933 und 1950; Nepal – keine neuen Marken zwischen 1907 und 1949. Zahlreiche Drucke indessen, die von Philatelisten sehr geschätzt werden, sind in der Zwischenzeit herausgebracht worden.

Briefmarken, herausgegeben für eine unbewohnte Insel. Redonda, ein Wüsteneiland, das zu Antigua gehört und in der Karibik zwischen Montserrat und Nevis gelegen ist, verfügt seit 1979 über eigene Briefmarken. In Erwartung eines Aufschwungs in Handel und Tourismus – der bisher allerdings nicht eingetreten ist – wurden die Marken von der Regierung Antiguas autorisiert. Die Marken sind für den Postverkehr in Antigua gültig. Sechs Serien erschienen 1979 und weitere sechs 1980. Verständlicherweise sind diese Marken bislang weitgehend von den Briefmarkenkatalogen nicht berücksichtigt worden.

Marken, die zur Verwendung in einem bestimmten Gebiet vorbereitet wurden, doch schließlich anderswo benutzt wurden, sind 1914 von Australien herausgebracht worden. Bei Ausbruch des Ersten Weltkrieges gab es Pläne der Australian Imperial Forces, die deutschen Kolonien der Marshall-, Marianen- und Karolinen-Inseln im Nordwestpazifik zu besetzen, und für diese Gelegenheit erhielten Marken den Überdruck N. W. PACIFIC ISLANDS. Die Japaner indessen kamen ihnen zuvor. Statt dessen wurden die Marken in Deutsch-Neuguinea (1914–25) und der südpazifischen Insel Nauru (1915/16) verwendet.

Nordwestpazifische Inseln, gebraucht in Nauru, 1915/16

Ägypten, »Sphinx und Pyramiden«, 1867

Kosmopolitische Marken waren Ägyptens Freimarken-Ausgabe von 1867. Entworfen von Friedrich Hoff aus Hirschberg in Schlesien und lithographiert von dem französischen Drucker Victor Penasson in Alexandria, trugen sie eine Inschrift auf Arabisch. Spätere Marken (1872) waren sogar Italienisch bedruckt, da der Leiter des ägyptischen Postdienstes seinerzeit ein Italiener, Giacomo Muzzi, war.

Verfrühte Marken wurden 1866 von Honduras ausgegeben – elf Jahre bevor der Postdienst dieses Landes ins Leben gerufen wurde. Diese zu früh erschienenen 2-Reales-Marken von 1866 sind in Tegucigalpa und Comayagua 1877 neu herausgegeben worden mit einem Wertaufdruck von ½ bis 2 Reales. Die Überdrucke, die von Hand aufgebracht wurden, sind gelegentlich unleserlich, doppelt oder kopfstehend.

Andere Ausgaben, die Freimarken-Ausgaben vorausgingen, stammen aus Australien. Es brachte 1902 Portomarken heraus, elf Jahre vor der ersten Freimarkenserie. Ein weiterer Staat, der Marken zur Verwendung auf amtlicher Korrespondenz ausgab (1945), war Bahawalpur, drei Jahre bevor Marken für den öffentlichen Gebrauch auf den Markt kamen.

Seltenheiten

Die seltensten Marken der Welt sind von Britisch-Guayana und Rußland herausgegeben worden. Ganz im Gegensatz zur herkömmlichen Auffassung ist die British Guiana 1 Cent, schwarz auf Karmin, von 1856 *nicht* die seltenste Marke der Welt, da sie schwerlich seltener als jede andere Marke sein kann, von der nur ein einziges Exemplar vorhanden ist.
Es gibt allerdings zwei Beispiele für Raritäten, von denen lediglich eine *halbe* Marke existiert. 1866 wurden in Britisch-Guayana 4-Cent-Marken durchgeschnitten, um sie entsprechend dem örtlichen 2-Cent-Tarif zu verwenden. Normalerweise wurden diese »Halbierten« perforiert ausgegeben, doch durch ein Versehen ist auch ein unperforierter Bogen hergestellt worden. Die Kombination von Halbierung und fehlender Perforation war zwar theoretisch möglich, doch bis 1965 war kein derartiges Exemplar bekannt, als nämlich ein vom 16. April 1868 datierter Umschlag mit einer derartigen Marke entdeckt wurde.
Die Semstvo-Marken aus dem russischen Gouvernement Kotelnich bestanden aus zwei Teilen, dessen einer auf den Brief aufgeklebt wurde, während der andere vom Postamt als Kontrollabschnitt zurückbehalten wurde. Lediglich ein einziges Exemplar der 3-Kopeken-Marke, schwarz auf gelbem Papier, von 1869 ist jemals aufgetaucht, und von dieser auch nur der Kon-

trollabschnittsteil. Kurioserweise muß sich irgendwann ein vollständiges Exemplar in den Händen eines Philatelisten befunden haben, denn im ausgehenden 19. Jh. erschien eine Abbildung im *Timbres Poste*, die von dem belgischen Händler J. B. Moens veröffentlicht wurde.

Einzigartige Marken der Welt:
Britisch-Guayana: 1 Cent, schwarz auf Karmin, 1856.
Frankreich: 15c und 1fr, 1849; die Hulot-Kehrdruck-Paare (wovon jeweils nur ein Exemplar vorhanden); die 5fr-Napoleon III., Wertangabe weggelassen, Münzgepräge (nur zwei in gebrauchtem Zustand bekannt), 1869.
Goldküste: 1d, Aufdruck 4d, karmin, 1883.
Großbritannien: 1d, venezianischrot, Wasserzeichen kopfstehend, 1880; 2d rotlila, 6. Mai 1910 (nicht ausgegeben) – nur eine gebraucht (auf einem an König Georg V. adressierten Brief).
Indochina, Postamt in Mengtsze: 75c, Ausgaben von 1903–06 und 1906–08, Inschrift INDOCHINE kopfstehend – jeweils ein Exemplar.
Kamerun: 3 Shilling, Aufdruck 1 Mark, Aufdruck doppelt, 1915.
Kanada: 3d, Provisorium des Postmeisters von New Carlisle, Gaspé, 1851.
Kenia, Uganda und Tansania: 5c, schwarz und braun, 1954, Mitte kopfstehend.
Konföderierte Staaten, Lokalpostmarken-Ausgaben von Mount Lebanon (Louisiana): 5c; New Smyrna (Florida): 10 auf 5c; Uniontown (Alabama): 2c auf graublauem Papier.
Lagos: ½d auf 2d (anstatt 4d) – eine mit Münzgepräge, eine gebraucht.
Rußland: Semstvo-Ausgabe aus Byezhetsk, 3 Kopeken, schwarz auf rosa, 1872.
Schweden: 3 Skilling-banco, gelb statt grün, 1855.
Spanien: 10c, Kehrdruckpaar, Münzgepräge, 1873.
Togo: 1 Mark, karmin, Aufdruck während französischer Besetzung, 1915.
USA: Lokalpostmarken-Ausgaben von Alexandria (Maryland): 5c, schwarz auf blauem Papier, 1846; Boscawen (New Hampshire): 5c blau, 1846; Lockport (New York): 5c, rot und schwarz auf lederfarbenem Papier, 1846.
Pembina Twins lautete der Spitzname, der einem Paar von 7½d kanadischen Marken von 1857 gegeben wurde, die ausschließlich in Pembina, North Dakota (USA), im November 1858 verwendet wurden. Unglücklicherweise waren die Marken vom Umschlag abgeweicht und getrennt und schließlich auch noch in getrennte Sammlungen verkauft worden. Erst knapp hundert Jahre später wurden die Marken nach gegenseitiger Absprache der Besitzer (zwei prominente kanadische Philatelisten) wiedervereinigt und bilden jetzt eine unschätzbare philatelistische Rarität.

Kotelnich-Doppelstück (nach der Abbildung im Moens-Katalog, 1880)

Winzige Marken aus Süd-Australien (1883), Kolumbien (1952), Großbritannien 1/2d (1870), Spanien 1/4c (1872–76), Braunschweig (1857), Südafrika 1/2d (1942), USA »Indianerkopf« (1978) und Dolley Madison (1980)

Formate

Die kleinsten Marken der Welt wurden vom Bezirk Bolivar, Kolumbien, 1863–66 ausgegeben. Die Marken mit Wertangaben zwischen 10 Centavos bis 1 Peso maßen nur 8 × 9,5 mm. Kolumbien ist zugleich für einige der kleinsten Briefmarken moderner Zeit verantwortlich, und zwar die seit 1940 ausgegebenen Steuermarken, die solche Miniaturexemplare wie die 5 Centavos vom September 1952 umfaßt, die die Abmessungen 15 × 10 mm hat. Die Mehrzahl dieser Marken hatte die Größe 25 × 15 mm.
Englands erste Halfpenny-Marke, die 1870 eingeführt wurde, sollte annähernd halb so groß wie die entsprechende Penny-Marke sein und bestand aus einem Rechteck mit den Maßen 17,5 × 14 mm. Dieser Einfall wurde von Victoria (1874) und Süd-Australien (1883) für deren längsformatige Halfpenny-Marken aufgegriffen. Als Sparmaßnahme während des Krieges verringerte Südafrika die Größe ihrer gesamten Freimarken-Ausgaben mit geringer Wertangabe (½ bis 1 s). Die sogenannten *Bantams* waren seit 1942 in Gebrauch. Noch bis 1948 wurde eine 1½d-Marke, Entwurf: Goldmine, im Bantam-Format ausgegeben.
Weitere kleine Marken: Spanien, ¼ Centimo, 1872–76 (15,5 × 15,5 mm) sowie die von Meck-

lenburg-Schwerin (1856–64) und Braunschweig (1857) ausgegebenen Marken. Jede Marke hatte die Abmessungen 24 × 24 mm, doch konnte sie in Viertel aufgeteilt werden, deren jedes ¼ Schilling oder ¼ Gutegroschen (3 Pfennig) wert war – die Viertel hatten jede für sich Gültigkeit. Diese winzigen Marken maßen 12 × 12 mm.

Die größten Marken der Welt wurden zur Verwendung auf Eilbriefen von China ausgegeben. Die ersten Ausgaben (1905–12) maßen 210 × 65 mm und wurden unperforiert ausgegeben, doch waren sie durchstochen und konnten in vier Abschnitte geteilt werden. Der erste Teil diente als Kontrollabschnitt, und der vierte wurde dem Absender als Empfangsbestätigung übergeben. Der zweite Abschnitt (Drachenkopf) wurde vom Adressaten gegengezeichnet und durch den Postboten dem Postamt zurückgebracht, der für seine Dienstleistung nach Zustellung mit dem dritten Teil (Drachenleib) bezahlt wurde. Eine zweite Ausgabe erschien 1913/14 in den Maßen 248 × 70 mm. Sie war in fünf Abschnitte gegliedert, mit dem Motiv einer fliegenden Gans auf dem zweiten und vierten Teil. Diese plumpen Marken wurden im Februar 1916 aus dem Verkehr gezogen und dienten hinfort nur noch als Quittungen ohne Frankierungswert. Vier der fünf Abschnitte trugen Aufdrucke mit den Buchstaben A, B, C und D, um ihre Verwendung als Empfangsbestätigung zu kennzeichnen.

Zu Ehren der *Apollo*-Mondlandung brachte das arabische Scheichtum Fujeira 1972 10-Rial-Marken heraus. Diese hatten die Abmessungen 78 × 143 mm (Entwurf) bzw. 81 × 147 mm (Perforation) und würden zweifellos als die größten jemals ausgegebenen Marken gelten können, würde ihre Authentizität nicht angezweifelt werden.

Die größten, im herkömmlichen Bogenformat herausgebrachten und von allen Katalogen anerkannten Marken waren die von den USA 1865 herausgebrachten 5-, 10- und 25c-Zeitungsmarken. Sie hatten das Format 51 × 95 mm.

Die größten Marken, die für normale postalische Verwendungszwecke regelmäßig ausgegeben worden sind, sind sämtlich von der Sowjetunion hergestellt worden:

Barguzin Naturschutzgebiet: 4 und 6 Kopeken, 1966	80 × 26 mm
Cedar Fall Naturschutzgebiet: 10 Kopeken, 1967	80 × 26 mm
10jähriges *Sputnik-I*-Jubiläum: 30 Kopeken, 1967	75 × 27 mm

Eine 1-Rubel-Marke von 1962 zu Ehren sowjetischer Kosmonauten maß 151 × 70 mm und wird eher als Großmarke denn als Miniaturbogen angesehen, da sie allseitig perforiert war.

Polen hat einige Marken herausgebracht, die wegen ihrer Länge bemerkenswert sind. Die längsten Marken waren:

5,60 Zloty, B 70 Tanker, 1961	108 × 21 mm
7,10 Zloty, Pferdeserie, 1965	104 × 22 mm

1964 brachte Sharjah ein Triptychon anläßlich der New Yorker Weltmesse heraus, wobei die Marke in der Mitte (1 Rial) das Format 85,5 × 44,5 mm (Entwurf) bzw. 89 × 48 mm (Perforation) hatte.

Die einzige Postverwaltung, die jede einzelne Marke in verschiedener Größe herausbrachte, war die Stadt Bergedorf, deren Postdienst gemeinsam von Hamburg und Lübeck betrieben wurde. Zwischen 1861 und 1867 gab Bergedorf eine Serie von fünf Marken aus, deren Format mit steigender Wertangabe zunahm.

Das einzige Land, das zu verschiedenen Anlässen das Format seiner Marken änderte, war Afghanistan. Marken zum Gedenken an das Ende des Bürgerkriegs wurden in den Abmessungen 39 × 47 mm (1920–), 23 × 29 mm oder 22,5 × 28,25 mm (1921–27) herausgebracht. Die Gedenkmarken zum Unabhängigkeitstag von 1924, ursprünglich 24 × 32 mm groß, wurden in der Folgezeit vergrößert auf 29 × 37 mm (1925) und dann wieder auf 26 × 33 mm (1926) verkleinert. Zeitungsmarken wurden 1928 ausgegeben (38 × 22,75 mm), doch im darauffolgenden Jahr vergrößert (42,5 × 25 mm). Dienstmarken in der Größe 22,5 × 28 mm kamen 1939 heraus, wurden vergrößert auf 24,5 × 31 mm (1954–73) und sodann wieder verkleinert auf 24 × 30,5 mm (1964/65).

USA, 5-c-Zeitungsmarke, 1865 (in verkleinertem Maßstab)

Gedenkausgabe 25 Jahre Potsdamer Abkommen, DDR, 1970

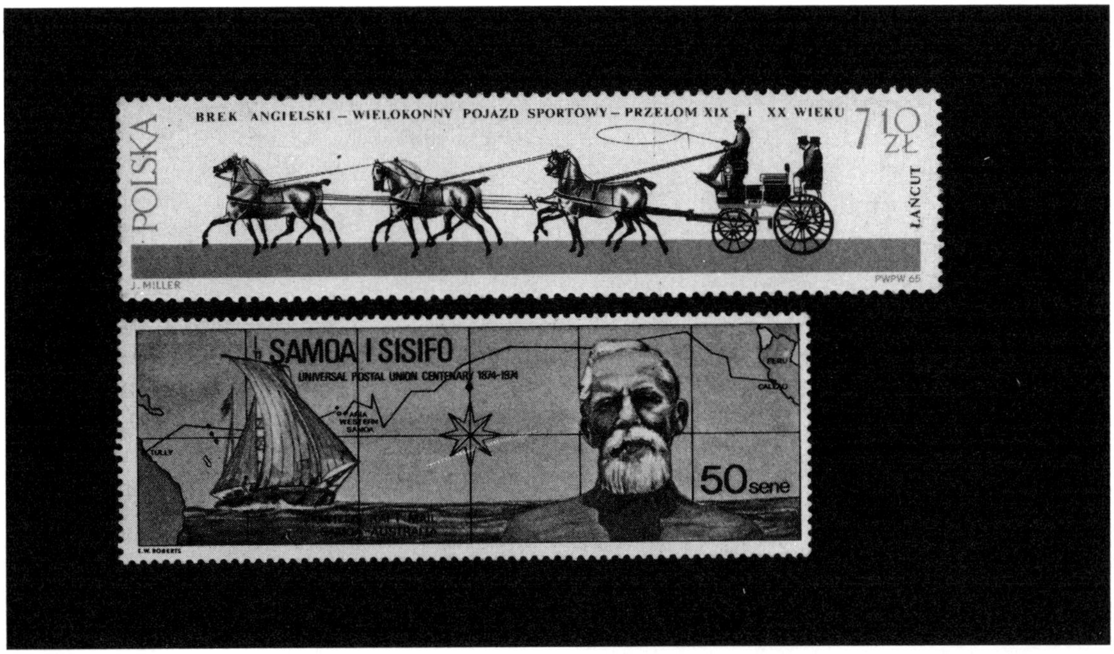

Polen, Pferde, 1965, 7, 10zl; Samoa, 100jähriges Jubiläum des Weltpostvereins, 1974

Form

Die Form der ersten gummierten Briefmarken war bedingt durch jene gummierten Aufkleber, welche die Steuermarken auf Pergamenturkunden schützten. Es handelte sich um ein aufrechtstehendes Rechteck von annähernd 18 mm Breite und 24 mm Höhe. Dieses Format ist für die überwiegende Zahl der englischen Freimarken seit 1840 verwendet worden; Ausnahmen waren die Prägedrucke von 1847–54, die Halfpenny von 1870 und sämtliche Marken mit einer Wertangabe über 2 Shilling, die in größerem aufrechten Format hergestellt wurden (1867–1913), oder verschiedene größere Querformate – sie beschränkten sich auf die Pfundwerte (seit 1884). Die Königin Victoria-£-5-Marke war in doppelter Größe der hohen Werte von 1867–83.
Viele der frühe Briefmarken ausgebenden Länder folgten dem britischen Format. Die Vereinigten Staaten, Frankreich, Schweiz, Belgien, Österreich, Preußen, Bayern und viele der deutschen Kleinstaaten schlossen sich dabei England an.
Das englische aufrechte Rechteckformat ist bis auf den heutigen Tag das für Freimarken am meisten verwendete Format. Im Zeitraum von 140 Jahren allerdings sind außer dem Rechteck auch viele andere Formen für Marken verwendet worden.

Die ersten vieleckigen Marken waren geprägtgedruckte englische Shilling-Marken, die 1847 in Somerset House gedruckt wurden. Diese Marken besaßen ein aufrechtes achteckiges Format, das in der darauffolgenden Zeit für die 10-Penny-Marke von 1848-54 benutzt wurde. Die 1854 eingeführte Sixpenny-Marke war ebenfalls achteckig, doch mit Ober- und Seitenrändern, die sich vom Hauptrahmen abhoben, der leicht geschwungen war. Geschnitten waren diese Marken in der Regel quadratisch. Bedauerlicherweise schnitten viele der frühen Sammler ihre Exemplare auf die Form zu, damit sie in die gedruckten Achtecke ihrer Markenalben hineinpaßten. Die 4 Anna, Indigo und Rot, Indien 1854, wurde im selben Format hergestellt, und auch hier wurde sie gewöhnlich auf Format gestutzt, doch geschah dies hauptsächlich deswegen, weil die Inder bestrebt waren, das Gewicht ihrer Briefe soweit wie möglich zu verringern.

Die ersten dreieckigen Marken wurden im September 1853 vom Kap der Guten Hoffnung ausgegeben. Die Anweisungen des gesetzgebenden Rates an Charles Bell, den Surveyor-General der Kolonie, lauteten, »nach Entwurf und Art eine Marke zu entwerfen, die so verschieden sein soll von den englischen Briefmarken, daß der Unterschied auf den ersten Blick erkennbar ist«. Bell bereitete sowohl dreieckige als auch vieleckige Muster vor, doch nur erstere wurden von der Druckerei Perkins, Bacon & Co. verwendet. Gemeinhin wird angenommen, daß diese Form ausgewählt worden war, um halbalphabetisierten Sortierern der Kapkolonie dabei zu helfen, ihre eigenen Marken zu erkennen und dadurch die Postsendungen besser sortieren zu können. Die Marken wurden in London von William Humphrys graviert und von Perkins, Bacon & Co. im Rastertiefdruck gedruckt mit Wertangaben von 1d, 4d, 6d und 1s. Sie waren bis 1864 in Gebrauch. Während einer Verknappung von Marken wurden Provisorien herausgebracht. Den Sammlern als »Woodblocks« bestens bekannt, wurden sie von C. J. Roberts in Stahl ge-

Großbritannien, 6d, 1854

Dreieckige Marken aus Nicaragua (1947), Kongo (Postläufer, 1961), Fiume (1920) und Gabun (1962)

Kreis-Marke aus Kaschmir, 1866

stochen und von Saul Solomon aus Kapstadt von Stereotypen gedruckt. Die 1d wurde in Zinnoberrot und die 4d in Blau hergestellt. Man kennt beide Werte in falschem Farbdruck, was darauf zurückzuführen ist, daß die Klischees in die falsche Platte eingelegt wurden. Erstaunlicherweise ließ die Regierung Südafrikas den Entwurf der Kap-Dreiecke für eine graublaue 4d-Marke wiederaufleben, die im Jahre 1926 ausgegeben wurde. Die wurde bei Bradbury Wilkinson graviert und wurde, wie ihre berühmten Vorläuferinnen, unperforiert herausgebracht – in den zwanziger Jahren dieses Jh.s ein Anachronismus, doch sind zahlreiche private Perforationen bekannt.

Neufundland war die einzige andere Kolonie, die im 19. Jh. eine Marke diesen Typs herausbrachte (3d, 1857). Neuseeland griff diese Idee 1943 wieder auf und entwarf Marken mit den Porträts der Prinzessinnen Elizabeth und Margaret. Erst in jüngerer Zeit ist die Dreiecksmarke von Jamaika (1964), Malaysia (1962, 1966) sowie Ostafrika (1976) zu Gedenkzwecken wieder herausgebracht worden. Auch von Ungarn, Monaco, San Marino, Israel, der Mongolei und lateinamerikanischen Ländern sind solche dreieckigen Marken hergestellt worden.

Die kleinste Dreiecksmarke war die 2½-Centavos, schwarz auf lila Grund, die 1865 von Kolumbien ausgegeben wurde. Jede Seite hatte eine Länge von nur 18 mm. Es war ein gleichseitiges Dreieck, was ungewöhnlich ist, denn die meisten Dreiecksmarken besitzen eine längere Grundlinie.

Die einzige ungleichseitige Dreiecksmarke wurde auch von Kolumbien herausgebracht. Es handelt sich um die 2½-Centavos von 1869/70.

Dreiecksmarken mit der Spitze als Fuß wurden erstmals von Lettland ausgegeben, das in den Jahren 1921 und 1928 Flugpostmarken sowie Flugpost-Wohlfahrtsmarken 1932 und 1933 in diesem ungewöhnlichen Format herstellte. Weitere Länder, die diesem Beispiel folgten, waren Island (10 Aurar, Flugpost, 1930) und Tuva (1t und 5t, Flugpost, 1935).

Die ersten runden Marken waren die »Dawks«, Scinde, 1852–54. Lediglich bei dem Erstdruck handelt es sich um eine kreisförmige Marke im eigentlichen Sinne, da die späteren Ausgaben in Bogen herausgebracht wurden und gewöhnlich quadratisch geschnitten waren. Runde Markenbilder wurden gleichfalls von den indischen Staaten Indore (1889) und Kaschmir (1866–78) verwendet, die Einschreibmarken von Kolumbien (1865) sowie die ersten Ausgaben Afghanistans (1871–90) waren hingegen unterschiedslos quadratisch geschnitten. Die ersten echten Kreismarken seit 1852 waren die *»beermats«* (Bierdeckel, wie sie scherzhaft von den Sammlern genannt werden), die im Juni 1963 von Tonga zum Gedenken an die Einführung der ersten Goldmünzen von Polynesien ausgegeben wurden. Die Marken waren auf Goldfolie reliefgeprägt, die mit Papier unterlegt war, und trugen im Rund die Inschrift TONGA THE FRIENDLY ISLANDS in mikroskopischem Druck. Es gab diese Marken in drei Größen entsprechend der jeweiligen Wertangabe, und die größte (die die 1-Koula-Münze abbildet) maß 80 mm im Durchmesser. Dieser Ausgabe folgte eine zweite Serie (wiederum mit der Abbildung von Münzen, Juli 1967), doch ähnliche runde, auf Metallfolie geprägte Marken wurden auch von Sierra Leone, Bhutan, Katar, Sharjah, Umm al Qiwain und Jordanien im Laufe der 60er Jahre herausgegeben. Bhutan allerdings gelang 1973 das Äußerste an philatelistischer Raffinesse, als eine Briefmarkenserie in der Form runder Schallplatten ausgegeben wurde. Kreisrunde Marken, die rundum perforiert waren, wurden im Mai 1971 von Malaysia sowie 1978 und 1980 von Singapur herausgebracht, wobei letztere sowohl rund um das Markenbild als auch quadratisch an den Rändern perforiert waren.

Die ersten rautenförmigen Marken wurden am 1. September 1851 von Nova Scotia (Neuschottland) ausgegeben und bestanden aus 3d-, 6d- und 1s-Marken, auf denen die heraldischen Blumen des United Kingdom und der Weißdorn von Neuschottland abgebildet waren mit der Krone im Mittelpunkt. Ähnliche Marken wurden vier Tage später in der Schwesterkolonie Neubraunschweig ausgegeben. Beide Serien waren wiederum bei Perkins, Bacon & Co. gedruckt. Zwei Jahre später fügte Neuschottland einen Pennywert hinzu, doch wurde das Markenbild so herumgedreht, daß es als Quadrat (mit Chalons Porträt der Königin Victoria im Mittelpunkt) erscheint.

Die Rautenform war auch in den russischen Semstvos und bei Marken der deutschen Ortspost im ausgehenden 19. Jh. beliebt. Bis vor kurzem noch waren die bekanntesten Beispiele für rautenförmige Marken diejenigen Tuvas, das zwischen 1927 und 1940 viele große Bild-Marken in dieser Form herausbrachte. Seit den 60er Jahren indessen kam es zu einer Neuentdeckung dieser Form.

Die erste ovale Marke war die ½-Anna, rot, die 1879 vom indischen Staat Bhor in einem Längsformat ausgegeben wurde. Die Einschreibmarke Kolumbiens von 1881 war ebenfalls ein Oval, aufrechtstehend. Beide Marken wurden unperforiert herausgebracht, doch gewöhnlich quadratisch geschnitten. Das bekannteste Markenbeispiel mit ovalem Markenbild war die 1886 von Mexiko herausgebrachte Freimarkenausgabe. Diese Serie allerdings war in der herkömmlichen rechteckigen Form perforiert.

Die ersten trapezförmigen Marken wurden am 2. Dezember 1967 von Malaysia zum hundertsten Jubiläum der ersten Marken aus der ehemaligen Kronkolonie (Malakka, Penang, Singapur) herausgebracht. Es handelt sich bei diesen Marken um Kehrdrucke. Die einzigen weiteren trapezförmigen Marken bis heute stammen ebenfalls aus Malaysia. Eine Dreierserie, auf der eine Erdsatellitenstation abgebildet ist, wurde im April 1970 ausgegeben.

Die einzigen unregelmäßigen Polygone waren die im Oktober 1968 von Malta ausgegebenen Weihnachtsmarken. Sie haben die Form eines ungleichseitigen Fünfecks, das an drei Seiten rechteckig ist, linksseitig mit erhöhter Spitze. Die kürzere obere Seite und die Grundlinie sind beide perforiert (14½), während die anderen drei Seiten eine 14er Zähnung aufweisen.

Die erste Briefmarke in freier Form wurde am 10. Februar 1964 anläßlich der New Yorker Weltmesse von Sierra Leone herausgebracht. Diese Serie von 14 Marken wurde von der Walsall Lithographic Company in kombiniertem Druckverfahren (Heliogravüre und Lithographie) hergestellt und ausgestanzt. Die Marken hatten die Form der Landkarte Sierra Leones, die jeweils den Hintergrund jedes Markenbildes abgibt. Zugleich waren diese Marken die ersten selbstklebenden der Welt, und sie wurden herausgegeben in 30er Bogen auf unterlegtem Papier, das die Schmetterlings-Logotype des Papierherstellers Samuel Jones auf der Rückseite trug. Spätere Ausgaben dieser Marken hatten das unterlegte Papier zu Werbezwecken verwendet. Tonga folgte am 19. Oktober 1974 mit einer Serie des gleichen Typs. Diese Marken, auf Metallfolie geprägt, hatten ebenfalls freie Form – entweder in Herzform oder in den Umrissen von Tongatapu. Spätere Ausgaben aus Tonga übernahmen die Selbstklebung aus Sierra Leone. 1972 gab Sierra Leone diese Masche auf, und Tonga folgte 1980 diesem Beispiel. Verschiedene Serien Norfolk Island zwischen 1974 und 1978 hatten ebenfalls die freie Form, waren selbstklebend und waren sämtlich von der Firma Walsall hergestellt.
Zwei Versuche wurden gemacht, solche Marken freier Form in mehr herkömmlichem Stil zu produzieren. Die Firma De la Rue druckte 1968 eine Vierer-Serie für die Bahamas (Heliogravüre); sie waren nierenförmig und bildeten die Vor- und Rückseite einer Reihe von Goldmünzen ab. Die Marken waren rundum perforiert, doch wurden sie gewöhnlich mit der Schere auf quadratisches Format geschnitten. Im Juli 1969 produzierte die Firma Harrison and Sons eine Vierer-Serie für Gibraltar, die in den Umrißlinien des Felsens von Gibraltar perforiert waren. Zusätzlich war jede Marke gleichzeitig in der normalen rechteckigen Form perforiert. Keines dieser Experimente ist seither wiederholt worden.

Wert

Die niedrigste Wertangabe auf Marken, die tatsächlich postgültig gewesen sind, belief sich auf 1/10 Cent, und zwar auf Marken aus Französisch-Indochina zwischen 1922 und 1939; das entsprach zu jener Zeit 0,08 Pfennig (RM). Andere Marken mit sehr geringem Wert waren:

Puerto Rico, ½ Milesima, 1881–98	0,19 Pf
Kuba, ½ Milesima, 1888–94	0,19 Pf
Frankreich, ½ Centime, 1919–22	0,39 Pf
Travancore, 2 Cash, 1943	0,64 Pf
Dhar, ½ Pice, 1897	0,90 Pf
Kotschinchina, 2 Pies, 1909–46	1,20 Pf

Weihnachtsmarken, Malta, 1967: trapezförmig im Zusammendruck

Malaysia, 1967 und 1970: trapezförmige Marken

Weihnachtsmarken, Malta, 1968: ungleichmäßiges Polygon

Runde Goldfolien-Serie aus Tonga, 1963 (s. S. 64)

Perforierter Kreis, Singapur, 1980 (s. S. 64)

Neuschottland, 3d, 1851 (s. S. 64)

Tuva, 1934/35: dreieckige und rautenförmige Marken (s. S. 64)

Die wertloseste Marke, die jemals ausgegeben wurde, war die ungarische 3000-Pengö-Freimarke, die am 5. Februar 1946 erschien. Ursprünglich als Höchstwert einer Nachkriegsserie vorgesehen, verzögerte sich die Marke um einige Monate, nachdem der Rest der Serie bereits erschienen war. Am Tag ihrer Ausgabe indessen war der Pengö in diesem schlimmsten Beispiel einer Hyperinflation dieses Jahrhunderts im Wert gefallen. Bis Februar 1946 war der Pengö auf ein 40 000 000 000 000stel eines Pfennigs (DM) abgestürzt.

Die höchsten Werte in echter Währung finden sich auf gewissen British-Commonwealth-Marken, die vornehmlich als Steuermarken gedacht waren, jedoch wegen ihrer Inschrift »Postage and Revenue« als Briefmarken angesehen werden. An erster Stelle steht hier »East Africa« (Kenia, Uganda und Tansania), das im Jahre 1925 Marken mit Wertangaben von £ 75 und £ 100 herausbrachte, den höchsten Werten, die jemals in postalischer Inschrift erschienen sind.

Die höchsten Werte, die auf Marken je angegeben wurden, erschienen in Zeiten schwerster Inflation und hatten infolgedessen nur geringen Realwert im Verhältnis zu anderen Währungen der Zeit. Während der Inflation in Deutschland von 1923 war der astronomisch höchste Wert, der jemals auf einer Marke erschien (die Spitzenwertangabe auf Oktober- und November-Ausgaben), 50 000 000 000 Mark.
1946 konnte Ungarn diese Angabe locker überbieten. Am 13. Juli desselben Jahres kam eine Marke mit der Wertangabe von 500 000 000 000 000 000 000 heraus, doch wurden diese Marken bereits drei Tage später von solchen abgelöst, die Wertangaben in »Steuerpengös« enthielten.

Marken ohne Wertangabe wurden in den 50er Jahren des vorigen Jahrhunderts von etlichen britischen Kolonien als Maßnahme der Kostensenkung ausgegeben, da so nur eine Matrize oder Druckplatte erforderlich war. Die verschiedenen Werte wurden durch Änderung der Farbe angezeigt. Drei Kolonien verwendeten identische Markenbilder, die eine sitzende Britannia auf Zuckersäcken zeigten; unterschieden waren sie lediglich durch den Namen der Kolonie am Fuß der Marke. Diese Marken wurden ohne jegliche Wertangabe von Trinidad (1851–79), Barbados (1852–73) und Mauritius (1858–62) verwendet. Mauritius hatte diese Marken bereits 1848 in Auftrag gegeben, doch aus unerfindlichen Gründen es vorgezogen, behelfsmäßige Lokalmarken herauszubringen. Als im April 1854 erstmals die Britannia-Marken von Mauritius auf den Markt gebracht wurden, trugen sie den örtlichen Aufdruck FOUR-PENCE. Die Marken ohne Wertangabe sind erst vier Jahre später herausgekommen. Die Marken der Ionischen Inseln (1859–64) wurden ebenfalls ohne Wertangabe und lediglich in verschiedenen Farben für jeden Wert ausgegeben.

Die erste Marke von St. Helena war eine Sixpenny für Briefe nach England. Als dann andere Werte erforderlich wurden (1863), druckte man diese Sixpenny-Marken verschiedenfarbig mit einem Aufdruck, der den neuen Werten entsprach. Dieses absonderliche System hielt sich bis 1884.

Marken ohne Wertangabe in Zeiten schwerer Inflation sind bei zwei Anlässen herausgekommen. Sie wurden erstmals 1946 in Ungarn verwendet, als es sinnlos war, Marken mit echtem Geldwert herzustellen. Statt dessen wurden veraltete Marken überdruckt, um ihren Zweck kenntlich zu machen, und zu dem Betrag verkauft, der an dem jeweiligen Tag Gültigkeit hatte. Die Marken hatten den Aufdruck ANY oder NYOMTATV (diverse Postsachen), HLP oder HELYI LEV. LAP. (lokale Postkarte), HL. oder HELYI LEVEL (lokaler Brief), TLP oder TAVOLSAGI LEV. LAP. (Inlandpostkarte), TL oder TAVOLSAGI LEVEL (Inlandbrief), AJL oder AJANLAS (Einschreiben), CS oder CSOMAG (Päckchen). Zusätzliche Ziffern wiesen auf die Ausgabe hin.

Im März und April 1949 war die Gold-Yuan-Währung Chinas von Inflation geschüttelt, die sich derartig schnell hochschraubte, daß es unmöglich war, damit Schritt zu halten, und die Marken bereits wertlos waren, bevor sie die Druckpresse verließen. Zwischen Mai und Juli 1949 wurde daher eine Vierer-Serie von Marken ohne Wertangabe ausgegeben. Jede Marke trug ein Bildmotiv, das die Dienstleistung symbolisierte, für die es gedacht war (gewöhnliche Post, Flugpost, Eilbrief und Einschreiben). Gleich ihren ungarischen Vorgängern, wurden diese »Einheits«-Marken zum jeweiligen Tageskurs verkauft. In der Folgezeit sind dann weitere Marken und sogar Steuermarken mit einem Aufdruck versehen und in gleicher Weise in zahlreichen chinesischen Provinzen verwendet worden.

Briefmarken sind zu verschiedenen Gelegenheiten mit Rabatt verkauft worden. Die erste derartige Ausgabe war das vom Schweizer Kanton Genf herausgebrachte Doppelstück (zwei Marken zusammenhängend). Auf Massensendungen von 20 Briefen oder mehr wurde ein Rabatt von 50% gewährt. Es ist nicht bekannt, in welchem Umfang von diesem Zugeständnis Gebrauch gemacht wurde.

Die Schiffahrtsmarke der *Lady McLeod*, Trinidad, 1847, wurde zu 5 Cent verkauft, doch 100

Gibraltar (s. S. 65) – in der Form des Affenfelsens perforierte Marke (1969)

Ungarn, 3000p, 1946 (s. S. 66)

Deutsches Reich, 50 Milliarden Mark, 1923; Ungarn, 500 000 000 000 000 000 Pengös, 1946 (s. S. 66)

Französische Somaliküste, 50 fr, 1884 (s. S. 64)

Sierra Leone, New Yorker Weltmesse-Serie (1964): erste selbstklebende Briefmarke in freier Form (s. S. 65)

Norfolk Island, 150jähriges Jubiläum, 1975 (s. S. 65)

Stück kosteten lediglich 4 Dollar – ein Rabatt von 20%. Trotz dieser Anreize scheint es, als seien diese Marken wenig verwendet worden. Zwischen 1885 und 1891 wurden die Marken von Costa Rica zu einem Rabatt verkauft, um Händler zu veranlassen, sich große Vorräte anzulegen. Die in der Provinz Guanacaste ausgegebenen Marken wurden zu einem Rabatt von einem Zweifachen des Landesdurchschnitts abgesetzt, um Händler in einem Gebiet einen Anreiz zu bieten, das relativ weit von der Hauptstadt entfernt liegt. Aus diesem Grund mußten die in Guanacaste verkauften Marken einen Aufdruck mit dem Namen der Provinz tragen, um sie von solchen zu unterscheiden, die zum gewöhnlichen Preis gehandelt wurden.
Zwischen 1905 und 1913 trugen gewisse türkische Marken den arabischen Aufdruck *Behié*, um den gewährten Rabatt kenntlich zu machen.
Folgend auf Änderungen der Postgebühren, die am 20. Mai 1946 für belgische Marken erlassen wurden, bekamen diese den Aufdruck »– 10%«, um anzuzeigen, daß auf die amtliche Wertangabe Rabatt gegeben wurde. Nach dem damaligen Postminister erhielten sie den Spitznamen »Van Ackers«.

Marken mit Wertangaben in zwei Währungen wurden ausgegeben von:
Kanada, 1855–59: einheimische Währung und Pfund Sterling
Helgoland, 1859–67: deutsche und englische Währung
Holstein, 1884: preußische und österreichische Währung
Rhodesien, 1967–68: Pence Sterling und Cents während des Übergangs zur Dezimalwährung

Marken mit einem Postwert in einer Währung und einer Wohlfahrtsprämie in einer anderen sind am 12. Oktober 1969 von St. Helena herausgebracht worden. Bei den Marken handelt es sich um vier der Freimarken von Tristan da Cunha, mit Wertangaben in südafrikanischen Cents. Aufgedruckt war ST HELENA/TRISTAN RELIEF mit Wertangabe in Sterling (der auf St. Helena üblichen Währung), und sie wurden auf St. Helena verkauft, um für die Flüchtlinge des Vulkanausbruches aus Tristan da Cunha Geld zu sammeln. Diese unorthodoxe Aktion wurde umgehend vom Foreign and Commonwealth Office widerrufen, und am 19. Oktober mußten die Marken aus dem Verkauf gezogen werden.

Marken mit Wertangaben in der falschen Währung wurden von den Fidschi-Inseln im November 1871 ausgegeben. Obwohl Verzeichnisse der Postgebühren in US-Währung (die seinerzeit auf den Fidschis im Umlauf war) ausgedruckt waren, trugen die Marken, die in Sydney, Australien, hergestellt worden waren, die Wertangabe in Pence. Diese Marken waren nur 41 Tage in Gebrauch, bis sie dann mit den Cents-Angaben überdruckt wurden. Umgekehrt übernahmen die Fidschi-Inseln 1874 die Sterling-Währung, doch nach wie vor trugen sämtliche Marken bis 1876 den Aufdruck in Cents.

Marken mit Wertangaben in drei Währungen waren 1916 zur Verwendung durch die Streitkräfte der gemeinschaftlichen anglo-russischen Expedition zur Besetzung des Berges Athos in Vorbereitung. Die Marken waren in mancherlei Hinsicht einzigartig, da sie im Lichtdruckverfahren zu Kriegszeiten an Bord eines Schiffes (HMS *Ark Royal*) gedruckt waren, Inschriften in drei verschiedenen Alphabeten, drei Sprachen (englisch, griechisch und russisch) und in drei Währungen (Pence, Lepta und Kopeken) trugen. Die Expedition wurde aufgrund von Streitigkeiten zwischen den englischen und russischen Oberkommandos abgeblasen. Wenige Exemplare postfrischer Marken sind bekannt, sowie ferner drei Umschläge mit verschiedenen Aufschriften, die im British Field Post Office in Saloniki benutzt wurden.

Eine Marke, die in hundertstel Gramm Goldstaub bewertet wurde, ist im Jahre 1891 von Julius Popper für den Gebrauch durch Bergleute in den Goldminen von Terra del Fuego herausgebracht worden, um Post nach Chile zu frankieren.

Niedrigste Wertangaben (s S. 65): Französisch-Indochina (1922–39), Puerto Rico (1898), 1/2c Frankreich (1919–22), 2cash Travancore (1943)

Marke ohne Wertangabe, Mauritius, 1848; 1d St. Helena, 1863; provisorische Inflationsmarke, Ungarn, 1946 (s. S. 66)

Weihnachtsmarke ohne Wertangabe, USA, 1975 (s. S. 67)

Gebühren-Kategorie »A«-Marke, Kanada, 1982 (s. S. 67)

»Van Ackers« 10% Diskont-Marke, Belgien, 1946

25c bzw. 2s6d, Rhodesien, 1967

Berg Athos, 1916; Wertangabe in griechischer, englischer und russischer Währung

Heraldik, Fahnen, Münzen und Marken auf Marken

Porträts

Die erste auf einer Marke porträtierte Person war Königin Victoria, deren auf einem Medaillenbildnis von William Wyon (1837 – Victoria war gerade 18 Jahre alt) basierendes Profil von Henry Corbould für die Penny Black und Twopence Blue von 1840 verwendet wurde. Es ist beinahe unglaublich, daß dieses Profil während der folgenden 62 Jahre in Gebrauch war – sogar nach dem Tod der Königin im Alter von 82 Jahren. Das Wyon-Profil überdauerte auf den Marken von Neu-Süd-Wales, Queensland, Süd-Australien und Victoria sogar bis 1913.

Die erste Privatperson (kein lebendes oder verstorbenes Staatsoberhaupt), die auf einer Marke porträtiert wurde, war Benjamin Franklin, dessen Porträt (nach einer Zeichnung von James B. Longacre) auf der im Juli 1847 von der US-Post ausgegebenen 10c-Marke erschienen war. Franklin (der erste Generalpostmeister der Vereinigten Staaten) teilt sich mit George Washington das Privileg, in jeder amerikanischen Freimarkenserie abgebildet zu sein.

Durch einen Act of Congress 1866 wurde die Abbildung lebender Personen auf amerikanischen Briefmarken, Banknoten und Sicherheitsdokumenten untersagt. Dem Porträt einer lebenden Person am nächsten allerdings kam die 5c-Marke von 1967, die den im Weltraum »spazierengehenden« Astronauten der *Gemini IV* (Lieutenant Colonel Edward White) zeigt, und auf der 10c-Marke von 1969 einen weiteren Astronauten, Neil Armstrong, der erstmals seinen Fuß auf den Mond setzt. Da diese Ehre Neil Armstrong zuteil wurde, darf man davon ausgehen, daß er die abgebildete Person ist.

Die am häufigsten porträtierte Person aller Zeiten ist Königin Elizabeth II. Von den seit ihrer Thronbesteigung am 6. Februar 1952 im British Commonwealth ausgegebenen 34000 Marken, trugen bis Ende 1981 etwa 7619 ihr Bildnis. Großbritannien (einschließlich lokaler Marken) hat dazu 774 beigetragen.

Die am häufigsten auf Marken aus aller Welt abgebildete Person war je nach Zeitumständen jemand anders. Ende des 19. Jh.s wurde der Rekord von Christoph Kolumbus gehalten. Chile, das zwischen 1855 und 1910 niemand anderen porträtierte, steuerte nicht weniger als 130 Kolumbus-Marken bei, und von 1892 bis 1900 wurde er von vielen amerikanischen und karibischen Ländern geehrt, die das 400jährige Jubiläum seiner Entdeckungsfahrten mit weiteren 101 Marken feierlich begingen. Schließt man alle jene Marken mit ein, die direkt oder indirekt zu Ehren von Kolumbus hergestellt worden sind, dann beläuft sich ihre Gesamtzahl auf 688. Das umfaßt zahlreiche Aufdrucke, Marken mit den Abbildungen seiner Schiffe, seines Mausoleums, des Leuchtturmdenkmals und Orte, die nach ihm benannt sind, jedoch nicht sein Porträt zeigen.

Im 20. Jh. allerdings wurde er von Sir Winston Churchill überrundet, der mit weltweiten Ausgaben aus Anlaß seines Todes im Jahre 1965 geehrt wurde, und erneut zu seinem 100. Geburtstag 1974. Churchill erschien sogar (als Karikatur) auf Feldpostkarten Nazideutschlands im Zweiten Weltkrieg. Bis auf den heutigen Tag gibt es insgesamt 468 Marken zu Ehren Churchills.

Die am häufigsten porträtierte Person auf den Briefmarken eines einzelnen Landes ist Dr. Sun Yat-sen, der seit 1912 auf mindestens 908 chinesischen Marken abgebildet ist. Sämtliche von China zwischen 1931 und 1949 ausgegebenen Marken trugen sein Porträt.

Geistermarken sind solche, auf denen sich in irgendeinem Detail des Entwurfs unabsichtlich ein Porträt manifestiert. Das erste Beispiel eines Geisterporträts datiert aus dem Jahre 1881, als Haitis erste Freimarkenausgabe mit der allegorischen Figur der Freiheit überraschenderweise das Profil der Madame Salomon, der Frau des Präsidenten, in den Falten der Haartracht der »Freiheit« zeigte.

Ein vielgerühmtes Beispiel stammt aus dem Jahre 1904. Im vorausgehenden Jahr hatte in

5c, Porträt Benjamin Franklins, USA, 1847

5c, Neubraunschweig, Porträt des Generalpostmeisters Charles Connell, 1860

1r, Porträt des Schahs und der Königin Elisabeth, Iran, 1961

Dr. Sun Yat-sen auf neun der chinesischen Freimarken-Ausgaben, 1931–49

Serbien ein Staatsstreich stattgefunden, und König Alexander Obrenovich und seine Gefährtin Draga Mashin waren brutal im Bett ermordet worden. Die Krönung des neuen Herrschers Peter Karageorgevich wurde durch eine Markenserie würdig begangen, deren niedrige Werte die Bildnisse von König Peter und seines Vorfahren Karageorge trugen. Die Marken waren von dem serbischen Künstler D. Jovanovich entworfen worden, doch wurden die Platten von Eugène Mouchon gestochen und die Marken in Paris gedruckt. Als die Marken in Belgrad ankamen, stellte sich heraus, daß, wenn man sie auf den Kopf stellte, ein drittes Porträt sichtbar wurde, und zwar dort, wo die beiden Profile einander überlagerten. Für jedermann sichtbar tauchte dort ein groteskes Gesicht auf, und wie ein Lauffeuer verbreitete sich das Gerücht, daß es sich dabei um die Totenmaske des ermordeten Königs handelte. Vergeblich protestierte Mouchon, daß er lediglich Anweisungen ausgeführt habe und die »Totenmaske« rein zufällig zustande gekommen sei. Die Marken waren bald bei Sammlern so sehr begehrt, daß eine lebhafte Fälschertätigkeit einsetzte.

Geisterporträts von Adolf Hitler verbergen sich in den Rosen, die für die österreichischen Weihnachtsmarken von 1937 entworfen worden waren. Dies wurde später als ein böses Omen angesehen, da diese Marken die letzten gewesen sind, die von Österreich vor der Besetzung durch die Nazis am 13. März 1938 ausgegeben wurden. Mutmaßlich scheint Hitler auch in den Bäumen durch, die zur Linken der Vignette auf der 50-Pfennig-Freimarke von 1964 (Bundesrepublik Deutschland) zu sehen sind.

Marken mit Bildmotiven

Die ersten Marken mit Bildmotiv wurden 1843 ausgegeben. *D. O. Blood & Co.* aus Philadelphia setzten Marken in Umlauf, die einen Postboten zeigten, der über die Stadt hinwegspringt. Deutlich herausgehoben im Vordergrund war die Fassade des Exchange-Gebäudes. Zwei weitere amerikanische Lokalpostdienste, das *Broadway Post Office* und *Wyman's Post* (beide 1844), bildeten die ersten Dampflokomotiven auf ihren Marken ab.
Die erste Marke mit Bildmotiv, die von einer Regierung ausgegeben wurde, war die von Sir Sandford Flemming entworfene kanadische 3d von 1851. Die Marke zeigt einen Biber in seiner natürlichen Umwelt – es handelt sich also um keine stilisierte, heraldische Abstraktion. Erstrechte werden auch von Neusüdwales angemeldet, dessen Marke von 1850 trägt unter Sammlern den Namen »Sydney Views«.

Die erste Bildserie mit einem unterschiedlichen Motiv für jede Wertangabe wurde 1869 von den

15c, USA, 1869: Landung des Kolumbus nach Vanderlyn

Vereinigten Staaten herausgebracht. Abgesehen von den vorgeschriebenen Franklin- und Washington-Porträts waren in dieser Serie auch Abraham Lincoln abgebildet sowie auf zwei Marken zugleich heraldische Embleme (der amerikanische Adler, Schild und Flaggen), während die übrigen Markenbilder einen Postreiter, eine Lokomotive, ein Dampfschiff (die SS *Adriatic*) sowie Reproduktionen zweier Gemälde zeigten – die Landung von Kolumbus nach Vanderlyn und die Unabhängigkeitserklärung nach Trumbull.

Haiti, 1881, Freimarken-Ausgabe: Geisterporträt der Präsidentengattin in den Falten des Kopftuches der »Freiheit«

Broadway-Lokalpost, USA, 1844, mit dem Bild einer Lokomotive

3d, Kanada, 1851, mit der Abbildung eines Bibers

Die ersten europäischen Marken mit einem Bildmotiv wurden 1859 von der türkischen Admiralität herausgegeben und zeigten ein Dampfschiff. Die erste Marke aus dem British Commonwealth war David Bryce's Schiffahrtspost-Marke mit dem Bild der *Lady McLeod.* Schiffahrtsgesellschaften wie die *St. Thomas* und *La Guaira* sowie der *Custendje & Czernavoda*-Dienst fanden sich unter den ersten, die Marken mit Bildmotiven verwendeten. Die Schweizer Hotelpost (1873–80), die norwegische Stadtpost (seit 1881), die deutsche Lokalpost sowie die russischen Semstvo-Ausgaben benutzten auch Bildmotive, doch nur langsam setzten sich Bilder auf amtlichen Marken durch.

Die ersten Marken mit einer historischen Vorlage wurden 1867 von Ägypten ausgegeben und zeigten Abbildungen der Sphinx und Pyramiden. Dieses Motiv erschien bis 1914 auf allen ägyptischen Marken.

Die ersten nach Fotografien entworfenen Marken wurden 1861 von den Staaten der Konföderation in Umlauf gesetzt und zeigten das Porträt

5c, Konföderierte Staaten von Amerika, 1861, und Nordborneo »Wildlife«-Serienmarke, 1894

Geisterporträt Adolf Hitlers auf der österreichischen Weihnachtsmarke von 1937 und auf der 50-Pf-Freimarken-Ausgabe der Bundesrepublik Deutschland *(s. S. 71)*

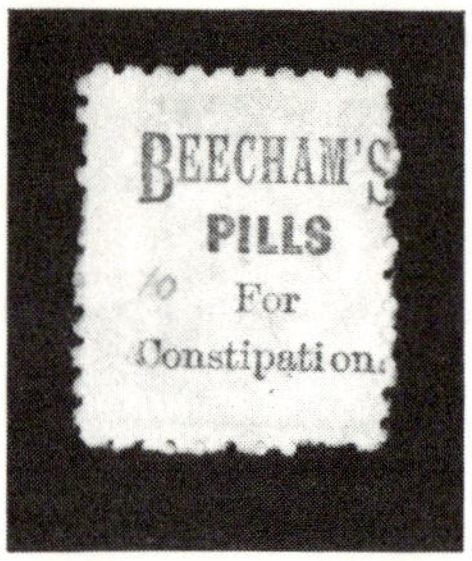

Neuseeland, 1893, mit Werbung für Beechams Pillen auf der Rückseite

von Präsident Jefferson Davis. Die erste nach einer Fotografie hergestellte Marke, die seitens der Union ausgegeben wurde, war die 15c von 1866 mit dem Porträt Abraham Lincolns. Dieselbe Fotografie wurde für die 90c-Marke der 1869er Serie verwendet. Die Vereinigten Staaten waren enthusiastische Vorreiter von Marken nach fotografischen Vorlagen. Weitere Pionierausgaben dieses Genres umfassen die Zachary-Taylor- und James-Garfield-5c-Marken von 1875 und 1882 (nach Daguerreotypien), die Marken Lincoln 4c, Grant 5c, Garfield 6c, Sherman 8c, Webster 10c und Clay 15c von 1890 und die 2c- sowie $2-Marken der Trans-Mississippi-Exposition-Serie von 1898 mit landwirtschaftlichen Motiven aus dem Westen der USA sowie der Mississippi-Brücke in St. Louis.
Die erste von Fotografien angeregte Marke aus dem British Commonwealth war die »Wildlife«-Serie Nordborneos von 1894, die von Waterlow & Sons gedruckt worden war. Die Dollarwerte der Ausgaben aus den malayischen Staaten (1895) zeigt eine Elefantenherde nach einer Fotografie. Weitere frühe Commonwealth-Beispiele umfassen die Serie mit tasmanischen Motiven (1899), die Llandovery-Falls-1d von Jamaika (1900) und die ¼d mit dem Hafen von La Valletta von Malta (1901).

Sparmaßnahmen in der Briefmarkenproduktion führten zu einem merkwürdigen Koinzidenz. 1897 brachte Neufundland eine 10c-Marke heraus, auf der angeblich John Cabots Schiff *Matthew* (1947) abgebildet war. Bereits vier Jahre früher jedoch war dasselbe Schiff auf der amerikanischen 3c-Marke erschienen, unter dem Namen der *Santa Maria* des Christoph Kolumbus. Es erlebte 1936 eine bemerkenswerte Wiederauferstehung, als es auf Marken aus Costa Rica zum Gedenken an das Kokos-Eiland auftauchte. Es handelte sich dabei um ein Erzeugnis der American Bank Note Co.

Briefmarken als Werbeträger

Werbung durch die Post wurde erstmals 1840 eingesetzt, als viele der Mulready-Verpackungen und -Umschläge Reklameaufdrucke trugen und in 12er-Packungen mit Rabatt abgegeben wurden. Werbeagenturen, Versicherungsgesellschaften und sogar die Finanzämter der Inland Revenue bedienten sich dieses Mediums, doch war der Mulready-Entwurf wenig populär und wurde bald schon aus dem Verkehr gezogen. 1857 bot das Post Office Herstellerfirmen Werbemöglichkeiten im Kreisrand rund um den Poststempel, die auf Schreibwaren zu Postzwekken aufgebracht wurden, an. Nur neun Gesellschaften machten von dieser Möglichkeit Gebrauch, bevor dieses Unternehmen im Jahre 1893 abgebrochen wurde. Einige andere Gesellschaften hatten diese Reklameumrandungen privat bereits verwendet.

Der erste Versuch, kommerzielle Werbung auf Briefmarken aufzubringen, wurde 1862 unternommen, als ein amerikanischer Lokalpost-Dienst 10c-Marken mit der Inschrift herausbrachte: »Wedding cards, Notices and Letters delivered by the California City Letter Express Co Office at Hoogs & Madison's, Real Estate, House Brokers & Rent Collectors, 418 Montgomery St.«
Der erste Anlauf, amtliche Marken als Werbeträger zu benutzen, wurde 1887 gemacht, als Pears Soap ihren Namenszug in doppelzeiligen Großbuchstaben auf die obere Hälfte der Gummierung auf der Rückseite der britischen ½d- und 1d-Marke drucken ließen. Es war dies lediglich ein Versuch, der niemals amtlich genehmigt worden ist.

Das erste Land, das kommerzielle Werbung auf der Rückseite seiner Briefmarken gestattete, war Neuseeland, dessen Freimarkenserie von 1893 von Sammlern den Spitznamen »Adsons« erhielt. Jeweils verschiedene Reklamezeilen erschienen auf der Rückseite jeder Marke eines Bogens, und es ist daher möglich, den gesamten Bogen zu rekonstruieren. Den Marken wurde der Aufdruck vor der Gummierung aufgebracht, doch die Öffentlichkeit erhob Einwände gegen die Marken mit der Begründung, daß beim Anlecken die Druckerschwärze auf die Zunge gelangen könnte. Innerhalb von zwei Jahren wurde die Werbekampagne abgebrochen.

Ein Schlupfloch der Schweizer Postbestimmungen gestattete der Firma A. Kocher et Fils aus La Chaux de Fonds und Vevey den Absatz privater Schreibwaren zu Postzwecken, die mit Aufdrukken zeitgenössischer Briefmarken von 1909 fran-

Blumen und Landkarten auf Briefmarken

Werbung auf deutschen Markenrollen, Heftgruppen aus Großbritannien, Belgien, den USA, Südafrika; eine italienische Briefmarke von 1923 mit Werbung auf dem Rand

kiert waren. Indem sie den Buchstaben, wenn nicht gar den Geist der Bestimmung voll ausschöpfte, hatte diese Gesellschaft gummierte Reklameaufkleber vorbereitet, wobei die Marken mit Rahmen gedruckt waren. Als die Schweizer Postbehörden über diesen Trick stolperten, widerriefen sie umgehend das Privileg zur Stempelung privater Schreibartikel – doch inzwischen waren etwa 16000 dieser einzigartigen »Marken auf Aufklebern« bereits im Umlauf.

Die gebräuchlichste Form der Werbung besteht aus Coupons oder Aufklebern, die Marken beigefügt sind, die in Heftchen herausgebracht werden. Diese Praxis datiert von 1911 – Deutsches Reich und Bayern –, und Reklame für Pelikan-Tinte, Delauny-Automobile, Honig, Apfelwein und für verschiedene Briefmarkenhändler begleitete die Germania- und Prinzregent-Luitpold-Freimarkenausgaben. Werbung von weniger kommerzieller als vielmehr offen propagandistischer Art findet sich auf den Briefmarken in perforierten, zusammengerollten Bogen à 500 Stück, die das Dritte Reich herausgab. Englische Briefmarkenhefte enthielten seit 1908 Reklame auf dem Außenrand der Perforation, doch wurde dies im Februar 1924 auf die Marken selbst ausgedehnt, als ein Feld mit vier 1½d-Marken mit einem Aufkleberpaar versehen wurde, das Werbung trug, und somit ein Feld von sechs Marken bildete. Diese Art der Werbung besteht bis auf den heutigen Tag.
Gewerbliche Reklame war ebenfalls auf den Bogenkanten gestattet, die von Deutschland ausgegeben wurden und auf den Kantenrändern sowie auf den Kanten der Heftchenfelder in Frankreich, Neuseeland und Südafrika seit 1920. Belgien brachte Marken mit Publicity-Aufklebern in normalem Bogenformat zwischen 1927 und 1938 heraus, wobei für Persil, die Nationallotterie, die Dover-Ostende-Fähre und Dorschleberöl geworben wurde. 1923 gab Italien Marken aus, wobei der Werbungsteil einen integralen Bestandteil der Marke bildete, obgleich das Werbeelement gewöhnlich andersfarbig als die Marke gedruckt wurde. Reklame wurde gemacht für Campari, Singer-Nähmaschinen sowie andere Konsumgüter.
In gleicher Weise wie auf den Mulready-Verpackungen war Werbung auf Ganzsachen auch bei der deutschen Lokalpost üblich, doch war Neuseeland das einzige Land, das dies in nationalem Maßstab durchgeführt hat, wobei in der Zeit zwischen den beiden Kriegen insbesondere für die Postdienstleistungen und Telekommunikationen geworben wurde.
Im Jahre 1923 überdruckte Costa Rica die 5c-Freimarke mit einem Slogan, der für Kaffee aus Costa Rica warb.

Inschriften

»Anonyme« Marken aus den USA: 300-Jahr-Feier der Landung der »Pilgerväter«, 1920, und 5c, »Stars and Stripes« über dem Weißen Haus, 1963

Die frühesten Briefmarken trugen keinen Landesnamen – es wäre eine unnötige Zutat gewesen, da sie ausschließlich für den Inlandspostverkehr der jeweiligen Länder vorgesehen waren. Viele der ersten Marken der Welt wurden ohne die Inschrift eines Landesnamens ausgegeben, doch eine der ersten Bestimmungen des Weltpostvereins von 1874 legte bindend fest, daß es eine Form der Identifizierung geben müsse. In Würdigung Großbritanniens als dem ersten Land, welches gummierte Marken in Umlauf gab, galt als ausreichende Identifizierung das Bildnis des jeweils herrschenden Monarchen. Alle anderen Mitgliedsstaaten des Weltpostvereins sind verpflichtet, ihre Briefmarken mit dem jeweiligen Landesnamen zu versehen. Gelegentlich jedoch ist diese Regel mißachtet worden. Eine auffällige Ausnahme aus jüngster Zeit war die US-5c-Freimarke von 1963, die die »Stars and Stripes« über dem Weißen Haus zeigt – beides Motive, die mutmaßlich für hinreichend bekannt erachtet worden sind, so daß keine Bildunterschrift erforderlich sein würde. Spätere Marken mit ähnlichen Motiven (1968–71) sind korrekt beschriftet UNITED STATES. Die Drei-Marken-Serie zum 300jährigen Jubiläum der Ankunft der Pilgerväter in Amerika (1920) war die einzige Gedenkmarke der USA, die keinen Landesnamen trug.

Die ersten Marken mit Inschrift des Landesnamens wurden 1842–45 von der *City Despatch Post*, New York, ausgegeben. Obgleich sie UNITED STATES beschriftet waren, beschränkte sich ihre Gültigkeit auf New York City. Die ersten amtlichen Ausgaben, deren Name zugleich die Grenzen der Gültigkeit anzeigte, waren die Kantons-Marken von Zürich und Genf (1843). Die ersten Marken mit landesweiter Gültigkeit, die einen Landesnamen trugen, wurden von Mauritius ausgegeben (September 1847), Frankreich (Januar 1849) und Bayern (November 1849). Die 1848 von William Perot, Postmeister in Hamilton, Bermuda, hergestellten Marken bestanden aus seinem Büro-Datumsstempel, ohne die Datumszeilen, und da der Name der Insel am Fuß der Marke auftauchte, können sie wohl als »nationale Briefmarken« angesehen werden, wenngleich sie womöglich nur lokale Gültigkeit besaßen.

Die ersten Marken mit zweisprachiger Inschrift waren die Kantons-Marken aus Genf (1843), die wurden auf gesonderte Bogen gedruckt und nicht in zweisprachigen Paaren. In der Folgezeit löste die Schweiz das Sprachenproblem, indem Marken die Inschrift FRANCO (frankiert) bekamen, während der Landesname Lateinisch ausgeschrieben wurde: HELVETIA oder CONFOEDERATIO HELVETICA.

Gleichzeitig in drei Sprachen ausgegebene Marken wurden zwischen 1939 und 1942 von der Schweiz herausgebracht. Die erste dieser Ausgaben kündigte die Schweizerische Landesausstellung in Zürich an und war in französisch, deutsch und italienisch beschriftet. 1940 trugen Marken der Landesausstellung sowie des Roten Kreuzes Inschriften jeweils in der einen oder anderen der drei Sprachen, entsprechend der Wertangabe auf den Marken, doch wurde bei diesem Anlaß nicht der Versuch gemacht, jeden einzelnen Wert in allen drei Sprachen herauszubringen.

Bilinguale Inschriften in Ländern mit zwei Verwaltungssprachen wurden erstmals in Belgien 1893 (Französisch und Flämisch) und in Kanada 1927 (Französisch und Englisch) verwendet. Im letzteren Fall kam man der frankophonen Bevölkerung mit der Inschrift TERCENTENAIRE DE QUEBEC bereits in der Serie von 1908 entgegen, während sich das Englische auf die Wertangabe und das Wort POSTAGE beschränkte. Zum diamantenen Jubiläum des Bundesstaates im Jahre 1927 trugen Marken die Worte POST sowie POSTES an den Seiten. Da Cent, Dollar und Landesname in beiden Sprachen identisch sind, hat Kanada das Problem der Zweisprachigkeit elegant gelöst, indem anderssprachige Inschriften auf ein Minimum beschränkt wurden.

Schweiz, Landesausstellung, Zürich (1939), auf italienisch, französisch, deutsch

das lateinische Motto trugen POST TENEBRAS LUX (Nach dem Dunkel wird Licht) in Ergänzung zu Inschriften auf französisch. In gleicher Weise hatten die ersten Marken von Neu-Süd-Wales (1850) zwei lateinische Inschriften, und auf englisch war lediglich zu lesen POSTAGE/ONE PENNY. Die ersten zweisprachig beschrifteten Marken, die Verwendungsgebiet oder Wert anzeigten, wurden im März 1850 von Zürich ausgegeben. Sie trugen die Inschrift ORTS POST (deutsch) und POSTE LOCALE (französisch) zum vorläufigen Gebrauch vor Einführung der Bundesfreimarke im Mai desselben Jahres.

Die ersten gleichzeitig in zwei Sprachen ausgegebenen Marken wurden 1850 in der Schweiz hergestellt. 2½-Rappen-Marken wurden in französischsprachigen Gebieten mit der Inschrift POSTE LOCALE verkauft, und in den deutschsprachigen Gebieten trugen sie die Inschrift ORTS POST. Zu jener Zeit wurde keine Anstrengung unternommen, die italienischsprachigen Gebiete mit einzubeziehen. Diese Marken

Zweisprachigkeit ist ein gemeinsamer Grundzug bei Marken aus vielen slawischen und orientalischen Ländern, wo in Übereinstimmung mit den UPU-Bestimmungen Inschriften auf französisch oder englisch sowie in dem jeweiligen Alphabet üblich sind.

Die ersten Marken mit Inschriften in zwei verschiedenen Alphabeten wurden 1856 vom Großherzogtum Finnland ausgegeben. Die Wertangabe (in Kopeken) war in lateinischen und kyrillischen Buchstaben ausgeschrieben. Die ersten von Moldau (heute ein Teil Rumäniens) ausge-

Mythologische, religiöse Motive,
Weihnachtsmarken

gebenen Marken trugen ebenso Inschriften in lateinischer und kyrillischer Schrift (1858–62). Die ersten Marken in lateinischen und orientalischen Alphabeten wurden 1862 von Hongkong herausgebracht (Englisch und Chinesisch), gefolgt 1865 von Schanghai (dass.), Ägypten, 1866 (Lateinisch und Arabisch). Jammu und Kaschmir war das erste Land, das Marken in zwei verschiedenen orientalischen Alphabeten ausgegeben hat – in Arabisch und in Hindi (1866).

Zweisprachige Paare aus Südwestafrika (1923), Südafrika (1926) und Ceylon (1964)

Dreisprachig, 10c, Schweiz (1854); vier Sprachen und Alphabete: Haiderabad und Ostrumelien; fünf Sprachen und vier Alphabete: Vereinte Nationen (1951)

Zweisprachige Doppelstücke, abwechselnd verschiedensprachig beschriftet, wurden erstmals von Südwestafrika (1923) herausgebracht. Südafrikanische Marken – als solche zweisprachig in englisch und holländisch beschriftet – trugen abwechselnd die Inschrift SOUTH WEST AFRICA oder ZUID-WEST AFRIKA. Die letztgenannte Sprache wurde 1926 in Afrikaans (SIUDWES AFRIKA) umgewandelt – demselben Jahr, in dem Südafrika alternativ in den zwei Hauptsprachen gedruckte Marken einführte. Diese Praxis hielt sich in Südafrika und Südwestafrika bis 1951, doch seither ist die Mehrzahl der Briefmarken zweisprachig beschriftet. 1941/42 wurde von Ostafrika (Kenia, Uganda und Tansania) eine einmalige Ausgabe herausgebracht, wobei südafrikanische Marken mit entsprechenden Aufdrucken und Wertangaben in ostafrikanischer Währung versehen wurden. Die 1945 von Basutoland, Betschuanaland und Swasiland ausgegebenen Marken waren ebenfalls überdruckte südafrikanische Marken und wurden als zweisprachige Doppelstücke gedruckt.

Abgesehen von Südafrika, beschränkt sich diese Praxis bisher nur auf eine Einzelausgabe aus Ceylon. Ein Doppelstück von 60c-Marken wurde 1964 ausgegeben, um das 100jährige Jubiläum der Eisenbahn zu begehen, und diese Marken waren sowohl in tamil, auf englisch und singalesisch beschriftet.

Dreisprachige Inschriften auf Marken wurden 1854 erstmals von der Schweiz ausgegeben, wobei die Wertangaben in Centimes (Französisch), Centesimi (Italienisch) und Rappen (Deutsch) ausgedrückt wurden. Ihnen folgten 1862 Marken, die nur die Ziffern des Werts zeigten. Einige der Nationalfeier-Marken (zwischen 1938 bis 1944) trugen Inschriften in drei Sprachen, doch im allgemeinen vermied die Schweiz den gleichzeitigen, dreisprachigen Aufdruck – bis 1960. Seit diesem Jahr sind viele der Öffentlichkeits- und Gedenkausgaben zu internationalen Ereignissen dreisprachig bedruckt.

Andere Beispiele für Dreisprachigkeit sind:
Finnland: 1867, 1889–94 – Finnisch, Schwedisch, Russisch
Soruth: 1877–1913 – Englisch, Urdu, Hindi
Dschibuti: 1894–1902 – Französisch, Amharisch, Arabisch
Nordborneo: 1897 – Englisch, Chinesisch, Arabisch (Malayisch)
Jugoslawien: 1933 – Serbisch, Kroatisch, Slowenisch
Jugoslawien: 1938 – Serbisch, Kroatisch, Lateinisch
Bhopal: 1935–39 – Englisch, Arabisch, Hindi
Italien: 1954 – Italienisch, Chinesisch, Lateinisch
Indien: 1948 – Englisch, Urdu, Hindi
Pakistan: 1956–62 – Englisch, Urdu, Bengali
Ceylon: 1950 – Englisch, Tamil, Singhalesisch
Zypern: 1960 – Englisch, Griechisch, Türkisch
Südwestafrika: 1980 – Englisch, Afrikaans, Lateinisch

Multilinguale Marken mit Inschriften in vier oder mehr Sprachen wurden erstmals 1871 von Haiderabad ausgegeben. Seither war die Mehrzahl der Briefmarken auf englisch, maharatta, telugu und urdu beschriftet – in vier verschiedenen Alphabeten.

Die Siebener-Serie der UdSSR von 1927, zum zehnten Jahrestag der Revolution, trug unterschiedliche Inschriften auf russisch, ukrainisch, georgisch, armenisch und arabisch. Die meisten Marken waren dreisprachig beschriftet, doch die 28k trug Inschriften in vier Sprachen (außer arabisch).

Die Mehrzahl der Freimarken-Ausgaben der Vereinten Nationen seit 1951 tragen gleichzeitig Inschriften auf englisch, französisch, spanisch, russisch und chinesisch – den fünf meist gesprochenen Sprachen der Welt.

Die von Ostrumelien (Südbulgarien) zwischen 1881 und 1885 ausgegebenen Marken waren türkisch, griechisch, bulgarisch und französisch beschriftet – vier Sprachen und vier Alphabete (arabisch, griechisch, kyrillisch und lateinisch). Die Rot-Kreuz-Marken-Serie Jugoslawiens von 1945 trug Inschriften auf serbisch, kroatisch, slowenisch und südslawisch (mazedonisch).

Dreisprachiger »Drilling«, 3c, Südwestafrika (1968)

Dreisprachige Dreierstreifen sind einzig von Südwestafrika ausgegeben worden. 1968 wurden 3c- und 15c-Marken zu Ehren Präsident Swarts abwechselnd auf englisch, afrikaans und deutsch (der Sprache der ersten Siedler) gedruckt. 1978 wurde eine Serie von sechs Marken mit der Forderung nach allgemeinem Wahlrecht in den drei Sprachen ausgedruckt.

Die einzigen in zwei Sprachen und zwei Währungen gleichzeitig in zwei Ländern gebrauchten Briefmarken wurden gemeinschaftlich von Rumänien und Jugoslawien am 20. Mai 1965 zu den Einweihungsfeierlichkeiten für das Derdap-Wasserkraft-Staudammprojekt ausgegeben. Sie trugen die Namen beider Länder und Wertangaben zu 30 Bani bzw. 25 Dinar und 55 Bani bzw. 50 Dinar. Ein Miniaturbogen war dieser Ausgabe beigegeben, und er enthielt zwei rumänische und zwei jugoslawische Marken – bislang der einzige binational herausgegebene Bogen.

Rumänien und Jugoslawien, Derdap-Wasserkraft-Projekt (1965)

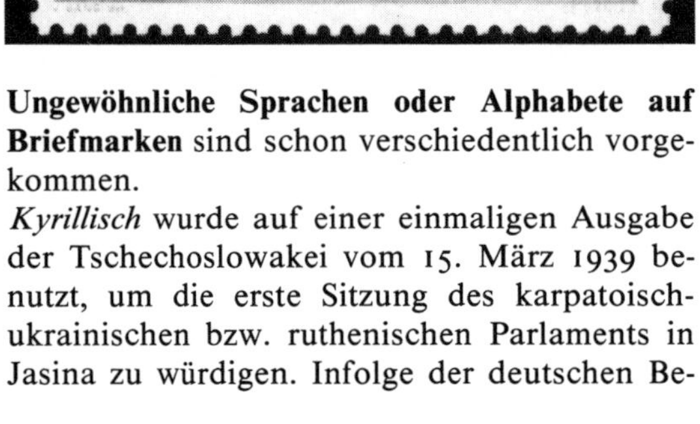

Rotes Kreuz, 50+ 10 ø, Dänemark (1966)

Ungewöhnliche Sprachen oder Alphabete auf Briefmarken sind schon verschiedentlich vorgekommen.

Kyrillisch wurde auf einer einmaligen Ausgabe der Tschechoslowakei vom 15. März 1939 benutzt, um die erste Sitzung des karpatoischukrainischen bzw. ruthenischen Parlaments in Jasina zu würdigen. Infolge der deutschen Besetzung Prags wurde die Marke bereits nach einem Tag zurückgezogen.

Es gibt zwei deutsche Ausgaben mit kyrillischer Inschrift. Adolf-Hitler-Ausgaben wurden 1945 in Herrnhut mit dem Städtenamen auf kyrillisch überdruckt, nachdem die Rote Armee die Stadt besetzt hatte. Die erste unter sowjetischer Besetzung in Dresden herausgebrachte Marke trug die Inschrift POCHTA auf kyrillisch, doch wurde sie sofort am Tag der Ausgabe (23. Juni 1945) wieder eingezogen, da das Kyrillische das Vier-Mächte-Abkommen verletzte. Von den 1030000 Marken wurden 14500 verkauft.

Chinesisch erschien auf zwei italienischen Marken 1954 zum Gedenken an den 700. Jahrestag der Geburt Marco Polos und auf einer amerikanischen 5c-Marke von 1942 zur Unterstützung national-chinesischer Kriegsanstrengungen.

Karpatisch-ukrainisches Parlament, Tschechoslowakei (1939); Jüdische Kultur (1967); Marco Polo, Italien (1954)

Hebräisch, das gewöhnlich auf Marken aus Palästina (1920–48) und Israel beschränkt ist, erschien auf einer von der Hansa-Lokalpost in Breslau (Wroclaw, Polen) 1897 ausgegebenen Marke zur Feier des jüdischen Neujahrfestes. Hebräisch erschien ebenfalls auf zwei jener Marken, die 1967 von der Tschechoslowakei ausgegeben wurden, um den historischen Beitrag der jüdischen Kultur zu würdigen.

Inschriften auf chinesisch, japanisch, hebräisch, sanskrit und arabisch erschienen 1976 auf einer mexikanischen 1p60-Flugpostmarke zu Ehren des 30. Internationalen Asien-Nordamerika-Kongresses.

Die einzige Marke mit sinnloser Inschrift wurde 1936 von Macao als Flugpostausgabe herausgebracht. Sie trug zwei Zeilen auf Griechisch:

ξοωηθεζωνδϑ/εκαιοωρωτκλι

Diese stümperhafte Inschrift, in einer seltsamen Mischung aus Dialekten und wildgesetzten Akzenten, wurde lediglich in dem lobenswerten Versuch aufgetragen, Fälschungen zu erschweren!

Die einzigen Briefmarken, die als nichtamtliche Lokalausgaben vorbereitet, statt dessen jedoch von einer staatlichen Postverwaltung ausgegeben wurden, waren die ersten Marken von Peru. Die Firma Perkins, Bacon & Co. aus London stellte im Tiefdruckverfahren eine Anzahl von Marken für die *Pacific Steam Navigation Company* her, eine britische Gesellschaft, die Südamerika entlang der Westküste befuhr. Die Marken wurden von der Gesellschaft niemals wirklich benutzt, und zwar weil die peruanische Regierung Einwände dagegen erhob. 1857 indessen erwog das peruanische Postamt die Einführung gummierter Marken, und daraufhin bot die Firma der Regierung ihre unbenutzten Marken an. Die Marken, die die Initialen PSNC der Gesellschaft in den Ecken trugen, waren vom 1. Dezember 1857 bis März 1858 in Umlauf, als sie von einer Serie abgelöst wurden, auf die der Landesname aufgedruckt war.

Lokalpostmarken, die gewöhnlich von staatlichen Postverwaltungen ignoriert werden, sind zu verschiedenen Gelegenheiten für amtliche Ausgaben reproduziert worden. 1912 wurde eine Lokalserie von Marken mit dem Porträt Apollos zur Verwendung auf den Dodekanes-Inseln vorbereitet, doch wurden die Marken von den italienischen Militärbehörden zurückgehalten. Das Design wurde 1947 von Griechenland auf zwei Briefmarken wiederverwendet, um die Übergabe der Dodekanes-Inseln an Griechenland zu feiern.
1964 war eine der »Stamp Day«-Marken Kubas eine Wiedergabe der von den Guerillas im Krieg gegen Spanien 1898 ausgegebenen 10-Centavo-Marke. Eine von Tristan da Cunha zum hundertjährigen Todestag von Sir Rowland Hill (1979) herausgebrachte Markenserie trug den berühmten »Kartoffel«-Ortsstempel auf Marken mit 5-Op-Wert.
Im Oktober 1967 brachte die Republik Irland zwei Marken heraus im Gedenken an das hundertjährige Jubiläum des Fenian-Aufstands und reproduzierte zwei Marken, die angeblich Versuchsentwürfe der Fenier von 1867 waren. Inzwischen hat sich herausgestellt, daß es sich bei diesen »Versuchen« um einen Jux handelt, der von dem notorischen philatelistischen Schwindler Samuel Allen Taylor aus Boston, Massachusetts, ausgeheckt worden war. Irland besitzt also das zweifelhafte Verdienst, das einzige Land zu sein, das sich in seinen amtlichen Ausgaben gefälschter Marken bedient hat.

Eine Zeitung gründete einen staatlichen Postdienst. Im Jahre 1870 organisierte die *Fiji Times* einen Postdienst und kündigte ihn mit dem Vierzeiler an:
»Remember, remember the First of November
The day you'll have reason to bless.
For then we commence a thing quite immense
To be called the *Fiji Times* Express.«

Der Verleger G. L. Griffiths stellte bis 1882 nicht nur ein größeres Grundstück für die Einrichtung eines Postamts in Levuka, der Hauptstadt der Inseln, zur Verfügung, sondern auch Postsäcke, ein Postboot und eine Ausgabe von Briefmarken (1d, 3d, 6d und 1s). Die Marken wurden gebildet

100-Jahr-Feier der Fenier mit Reproduktion von gefälschten »Marken«, Republik Irland (1967)

aus Drucktypen und waren vermittels gedruckter Gedankenstriche perforiert, die einen Durchstich-Effekt hatten. Dieser Dienst wurde zwischen dem 8. Oktober 1870 und Mai 1872 betrieben, als er von der Regierung Fidschis in eigener Regie übernommen wurde.

Briefmarken als Zahlungsmittel sind zu verschiedenen Gelegenheiten bei Münzknappheit verwendet worden. Zum ersten Mal während des amerikanischen Bürgerkriegs von 1861–65, als die Marken in kleine Metallkästchen, vorn mit Glimmerblatt-Fenster, auf der Rückseite Firmenwerbung, gesteckt wurden. Es war dies eine Erfindung des John Gault, Nähmaschinenverkäufer aus Boston. Ähnliche Beispiele für Briefmarkenwährung in Schachteln werden berichtet aus Frankreich, Monaco, Belgien, Österreich, Deutschland, Argentinien, Griechenland, Italien sowie während und unmittelbar nach dem Ersten Weltkrieg auch aus Norwegen. Auf Kar-

Rußland und Bundi: auf Karten gedruckte Marken, die anstelle von Münzen zirkulierten

ten befestigte Briefmarken, die anstelle von Münzen in Umlauf waren, wurden von Rhodesien (1898–1900), Madagaskar (Erster Weltkrieg) und Spanien (während des Bürgerkriegs von 1936–39) angeboten. Auf Karton gedruckte Marken als Ersatz für Münzen zirkulierten in Rußland (1915–17) und in der Ukraine. Nur

Die Bristol Royal Mail in King Street, Bristol um 1830

Das Avon Mercury Trimobile, gebaut in Keynsham, um 1905

Exeter Mail Coach in der Nähe von Salisbury in der Nacht zum Sonntag, dem 20. Oktober 1816

Ein lustiges Beispiel eines Miniaturbogens aus Dominica

Sehr farbiges Beispiel eines Briefmarkenheftes

zwei Beispiele sind aus dem Zweiten Weltkrieg überliefert. Der indische Staat Bundi druckte 3-Pies- und 1-Anna-Gutscheine, die aus Karten bestanden, auf denen die derzeit gültigen Marken wiedergegeben waren mit dem Aufdruck CASH COUPON BUNDI STATE. Philippinische Guerillas, die in von Japanern besetztem Gebiet operierten, stellten 1942 5-Peso-Noten her, auf denen Steuermarken mit entsprechender Wertangabe befestigt waren.

Briefmarken waren die Hauptwaffe in einem kalten Krieg zwischen England, Argentinien und Chile, der länger als 30 Jahre dauerte. Er brach im Jahre 1933 aus, als die Falklandinseln ihre Jahrhundertfeiern als britische Kolonie mit einer langatmigen Briefmarkenserie feierten, worunter sich eine Marke befand (3d), die eine Karte der Inseln zeigte. Argentinien, das als Erbe des spanischen Imperiums Ansprüche auf die Inselgruppe erhoben hatte, holte zum Vergeltungsschlag aus, indem es 1936 eine 1-Peso-Marke herausbrachte, auf der eine Karte Südamerikas abgebildet war mit durch Schattierung kenntlich gemachtem Staatsgebiet (einschließlich der Falklandinseln). Zu Anfang zeigte diese Marke gleichzeitig die Grenzen der anderen südamerikanischen Staaten, doch die darauffolgende hatte die Grenzen nicht mehr eingezeichnet aufgrund der Überempfindlichkeit gewisser Länder (vornehmlich Bolivien und Paraguay). Die Auseinandersetzung verlagerte sich 1944 in die Antarktis, als England Separat-Ausgaben von Marken veranlaßte, die in Grahamland, South Georgia, den South Orkneys und South Shetland hergestellt werden sollten; diesen folgte eine Gemeinschaftsausgabe für die Falklandinseln und zugehörige Gebiete (1946), die eine Karte des Polargebiets mit eingezeichneten britischen Territorien zeigte. Wieder rächte sich Argentinien durch Ausgabe verschiedener Marken, die die Karte Argentiniens mitsamt seiner antarktischen Besitzungen abbildete. Die erste von diesen erschien 1947 zum Gedenken an den 43. Jahrestag der ersten argentinischen Antarktis-Post. Sogar die Vorkriegs-1-Peso-Marke wurde im Entwurf geändert, um das antarktische Gebiet zu zeigen, und im Jahre 1954 ehrte eine Marke die »Orcadas del Sur«, wie die Argentinier die South Orkneys nennen. Obwohl territoriale Ansprüche in der Antarktis laut Beschluß des Antarktis-Vertrages von 1961 nicht mehr bestehen sollten, fuhren beide Seiten darin fort, sich philatelistisch zu bekämpfen. Viele der Marken von South Georgia, dem britischen Territorium der Antarktis, den Falklandinseln sowie deren benachbarten Besitzungen zeigen bis auf den heutigen Tag Landkarten, die »unwiderruflich« britische Oberhoheit kenntlich machen. In gleicher Weise ist Argentinien dabei geblieben, »seine« antarktischen Gebiete auf Briefmarken zu umreißen; 1964 ging dies so weit, daß eine Ausgabe mit drei Landkarten der Antarktis und den »Islas Malvinas« (den Falklands) mit eingesteckten argentinischen Flaggen herausgebracht wurde. Chiles Anspruch auf einen Sektor der Antarktis, der sich mit dem Englands und Argentiniens überschneidet, ist niedergelegt in Briefmarken, die zwischen 1947 und 1958 herausgegeben wurden.

Briefmarken waren der Anlaß eines schrecklichen Krieges zwischen Bolivien und Paraguay. Beide Länder hatten Ansprüche auf ein Urwaldgebiet, den Gran Chaco, erhoben, doch Bolivien besaß die Unverfrorenheit, 1930 Briefmarken auszugeben, auf denen eine Landkarte mit dem umstrittenen Gebiet mit der Bildunterschrift »Chaco Boliviano« abgebildet war. Dadurch gereizt, brachte Paraguay große Marken heraus, die eine noch detailliertere Karte der Region zeigten, die diesmal den Namen »Chaco Paraguayo« und den Spruch trugen: »Ist gewesen, ist und wird sein«. Bereits kurz darauf brachen im Chaco Kämpfe zwischen bolivianischen und paraguayischen Truppen aus. Der Krieg um den Gran Chaco zog sich in die Länge, dezimierte die Bevölkerung beider Seiten und beschleunigte den wirtschaftlichen Zusammenbruch Boliviens. Weitere Chaco-Landkarten-Marken wurden 1935 von Bolivien und zwischen 1934–36 von Paraguay ausgegeben. Nach einer Konferenz amerikanischer Staaten in Buenos Aires 1938/39 wurde das Gebiet Paraguay zugesprochen, und prompt kamen zwei weitere Serien (1939/40) heraus, die wiederum den Gran Chaco zum karthographischen Motiv hatten.

Falklandinseln und abhängige Gebiete: 1/2d (1944) und 1d (1980); 2,50p, Chile (1947); 20c (1947) und 4p (1964) aus Argentinien

Grenzstreitigkeiten zwischen Haiti und der Dominikanischen Republik, Nicaragua und Honduras, Ecuador und Brasilien, Venezuela und

2c, Bolivien (1930) mit Abbildung des bolivianischen Chaco (s. S. 81)

1,50p, Paraguay (1932) mit Abbildung des paraguayischen Chaco (s. S. 81)

5c, Dominikanische Republik (1900), Verwischung der Grenze zu Haiti

5c, Guatemala (1936 u. 1948): auf letzterer ist Belize dem Staatsgebiet Guatemalas einverleibt

Guyana, Guatemala und Belize sowie zwischen Chile und Peru wurden ebenso mittels Briefmarken ausgetragen, um Forderungen und Gegenforderungen zu dokumentieren. Die Landkarten-Serie der Dominikanischen Republik von 1900 verwischte die Grenzen zu Haiti, wodurch eine Welle antidominikanischer Ressentiments ausgelöst wurde, die fast zu einem Krieg zwischen diesen beiden Ländern geführt hätten. Die Angelegenheit konnte nur auf höchster diplomatischer Ebene gelöst werden, und die Dominikanische Republik ersetzte umgehend die anstößigen Marken durch eine Serie mit harmlosen heraldischen Motiven.

Marken lösten einen Aufstand aus und veränderten die Geschichte eines Landes. 1884 waren die Japaner (deren Einfluß ständig zugenommen hatte) dabei behilflich gewesen, in Korea gummierte Briefmarken einzuführen. Das verärgerte die Koreaner, und es kam zu Tumulten, in deren Verlauf das Postamt von Seoul niedergebrannt und die Bogen mit diesen »neumodischen« Marken in den Straßen verstreut wurden. Unter dem Vorwand, Gesetz und Ordnung wiederherzustellen, marschierten japanische Truppen ein und besetzten das Land – eine Besetzung, die bis 1945 andauerte.

Briefmarken haben die ökonomische und politische Geschichte von Ländern verändert. Ausgang des 19. Jh.s, als französische und amerikanische Finanziers die genaue Lage eines Kanals, der den Pazifischen und Atlantischen Ozean verbinden sollte, zu entscheiden suchten, gab es eine Gruppe, die dafür stimmte, durch den Isthmus von Panama zu stechen, während eine andere sich dafür einsetzte, ihn durch Nicaragua zu führen. Die Postverwaltung Nicaraguas beging den »entscheidenden« Fehler, im Jahre 1900 eine neue Freimarken-Ausgabe herauszubringen, auf der der Berg Momotombo abgebildet war. Dieser Vulkan war bereits seit Jahren erloschen, doch mit kühner künstlerischer Freiheit wurde er mit Feuer und Rauch gemalt, die aus dem Krater emporstiegen. Das war alles, was die Panama-Lobby brauchte. Die Marken wurden reihum jedem US-Senator gezeigt. Der Senat war alarmiert von der Aussicht, einen Kanal durch derart unsicheres Gebiet zu verlegen, und stimmte gegen den Nicaragua-Plan. Wäre nicht diese Briefmarke gewesen, könnte der Kanal heute 800 km nördlich von Panama verlaufen.
Eine von Spanien im Juni 1930 anläßlich des hundertsten Todestages des Malers Goya ausgegebene Markenserie zeigte die Abbildung seiner berühmten *La Maja Desnuda*, einen Akt der Herzogin von Alba, für die drei höchsten Werte. Umgehend machten sich republikanische Agitatoren diese Marke zunutze. »Euer König umgibt sich mit sittenlosen Frauen«, erzählten sie den ungebildeten Bauern, und Alfonsos Ruf war zerstört.

Der einzige von Kriminellen betriebene Postdienst war die sogenannte Banditen-Post zwischen Tsaochwang und den Paotzeku-Bergen in China (Mai bis Juni 1923). Am 6. Mai hatten Banditen 120 Reisende zum Aussteigen aus dem Blauen Expreß der Tientsin-Pukow-Strecke gezwungen und in den Bergen als Geiseln festgehalten. Carl Crow vom amerikanischen Roten Kreuz organisierte einen Botendienst für Briefe und Päckchen zu den Geiseln. Zwei Marken wurden lokal vorbereitet – eine 5c (irrtümlich mit der Inschrift 50c versehen) sowie eine 10c mit der Inschrift PAO TZU KU BANDIT POST und einer groben Umrißzeichnung der Berge. Auf den unteren Werten erschien auch eine chinesische Inschrift. Etwa 500 Marken wurden gedruckt und sowohl von inländischen wie ausländischen Postdiensten befördert. Diese Post wurde am 13. Juni eingestellt, als die letzte der Geiseln freigelassen wurde.

Marken, deren bloßer Besitz als kriminelles Delikt galt, sind bei zwei Anlässen ausgegeben worden. Englische Marken, die zur Verwendung auf Postsendungen von Regierungsstellen einen entsprechenden Aufdruck trugen (1882–1904), wurden sehr streng kontrolliert, sogar postalisch gebrauchte sollten an die Hauptbüros zurückgehen, wo sie dann vernichtet werden sollten. Nach der Verurteilung eines prominenten Philatelisten im Jahre 1904 wegen des Handels mit postfrischen Amtsmarken wurden diese umgehend aus dem Verkehr gezogen und durch »Official Paid«-Briefpapier ersetzt.

Von der Deutschen Demokratischen Republik seit 1947 ausgegebene Marken für den *Zentralen Kurierdienst*, die die vertrauliche Korrespondenz zwischen Regierungsstellen kennzeichnen, sind Gegenstand überaus rigoroser Kontrollen, und der Besitz postfrischer oder gebrauchter Exemplare wird mit Strafen bis zu 5 Jahren Gefängnis geahndet. Trotzdem sind sowohl postfrische als auch gebrauchte Exemplare durchgesikkert und sind im Briefmarkenhandel im Westen häufig notiert worden.

Briefmarken als Mordmotiv. Von den 15 Exemplaren der hawaiischen 2c-»Missionary« von 1851 ist nur eine einzige in ungebrauchtem Zustand jemals bekannt geworden. 1892 befand sich diese Marke im Besitz der Sammlung des Pariser Philatelisten Gaston Leroux. Eines Tages wurde er in seiner Wohnung ermordet aufgefunden. Für das Verbrechen gab es scheinbar kein Motiv, da weder Geld noch Wertsachen fehlten. Anfangs waren die Kriminalbeamten verblüfft über die Tat, doch einer unter ihnen, der einige Kenntnisse in der Philatelie hatte, entdeckte Leroux' Sammlung hawaiischer Briefmarken und machte nach einem Vergleich mit einem Katalog die Entdeckung, daß die 2c-Marke fehlte. Eine Durchsuchung bei den Händlern war erfolglos. Schließlich jedoch richtete sich der Verdacht auf Hector Giroux, einen leidenschaftlichen Philatelisten und engen Freund des Ermordeten. Der Kriminalbeamte gab sich als Sammler aus, machte Giroux' Bekanntschaft und verleitete ihn dazu, sich damit zu brüsten, daß er eine 2c-»Missionary« besitze. Am darauffolgenden Tag wurde Giroux verhaftet und über die Umstände befragt, die ihn in den Besitz der Marke gebracht hätten. Nach langem Leugnen brach er zusammen und gestand den Mord an Leroux, der alle Angebote abgewiesen hatte, die Marke zu verkaufen. Die Marke ging später in den Besitz der Ferrary- und-Burrus-Sammlung über und erzielte 1963 anläßlich der Burrus-Versteigerung in New York den Preis von $ 41 000.

Im Jahre 1896 war Paris der Schauplatz des Mordes an Julien Emile Delahaeff, einem jungen Markenhändler, durch einen Sammler namens Aubert und dessen Komplizin Margaret Dubois. Das Motiv des Verbrechens ist unklar, doch Aubert tötete Delahaeff mit einem Schlag auf den Kopf und entledigte sich darauf der Leiche in einem Koffer. Der Polizei gelang es, Delahaeffs Verschwinden mit der Dubois in Verbindung zu bringen, und beide wurden verhaftet, vor Gericht gestellt und verurteilt. Wegen verminderter Zurechnungsfähigkeit entging er der Guillotine, doch wurde er zu lebenslanger Zwangsarbeit verurteilt, während seine Komplizin drei Jahre Gefängnis erhielt.

Das Monopol der neuseeländischen Postverwaltung wurde raffiniert umgangen von der *Dominion Airlines Ltd.* (1930/31), die einen Luftdienst zwischen Hastings und Gisborne betrieb. Briefe wurden zum Preis von sechs Pence befördert, und zu diesem Zweck stellte die Gesellschaft eigens Marken her. Die Postverwaltung erhob Einspruch dagegen und forderte die Gesellschaft auf, ihre Dienste einzustellen. Der Gesellschaft gelang es, den Dienst weiterzubetreiben im gesetzlichen Rahmen, indem sie die Marken abänderte, die fortan ohne Wertangabe blieben. Technisch gesehen wurden die Briefe gebührenfrei befördert, doch mußten sie vom Piloten G. B. Bolt gezeichnet werden, der für seinen Namenszug Sixpence verlangte.

2c, Momotombo, überdruckt 1c, Nicaragua (1901); »La Maja Desnuda«, Spanien (1930)

Dienst- bzw. Registriermarken aus der DDR: Laufkontrollzettel des Zentralen Kurierdienstes für besondere Kurierdienstteilnehmer, Suhl (1963) und Zentraler Kurierdienst für Vertrauliche Dienstsachen (1965)

Arten von Briefmarken

Böhmen und Mähren, Wohltätigkeitsmarke für das Rote Kreuz 60 + 40h, 1940

Belgien, Wohltätigkeitsmarke 5+4fr, 1942, zugunsten der Kriegsgefangenen

Die ersten Marken der Welt waren Aufkleber, die die Vorauszahlung von Postsendungen anzeigten, und bis in die 60er Jahre haben viele Postverwaltungen die Auffassung vertreten, daß sie lediglich Quittungen seien, die die Vorauszahlung durch den Absender bestätigten. Die Arbeitspferde des Postsystems sind eben diese Marken (verschiedentlich als Dauer- oder Freimarken-Ausgaben bezeichnet), die über relativ lange Zeiträume in Gebrauch sind – im Unterschied zu Gedenkmarken und Motivserien, die gewöhnlich nur für kürzere Zeit zum Verkauf stehen. Die zunehmende Differenzierung der Postdienste innerhalb der letzten 140 Jahre hat das Bedürfnis nach besonderen Marken aller Art geschaffen.

Anhängsel und Zierfelder an Marken

Marken mit Zierfeld resp. Anhängseln. Es gibt verschiedene Gründe für die Hinzufügung solcher Anhängsel. Werbefelder an den Längsseiten von Marken erschienen erstmals in Markenheften aus Deutschland vom November 1910 und dann später aus Bayern (1911). 1924/25 gab Italien Freimarken heraus, bei denen das Werbefeld integraler Bestandteil der Marke war (das heißt ohne Perforation zwischen Marke und Anhängsel). Diese Praxis wurde 1942 für eine Serie mit Kriegspropaganda wieder aufgenommen.

Gedenkmarken mit seitlichem Zierfeld wurden erstmals am 1. März 1935 von der Tschechoslowakei ausgegeben. Diese Marken zum 85. Geburtstag Präsident Masaryks kamen in Hunderterbögen heraus, wobei jeder Bogen zwölf Leerfelder enthielt. Auch andere Ausgaben trugen unbedruckte Felder. Doch seit Erscheinen der Trauerausgabe für Masaryk (September 1937) trugen die Felder eine Gedenkinschrift. Mit Unterbrechungen sind ähnliche Ausgaben seit 1949 in der Tschechoslowakei erschienen, doch auch Israel verfährt seit 1948 mit seinen Frei- und Gedenkmarken in gleicher Weise.

Wohltätigkeitsmarken mit Anhängseln, auf denen der Zuschlag oder der Anlaß der Ausgabe bezeichnet ist, wurden erstmals zwischen 1913 bis 1916 von Ungarn herausgebracht. Das Feld mit dem Erklärungsteil befand sich unterhalb der gültigen Freimarken. Nach einem ähnlichen Prinzip verfuhr Deutschland im Jahre 1922 auf einem Markenpaar mit Zuschlag, doch wurde in diesem Fall ein völlig neuer Entwurf benutzt.

Frei- und Gedenkmarken mit Sonntagsanhängseln wurden zwischen 1893 und 1914 von Belgien ausgegeben. Diese französisch und flämisch beschrifteten Anhängsel (»nicht sonntags zustellen«) werden auch *Bandalettes* genannt. War es dem Absender gleichgültig, ob sein Brief

Früheste Beispiele für die heute beliebtesten Motive: Waffen (Alwar, 1877), Flora (Neufundland, 1857), Motorfahrzeuge (USA, 1901), Lokomotiven (Neubraunschweig, 1861), Schiffe (Buenos Aires, 1858), Sport (Griechenland, 1896)

Israel, »Operation Wunderteppich« 30a, 1970 und Anhängsel mit Bibeltext; Ungarn, Wohltätigkeitsmarke 10f, 1913; Belgien, 10c, 1894, mit Sonntags-Anhängsel

bzw. seine Karte auch am Sonntag zugestellt wurde, dann entfernte er lediglich das Anhängsel.

Briefmarken mit Anhängseln zu fiskalischen Zwecken wurden 1913 vom mexikanischen Staat Sonora in Umlauf gebracht. Die Absicht dabei war, daß vor dem postalischen Gebrauch das Anhängsel mit dem Steuervermerk entfernt werden sollte, doch sind auch postalisch gebrauchte Marken samt Anhängsel bekanntgeworden.

Luftpostsendungen mit Anhängseln wurden 1932 von Mosambik ausgegeben, wo in den freigebliebenen Raum durch handschriftlichen Vermerk die Luftpostgebühr eingetragen wurde. Seit 1937 allerdings ist auf dem Anhängsel nur noch die Art der postalischen Dienstleistung gekennzeichnet.

Einschreibeanhängsel. In Persien waren die Postmeister für dieses Anhängsel verantwortlich, deren Wert sich auf einen Chahi belief. Aus diesem Grund wurden sie gelegentlich auch als Chahi-Marken verwendet, und um 1903 sind sogar Sechser-Blöcke auf Briefen statt der regulären 6ch-Marken gesehen worden. Anhänger, wie sie in Deutsch-Guinea verwendet wurden, erhielten den Aufdruck G. R. I. (das britische königliche Monogramm), wurden mit neuen Werten in Sterling überdruckt und nach der Kapitulation der deutschen Kolonialadministration im Jahre 1914 als Briefmarke gebraucht.

Im Ausland gebrauchte Marken, z. B. in überseeischen Postämtern, Agenturen und Konsulatsbüros, sind ein Hauptmerkmal des internationalen Postverkehrs vor Gründung des Weltpostvereins im Jahre 1874, und sie bestanden auch noch einige Jahre danach weiter. Die ersten Übersee-Postämter waren die *bureaus étrangers*, die von Frankreich in benachbarten Ländern eingerichtet wurden. Das erste dieser Ämter wurde am 24. März 1561 in Venedig eröffnet und schließlich am 3. November 1675 zwangsweise geschlossen. Ein französisches Postamt wurde um etwa 1580 in Rom eröffnet und bis 1793 betrieben, dann im Jahre 1801 wiedereröffnet und schließlich 1871 endgültig geschlossen. Das erste dieser Büros, das über einen eigenen Poststempel verfügte, befand sich 1695 in Genf (DE GENEVE). Aus demselben Jahr datieren die Namensstempel, die bei Courtrai und Suze (Piemont) von französischen Truppen während ihrer Feldzüge im Krieg der Augsburger Liga verwendet worden waren. Ständige Postämter und Postagenturen wurden während des 19. Jh.s von Frankreich und England in vielen Ländern eingerichtet. Auch Österreich, Italien, Rußland und Indien unterhielten Postämter außerhalb der eigenen Grenzen.
Beginnend mit dem Jahr 1814 wurden englische Auslandsbüros im Gefolge der Wiederaufnahme englischer Paketrouten gegen Ende der Napoleonischen Kriege eingerichtet. Nach Einführung der einheitlichen Penny Postage 1840 wurde in vielen dieser Ämter die Vorausbezahlung schrittweise eingeführt, wobei Bezahlt-Stempel mit einer Krone verwendet wurden. Gummierte Marken aus England wurden in folgenden Auslandsstellen verwendet: Argentinien (1860–73), Bolivien (1865–78), Brasilien (1866–74), Chile (1865–81), Kolumbien (1865–81), Kuba (1865–77), Dänisch Westindien (1865–79), Dominikanische Republik (1869–81), Ecuador (1865–80), Ägypten (1860–82) Fernando Poo (1874–77), Haiti (1865–81), Mexiko (1865–76), Nicaragua (1865–82), Peru (1865–79), Puerto Rico (1865–77), Uruguay (1864–73) und Venezuela (1865–80). Sie wurden zuerst in Argentinien (1860) und zuletzt in Ägypten und Nicaragua (1882) verwendet. In den Kolonien wurden englische Marken bis zum 31. Dezember 1884 (Malta) und 31. Dezember 1885 (Gibraltar) benutzt. Inoffiziell wurden britische Marken Tristan da Cunhas bis 1952 verwendet. Gewöhnliche französische Marken wurden in den folgenden Ländern benutzt und können nur anhand der verwendeten Nummernentwertung voneinander unterschieden werden:
China (1862–1922), Kreta (1897–1913), Ägypten (1852–1931), Japan (1865–80), Libyen (1880–1912), Madagaskar (1880–96), Monaco (1884/85), Marokko (1862–1913), Rumänien

Mexiko (Sonora) 2c, 1913

(1857–75), Tunesien (1852–88), Türkei (1852–1914) und Sansibar – das jetzt zu Tansania gehört – (1889–1904).
Österreich-Ungarn unterhielt Postämter in vielen Teilen des Osmanischen Reiches. Dort wurden die Lombardei-Venedig-Marken von 1863 bis 1867 verwendet, und ungarische Marken waren in Rumänien in Gebrauch (1867–69).
Gewöhnliche russische Marken fanden in China Verwendung, während deutsche Marken in China (1886–98), Marokko (1893–99), Türkei (1870–84), Neuguinea (1888–98), Ostafrika (1888–91), Sansibar (1890/91), Südwestafrika (1888–97), Kamerun (1887–97), den Marschall-Inseln (1889–1901), Samoa (1886–1901) und Togo (1888–1901) gebraucht wurden. Amerikanische Marken gelangten in China zur Verwendung (1900–19), während japanische Marken dort zwischen 1876 und 1900 gebraucht wurden. Australische Marken wurden in Papua-Neuguinea (1945–52) und den Kokos-Keeling-Inseln (1955–63 und 1966–69) benutzt, während neuseeländische Marken auf der Pitcairn-Insel (1922–40) in Gebrauch waren. Umgekehrt haben die Weihnachts-Inseln die Marken der Straße von Malakka (1900–41), Japan (1942–45), Australien (1945/46), Malaya unter britischer Militärverwaltung (1945–48), Singapur (1948–58) benutzt, bevor es eigene Marken herausgab.

Auslandspostmarken sind verschiedentlich ausgegeben worden, um ins Ausland versandte Post von der Inlandspost zu unterscheiden. Das erste Land, das getrennte Serien für Inlandspost und internationale Post herstellte, war die Türkei, die solche Marken hauptsächlich für Drucksachen zwischen 1901 und 1911 ausgab. Haiti stellte zwischen 1906 und 1919 Marken für überseeische Postsendungen her, und zwar mit Wertangaben »starker« Währung (piastres) anstatt der einheimischen Währung. Sowohl Guatemala (1931–45) als auch Chile (1934–1952) brachten besondere Serien von Flugpostmarken für ausländische und inländische Post heraus.

Besatzungsmarken wurden erstmals am 1. März 1864 vom Bevollmächtigten des Deutschen Bundes im Herzogtum Holstein ausgegeben, nachdem österreichische und preußische Truppen das Gebiet besetzt hatten. Laut Vertrag von Gastein wurde die Verwaltung Holsteins im November 1865 Österreich übertragen, und seitdem brachten die Österreicher Briefmarken für Holstein heraus. Im benachbarten Herzogtum Schleswig brachten Österreich und Preußen Gemeinschaftsausgaben von Briefmarken heraus (1864/65), und zwischen November 1865 und 1867 wurden diese Ausgaben allein von Preußen besorgt. Streitigkeiten über die Verwaltung der früheren dänischen Herzogtümer führten dann zum Deutschen Krieg zwischen Österreich und Preußen (1866) und zur vollständigen Übernahme der Herzogtümer durch Preußen. Am 1. Januar 1868 gingen diese im Norddeutschen Bund auf und verwendeten in der Folgezeit dessen Marken.
Briefmarken zur Verwendung in besetztem Gebiet wurden später vom Norddeutschen Bund für Elsaß-Lothringen und andere Teile Frankreichs ausgegeben, die von deutschen Truppen während des Krieges von 1870/71 besetzt worden waren. Die meisten trugen eine Inschrift in französischer Sprache und Wertbezeichnungen in französischer Landeswährung, um den Nationalstolz der Franzosen nicht zu verletzen.

Beschnittene Marken (Wechselstempelmarken) sind jene, bei denen ein Teil des Entwurfs vor der Ausgabe entfernt wird. Das erste Beispiel hierfür stammt aus dem Jahre 1866, als indische Stempelmarken für Postzwecke neu ausgegeben wurden, nachdem die Steuermarken-Inschriften am oberen Ende und am Unterrand weggeschnitten worden waren und ein Überdruck POSTAGE auf den verbliebenen Teil der Marke aufgebracht wurde. Macao übernahm im Oktober 1887 ein ähnliches Verfahren, und 1892 wandelte Ecuador Briefmarken, die für amtliche oder telegrafische Verwendung einen Aufdruck erhalten hatten, wieder in gewöhnliche Briefmarken um, bei denen der obere Teil weggeschnitten wurde, der den Aufdruck trug. Die französisch-indischen Niederlassungen gaben 1903 halbierte Stempelmarken heraus. Die oberen Hälften wurden sodann überdruckt und postalisch gebraucht.

Blöcke

Kleinbogen enthalten entweder eine einzelne Marke, ein Paar, einen Viererblock, Streifen oder Serien mit breiten Rändern, oftmals versehen mit besonderer Inschrift oder Ornament, meist als Gedenkausgabe und oftmals mit einem Zuschlag über Frankaturwert.

Der erste echte Miniaturblock wurde am 3. Januar 1923 von Luxemburg ausgegeben. Es handelt sich dabei um einen Sonderdruck der neuen 10fr-Freimarke in Grün, anstatt Schwarz, hergestellt als einzelne Marke in Blöcken mit unterschiedlichen Abmessungen zwischen 78 × 59 mm bis 79 × 61 mm. Die Miniaturblöcke wurden als Souvenir zur Geburt der Prinzessin Elisabeth verkauft. Die eigentliche Freimarke dagegen wurde erst im folgenden März ausgegeben, und zwar in orthodoxer Bogenform in verschiedener Farbe und Perforation. Obwohl Luxemburg bis 1939 keinen weiteren Miniaturblock herausbrachte, wurde dadurch eine Mode ausgelöst, die sich zwischen den Kriegen mit rasantem

Block, Deutsche Bundespost, 1972 (s. S. 86)

Tempo ausbreitete, so daß Stanley Gibbons 1937 ankündigte, daß er nicht länger gewillt sei, sie in seinen Katalogen aufzuführen. 30 Jahre später allerdings mußte sich Gibbons der öffentlichen Meinung beugen.

Belgien brachte 1924 einen Viererblock mit 5fr-Marken in Rotbraun anstatt in Purpurrot heraus, als Andenken an die Brüsseler Briefmarkenausstellung. Danach gab es zahlreiche Änderungen auf diesem Bogen.

Der erste Block, auf dem zwei oder mehr Marken mit verschiedenem Design oder unterschiedlichen Wertangaben miteinander verbunden sind, wurde am 15. September 1937 von Belgien herausgegeben. Es waren vier Marken mit Zuschlägen für den Musikfonds der Königin.

Der erste Block, auf dem das Markenbild der einzelnen Marken Bestandteil des Gesamtentwurfs ist, d.h., das Markenbild fließend in den Gesamtentwurf des Blocks übergeht, wurde 1960 von Israel in Umlauf gebracht. Es handelt sich um die 25-Agarot-Marke, die einen Prager Postkurier von 1741 nach einem alten Stich zeigt. Auf dem umgebenden Block sind die anderen Teile der alten Vorlage wiedergegeben.

Der größte Block wurde 1964 von der DDR zum 15. Jahrestag des Bestehens der Republik herausgegeben. Er enthielt 15 verschiedene unperforierte Marken, die auf eine Karte des Landes aufgetragen waren. Die Abmessungen des Blocks betragen 210 × 285 mm.

Collegemarken wurden von Colleges in Oxford und Cambridge und auch von zahlreichen Handelsschulen in den USA im 19. Jh. herausgegeben. Zwischen 1871 und 1886 produzierten Keble, Merton, Lincoln, Hertford, Exeter, All Souls, St. John's sowie Balliol (Oxford) und Queens', St. John's und Selwyn (Cambridge) ei-

Besatzungsmarken (s. S. 86) aus Thessalien (1895), Kreta (1898), Mytilene (1912), Nördlicher Epirus (1914), Ostkommando (Rußlands baltische Provinzen) (1916), Dobrudja (1916), Rumänien (1917), Togo (1914), Batum (1919), Venezia Giulia (1918), Aunus (1919), Bagdad (1917), Ungarn (Arad) (1919), Vilnius (1941), Ukraine (1942), Ost-Karelien (1941), Ionische Inseln (1943)

Perforierter Kleinbogen, Ungarn, 1962

Dienstmarken aus Spanien (1854), Indien (1912) und Norwegen (1955)

gene Marken, mit denen Briefe frankiert wurden, die von Austrägern des College innerhalb des Universitätsgebietes zugestellt wurden. Das erste College mit eigener Markenproduktion war Keble (1871).

Dienst- und Behördenmarken

Dienstmarken allgemeiner Art zur Verwendung für Regierungskorrespondenz wurden erstmals im Jahre 1840 vorbereitet. Sie bestanden aus der Penny Black mit den Buchstaben VR *(Victoria Regina)* in den oberen Ecken anstelle von Sternchen. Die Marken wurden im April/Mai 1840 gedruckt, doch gelangten sie niemals in Umlauf, und 3302 Bogen von insgesamt 3323, die zur Verteilung gelangten, wurden am 25. Januar 1843 vernichtet. Von den übriggebliebenen 21 Bogen wurden 13 gebraucht als Vorlagestücke zur Kenntnisnahme durch die Postdirektoren, und es ist bekannt, daß einige dieser Marken abgelöst und auf Briefe geklebt worden sind. Sir Rowland Hill benutzte einige dieser VR-Penny Blacks für Experimente mit verschiedenen Formen der Entwertung. Die Regierungsstellen verwendeten statt dessen gewöhnliche Marken und Ganzsachen, obwohl diese Marken dann später mit einer Krone perforiert und mit den Initialen des jeweiligen Ministeriums versehen wurden. Überdruckte Marken für den regierungsamtlichen Gebrauch gab es zwischen 1882 und März 1904, und von diesem Jahr an wurden Anhängsel mit dem Vermerk »Official Paid« sowie Ganzsachen, Maschinenstempelungen und Zählungsstempel verwendet.
Die englische Sixpenny-Marke mit dem Überdruck für das Erziehungsministerium wurde vorbereitet, kurz bevor alle Dienstmarken im März 1904 aus dem Verkehr gezogen wurden. Sie ist niemals amtlich ausgegeben worden, doch sechs Specimen in gebrauchtem Zustand sind erhalten. Es wird angenommen, daß sich nur eine davon in privater Hand befindet, und träfe dies zu, wäre sie eine der größten englischen Raritäten.

Das erste Land, das Dienstmarken zum tatsächlichen Gebrauch herausgegeben hat, war Spanien (Juli 1854). Die Marken wurden schwarz auf Papier in verschiedenen Farben gedruckt und trugen das Staatswappen Es wurden keine Werte ausgedruckt, sondern lediglich Gewichte, die für die Beförderung der Korrespondenz je nach Marke zulässig waren. Im Januar 1855 wurde eine zweite Serie mit ovalem Rahmen ausgegeben. Beide Serien wurden häufig gefälscht, um die Behörden zu täuschen, und es finden sich Exemplare in gebrauchtem Zustand. Weitere Benutzer von Dienstmarken waren Indien (1866), Süd-Australien (1868), der Norddeutsche Bund (1870), Dänemark (1871), Island, Hyderabad und die USA (1873), sowie Britisch-Guayana, Italien und Luxemburg (1875).

Die Inschriften auf diesen Marken waren folgende: SARKARI (Indische Staaten, DIENSTMARKE (Deutschland), OFFENTLIG SAK (Norwegen), TJENESTE (Dänemark), TJANSTE (Schweden), ebenso findet sich der Aufdruck O. S. (Australien), O. H. M. S. oder G. (Kanada), O. H. E. M. S. (Ägypten) O. H. H. S. (Ägypten).

Dienstzählmarken, das heißt Marken zum Erfassen des gesamten Umfangs dienstlicher Korrespondenz, sind von zwei Ländern ausgegeben worden. Deutschland stellte Markenserien mit der Aufschrift FREI DURCH ABLÖSUNG zum Gebrauch in Preußen her (1903), sowie Baden (1905), wobei jede Serie 12 Monate lang in Gebrauch war, um die jährliche Gebührenforderung der Reichspost an die Regierung festzulegen. Ein ähnliches Verfahren verwendete Thailand zwischen 1963 und 1964; seine Marken trugen die Aufschrift FOR GOVERNMENT SERVICE STATISTICAL RESEARCH, und ihre Verwendung auf amtlicher Korrespondenz war Vorschrift.

Behördenmarken für den Gebrauch durch Regierungsstellen wurden erstmals von Süd-Australien ausgegeben, das zwischen 1868 und 1874 seine Freimarken mit den Initialen von nicht weniger als 54 verschiedenen Dienststellen in roter, blauer oder schwarzer Tinte überdruckte. Diese Marken wurden jedoch schließlich von einer Gesamtausgabe mit dem Aufdruck O. S. (Official Service) abgelöst.

Regierungsstellen in den Vereinigten Staaten hatten das Privileg, ihre Post gebührenfrei zu verschicken, doch wurde damit soviel Mißbrauch getrieben, daß es durch eine Kongreßakte vom 1. Juli 1873 abgeschafft werden mußte. Statt dessen erhielt nun jedes der neun Ministerien seine eigenen Briefmarken. Jede Serie umfaßte Werte von 1c bis 90c (mit Ausnahme des Landwirtschaftsministeriums, dessen Serie bei 30c aufhörte, sowie der des Außenministeriums, dessen Marken bis zu einem Wert von $20 gingen). Diese Marken porträtierten auf jedem Wert verschiedene Präsidenten bzw. Politiker, wobei dieselbe Person auf dem entsprechenden Wert jeder einzelnen Serie wieder erschien. Die Briefmarken eines jeden Ministeriums waren in verschiedenen Farben gedruckt; auch das Postministerium verfügte über eigene Marken, die Schwarz gedruckt waren und statt der Porträts die Ziffern der Wertangabe trugen. Nach Abschaffung dieser Marken am 1. Mai 1879 wurden dann nochmals zwischen 1910 und 1911 Sondermarken für den US-Postspardienst herausgegeben.

Die englischen Marken für bestimmte Regierungsstellen von 1882 bis 12. Mai 1904 waren gewöhnliche Freimarken mit einem entsprechenden Überdruck. Argentinische Marken trugen zwischen 1913 und 1938 einen Aufdruck mit den Initialen von acht Ministerien.

Drucksachenmarken sind solche, die für den Gebrauch auf Drucksachen, Rundschreiben und Periodika vorgesehen sind. Die frühesten Ausgaben stammen aus den spanischen Kolonien. Marken mit der Inschrift IMPRESOS wurden erstmals 1886 von den Philippinen ausgegeben und dann alljährlich bis 1896; Kuba folgte im Jahre 1888. Das einzige andere Land, das derartige Marken herausbrachte, war die Tschechoslowakei, deren Marken den Aufdruck O. T.

Keble College, Gedenkaufkleber, 1971 (s. S. 87/88) und Queens's College, Cambridge, Lokalpostmarke

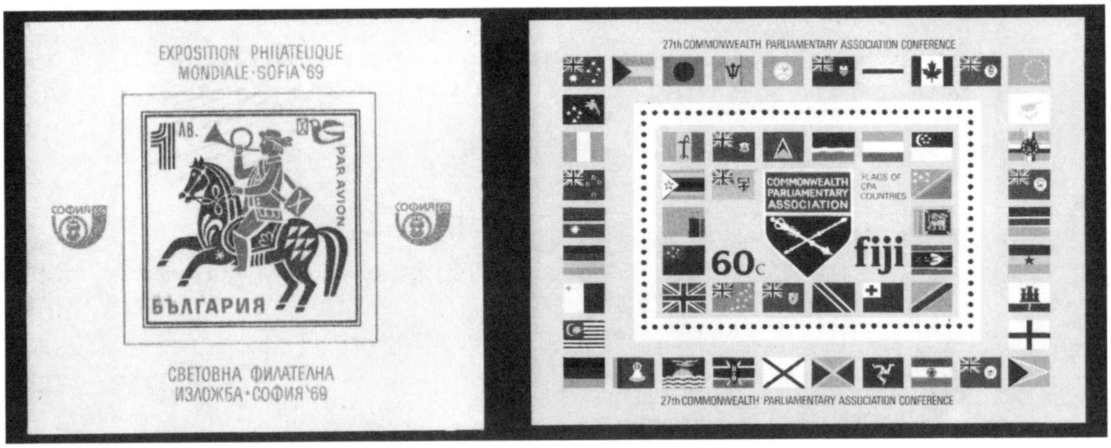

Der kleinste unperforierte Block (Bulgarien, 1969) und der kleinste perforierte Block (Fidschi, 1981)

Dienstmarken der USA: Handelsministerium und Post (s. S. 89)

Kleinbogen, Deutsche Bundespost, 1980 (s. S. 86)

(Obchodni Tiskopis) trugen (1934). 1940 wurde die 10-Haleru-Zeitungsmarke Böhmens und Mährens mit dem Aufdruck GD-OT versehen, um sie als Geschäftsdrucksache kenntlich zu machen. Obwohl die Inschrift nicht speziell auf die Verwendung bei Drucksachen hinweist, sind gewisse Werte von US-Marken für diesen Zweck vorgesehen. Sie umfassen die ½c-Marken von 1922 bis 1955, die 1¼c-; die 1½c- und 2½c-Marken von 1950 bis 1960, die 1¼c- von 1967 und die 3,1c-, 3,5c-, 7,7c-, 7,9c- und 8,4c-Marken von 1976 bis 1980.

Einschreibegebührenmarke (Zustellungsmarke). Sie wurde am 1. März 1937 von der Tschechoslowakei ausgegeben. Blaue 50-Haleru-Marken im Dreiecksformat mit dem Buchstaben V in jeder Ecke bezeichneten die Vorauszahlung einer zusätzlichen Gebühr, die die persönliche Zustellung an den Adressaten sicherstellte und die vom Absender auf die Postsache aufgebracht werden mußten. Eine ähnliche Marke in Rot mit dem Buchstaben D in jeder Ecke stellte eine Gebühr dar, die vom Empfänger zu zahlen war, sofern er die Forderung stellte, daß ihm seine gesamte Post persönlich zugestellt werden sollte. Sie wurde von dem jeweiligen Postamt aufgeklebt, das die Post auslieferte. Ähnliche Dreiecksmarken wurden vom Deutschen Protektorat Böhmen und Mähren zwischen 1939 und 1940 und von der Slowakei 1940 ausgegeben. Eine 2-Kronen-Dreiecksmarke erschien 1946 in der Tschechoslowakei, doch es scheint so, als sei dieser Dienst kurz darauf eingestellt worden.

Einschreibemarken zur Verwendung auf Einschreibesendungen wurden erstmals am 1. Dezember 1854 von Victoria ausgegeben, wofür durch den Post Office Act vom November 1853 die Genehmigung erteilt wurde. Sie wurden im Holztafeldruck von S. Calvert hergestellt, die Worte REGISTERED und der Wert (1s) von einer Metalltype und in andere Farbe eingefügt. Die Behörden von Victoria überschätzten wohl den Bedarf an diesen Marken, die 1858 wieder eingezogen wurden, dennoch folgte Neu-Süd-Wales diesem Beispiel mit einer 6d-Marke ohne Wertbezeichnung (1856) und brachte bis 1863 zahlreiche Drucke heraus. Kanada bot 2c-, 5c- und 8c-Marken zu diesem Zweck zwischen 1875 und 1892 an. Die Marken der DDR sind eigentlich Zählmarken mit Seriennummern, die aus Automaten gezogen werden können und beschriftet sind mit den Worten GEBÜHR BEZAHLT.

Eisenbahnmarken sind von Eisenbahngesellschaften herausgebracht worden, um die Vorauszahlung der Postgebühr auf Briefe und Päckchen bzw. Pakete zu kennzeichnen, die von ihnen befördert wurden. Die frühesten Marken wurden 1846 durch verschiedene englische Eisenbahngesellschaften für Päckchen ausgegeben, doch kam im Jahre 1891 eine Vereinbarung mit der Post zustande, die die Beförderung von Eilbriefen durch die Bahn bei einer zusätzlichen Gebühr von 2d gestattete. Paketmarken werden noch immer von vielen Eisenbahngesellschaften bis auf den heutigen Tag ausgegeben, wobei die in Belgien und Frankreich in Umlauf gesetzten Marken unter der staatlichen Postverwaltung hergestellt werden. Belgien hat seit 1922 besondere Marken zur Verwendung auf amtlicher Eisenbahnkorrespondenz herausgebracht, auf denen entweder das Emblem eines geflügelten Rades oder ein B in einem ovalen Rahmen abgebildet ist, und zwar entweder als Aufdruck oder in den Entwurf eingearbeitet.

Empfangsbestätigung ist ein System, durch welches der Absender einer eingeschriebenen Postsache die Bestätigung erhält, daß sie dem Adressaten zugestellt wurde und er sie erhalten hat. Solche besonderen Marken wurden erstmals 1865 als Doppelstücke von Kolumbien herausgebracht, die die Inschrift A *(Anotacion)* und R *(Rejistro)* enthalten, womit gleichzeitig Ein-

Marken zwecks Zählung amtlicher Korrespondenz (s. S. 89): Deutschland (1903) und Thailand (1963)

Paketmarken-Doppelstücke aus Italien (1946) und Portomarken aus Rumänien (1974)

Tschechoslowakei, persönliche Zustellung 50h, (1937)

Doppelstücke sind solche Marken, die zwei Abschnitte umfassen, die abgetrennt und individuell gebraucht werden können. Das früheste Exemplar ist die Doppel-Genf von 1843. Jede Hälfte konnte als 5c-Marke für die Lokalpost verwendet werden, während das ganze als 10c-Marke für die Kantonspost diente. Ein horizontaler Streifen am oberen Rand beider Teile machte den 10c-Wert kenntlich. Weitere frühe Exemplare von Doppelstücken umfassen die Kotelnich-Semstvo-Marken Rußlands (1869-70) und die Drammen-Lokalmarken aus Norwegen (1868). Seit 1914 bringt Italien Doppelstücke für Päckchen heraus, wobei die linke Seite auf die Paketkarte geklebt wird und die rechte Seite als Empfangsbestätigung dem Absender ausgehändigt wird. Ähnliche Marken sind von San Marino seit 1928 herausgebracht worden. Doppelstücke sind ebenfalls seit 1947 von Rumänien hergestellt worden, wobei die linke Seite vom Postbeamten zurückbehalten und die rechte Seite auf die unfrankierten oder unterfrankierten Poststücke aufgeklebt wird.

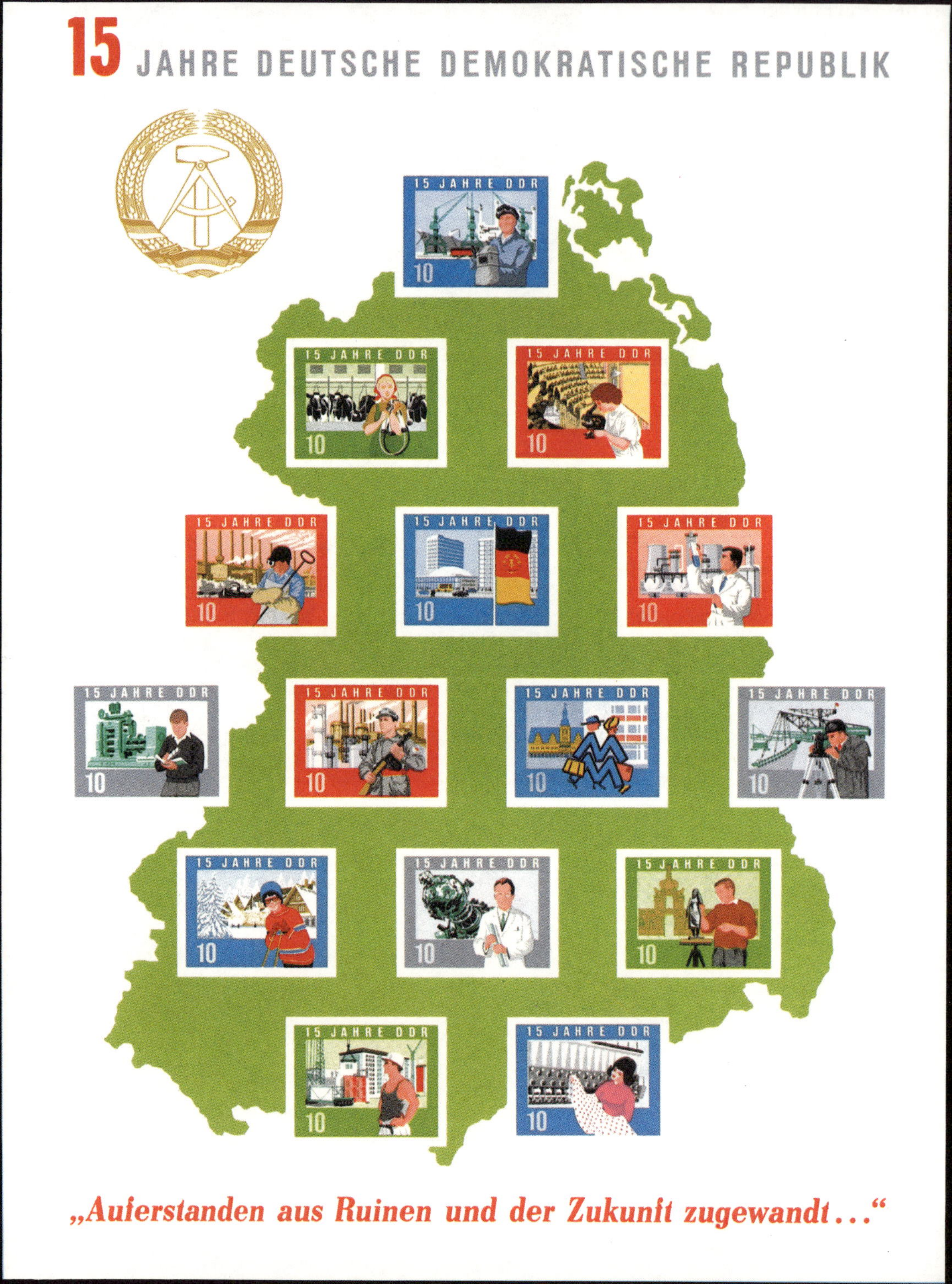

Größter herausgegebener Block der Welt,
15jähriges Jubiläum der DDR (210 × 285 mm), 1964 (s. S. 87)

schreiben und Bestätigung gekennzeichnet sind. Marken mit der Inschrift AR *(Aviso de Recepcion)* wurden von Kolumbien 1894 bis 1917 herausgegeben. Marken für diese Dienstleistungsart sind auch von Chile (1894), El Salvador (1897) und Montenegro (1895–1913) eigens hergestellt worden.

Ersttagsbriefe. Diese philatelistische Besonderheit kam nach übereinstimmender Auffassung am 25. September 1909 in den USA auf, als Souvenir-Umschläge von einem Papierwarenhändler angeboten wurden, der sie mit der am selben Tag herausgegebenen Hudson-Fulton-2c-Marke beklebte. Erst in den 20er Jahren fand diese Praxis größere Verbreitung in den USA, doch vereinzelte Beispiele werden auch aus Europa berichtet. Bekannt sind Souvenirkuverts im Zusammenhang mit der im Mai 1911 von England ausgegebenen ersten Georg-V.-Marke.

Die ersten amtlichen Ersttagsblätter wurden am 7. Januar 1956 in Berlin ausgegeben. Es handelt sich dabei um keine Berliner Marke, sondern um die Stephan-Gedenkmarke der Deutschen Bundespost. Nach vorübergehender Einstellung seit 1959 wurden ab 1975 wieder amtliche Ersttagsblätter sowohl von der Oberpostdirektion Berlin als auch von der Deutschen Bundespost herausgegeben.

Der erste Poststempel mit der Inschrift Ersttagsstempel wurde 1937 von den USA herausgebracht. In den 40er Jahren übernahmen auch Frankreich, Deutschland, Italien und Schweden solche Ersttagsstempelungen.

Europamarken werden jährlich von Mitgliedsländern der CEPT (Conference Européen des Postes et Telecommunications) ausgegeben. Der Gedanke einer Gemeinschaftsausgabe kam im Jahre 1956 auf, als die sechs Mitglieder der Montanunion – Belgien, Niederlande, Luxemburg, Frankreich, Bundesrepublik Deutschland und Italien – ein Markenpaar in einem einheitlichen Entwurf ausgaben, auf dem Baugerüste rund um einen Turm abgebildet waren, der mit der Inschrift EUROPA versehen war. Einheitsentwürfe wurden zwischen 1957–59 von denselben sechs Ländern verwendet, doch seit 1960 ist das Europa-Thema der CEPT übernommen worden. In diesem Jahr befand sich auch England unter den 19 Mitgliedsländern, die Pente Rahikainen's Design mit 19 Speichenemblemen für zwei Marken herausbrachten. Das Motiv aus dem Jahr 1961 waren 19 Tauben. Solche Einheitsentwürfe symbolischer Art wurden von den Mitgliedsländern bis 1974 verwendet, doch dann wurde beschlossen, daß die Marken zwar ein gemeinsames Thema haben sollten, die Monotonie von Einheitsdesigns jedoch vermieden werden sollte. In jenem Jahr war Bildhauerei das ausgewählte Thema, und in den darauffolgenden Jahren Malerei, Handwerk, Landschaft, Architektur, Geschichte der Verkehrswege, Berühmtheiten aus dem Kulturleben und Folklore. Die Marken werden generell im Mai-Juni eines jeden Jahres ausgegeben.

Exilmarken sind von Regierungen ausgegeben worden, die vorübergehend gezwungen waren, aus ihren eigenen Ländern aufgrund einer Besetzung durch feindliche Truppen zu fliehen. So floh am 13. Oktober 1914 die belgische Regierung nach Le Havre, Frankreich, wo sie bis zur zweiten Jahreshälfte 1918 blieb. Die belgischen Briefmarken mit dem Porträt König Alberts wurden bei Waterlow and Sons in England gedruckt

Einschreibemarken (s. S. 91) aus Kolumbien (1885 und 1899), Kanada (1875) und USA (1911)

Eisenbahnbriefmarke aus Großbritannien (1891), Bayerische Eisenbahnpostmarke, Queensland-Eisenbahnpostmarke für Zeitungen und Päckchen (s. S. 91)

Europamarken: BRD (1956) und Italien (1957)

Eisenbahnpaketmarke, Belgien, 1979 (s. S. 91)

und von der Exilregierung in Le Havre verwendet. 1916 mußte sich die serbische Regierung nach Korfu zurückziehen, und sie verwendete französische Marken mit dem Aufdruck POSTES SERBES. Ebenso wurden französische Marken von der Exilregierung Montenegros in Bordeaux im Jahre 1916 mit einem Aufdruck verwendet. Die tschechoslowakischen Legionen, die 1919/20 in Sibirien gegen die Bolschewiken kämpften, brachten Briefmarken für ihren eigenen Postdienst heraus, dessen Standort Irkutsk war, und verkauften sie auch an Zivilisten auf der gesamten Strecke der transsibirischen Eisenbahn, die sie kontrollierten.

Fälschungen sind überaus häufig und mit unterschiedlichen Absichten angefertigt worden: Zum Schaden der Postverwaltungen, zum Schaden der Sammler und zu Propagandazwecken. Die erste gefälschte Marke tauchte 1840 auf, als der Versuch gemacht wurde, die Penny Blacks

Empfangsbestätigungs-Marken (s. S. 93) aus Kolumbien (1902), Panama (1904) und Montenegro (1895)

Exilmarken: Tschechische Legion in Sibirien (1919/20); französische, im Markenbild perforierte Marken zum Gebrauch durch polnisches Militär (1939); während des Krieges in England ausgegebene Marken für norwegische, niederländische, polnische, jugoslawische Streitkräfte

als Holzschnitt in Umlauf zu bringen. Sir Rowland Hill nannte sie in seinem Tagebuch »eine ganz erbärmliche Angelegenheit, durch die sich allenfalls die Dümmsten und Unwissendsten täuschen lassen können«. Im März 1841 wurde die Penny Black wiederum gefälscht, diesmal nach einem Galvano. In einem Fall blieb der Missetäter unentdeckt, in anderen stellte sich heraus, daß der Fälscher ein irischer Jugendlicher war, der verurteilt wurde, nachdem die Fälschung auf einem Brief an seine Freundin entdeckt worden war.

Die frühesten Fälschungen sind sämtlich zum Schaden der Post verübt worden. Den schwersten Problemen sah sich die spanische Post gegenüber, die praktisch gezwungen war, jährlich den Entwurf ihrer Marken zu ändern, und zwar zwischen 1850 und 1879. Weitere Beispiele solcher Fälle sind:
Frankreich 20c (1870), 15c (1886), Sower 25c (1923),
Deutschland 10 Pf (1902), 10 Pf (1909),
Englands 1s (1872), 4d Fußball-Weltmeister (1966),
Australien 2d Sydney Harbour Bridge (1932),
USA 13c Liberty Bell (1980).
Das Aufkommen des Briefmarkensammelns in den 60er Jahren des 19. Jh.s stellte natürlich eine unwiderstehliche Versuchung für die Fälscher dar. Bereits 1862 schrieb der belgische Händler J. B. Moens sein Buch *De la falsification des timbres-poste,* und kurz darauf erschienen in England von E. L. Pemberton das Buch *Forged Stamps: How to Detect Them* und von W. B. Earee die Schrift *Album Weeds.* Die frühesten Fälscher auf diesem Markt waren die Spiro-Brüder aus Hamburg, etwas später folgten Foure (Paris), Panelli (Italien), Benjamin, Sarpy und Jeffyres (die »London Gang«), François Fournier (Genf), Georg Zechmeyer (Nürnberg), Erasmus Oneglia (Italien), Samuel Allen Taylor (Boston), Jean de Sperati (Aix-les-Bains) und Raoul de Thuin (Mexiko).

Von Postverwaltungen gefälschte Briefmarken sind aus verschiedenen Gründen hergestellt worden. Zur Überprüfung der Fälschungssicherheit beauftragte bereits 1856 das British Post Office einen Graveur mit der Fälschung von 1d-Marken. 1876 gab das US Post Office Fälschungen in Auftrag für die 5c- und 10c-Marken von 1847, die als Exponate auf der 100-Jahrfeier-Ausstellung gezeigt wurden. Die Fälschungen waren notwendig geworden, weil man die Druckplatten der Originalausgaben vernichtet hatte.

Fälschungen zu Propaganda- und Spionagezwecken tauchten seit 1918 auf, als die britische Regierung die Nachahmung von Freimarken mit kleinen Werten aus Österreich, Bayern und Deutschland veranlaßte. Die Fälschungen wurden verwendet zur Frankierung von Flugblättern, Broschüren und Postkarten, und sie sollten den Eindruck erwecken, daß das feindliche Ausland die Herkunftsorte dieser Sendungen sei. Die einzigen bekannten Beispiele dafür, daß Fälschungen postalisch gebraucht wurden, stammen aus Deutschland nach dem Waffenstillstand und während der Alliierten Besetzung von 1919 bis 1920.
Der englische Geheimdienst sorgte während des Zweiten Weltkrieges für die Fälschung der deutschen Hitlerkopfmarke und der französischen

Ersttagsbrief zum Gedenken an die Annahme der Nordwest-Ordonnanz nach dem Abzug der Engländer aus diesem Gebiet (s. S. 93)

Frankreich FM (Feldpost), Marke ohne Wertangabe (1946)

Luftpostmarke der Deutschen Bundespost

Deutsche Luftfeldpost (1942); USA $1, herabgesetzte Paketgebühr für Wehrdienstleistende (1968)

Marschall-Pétain-Marken. Auch in der Schweiz und in der Sowjetunion wurden deutsche Marken zu Propaganda- und Spionagezwecken gefälscht. Die Engländer stellten sogar eine 6-Pfennig-Marke mit dem Porträt Heinrich Himmlers her, um Unruhe in den Reihen der Nazi-Größen zu stiften. Plumpe deutsche Fälschungen englischer Marken von 1935 und 1937 kamen erst nach dem Krieg ans Licht.
Aus jüngster Zeit sind amtliche Fälschungen durch die Deutsche Bundespost und die Oberpostdirektion Berlin bekannt.

Feldpostmarken gestatten es Truppen im aktiven Dienst, Briefe, Karten und Päckchen portofrei zu verschicken. Sie wurden erstmals von Brasilien während des Krieges von 1865 bis 1870 gegen Paraguay herausgegeben. Die Marken trugen im Letterndruck die Inschrift EXERCITO EN OPERACOES CONTRA O PARAGUAY. Während der spanischen Expedition gegen Marokko (1893/94) wurde den Truppen Gebührenfreiheit für Postsendungen gewährt. Privat wurden – offensichtlich mit Genehmigung der spanischen Regierung – Anhängsel hergestellt und kostenlos an die Truppe verteilt, die die Inschrift trugen FRANQUICIA POSTAL ESPANA CORREOS EXPEDICIONARIO MELILLA 1893. Diese Anhängsel waren trotz ihrer Inschrift ganz und gar nicht amtlich und auch nicht wirklich notwendig, jedoch sehr populär wegen ihrer patriotischen Motive.
Trotz ihres Designs – amerikanischer Adler und Schild sowie Inschrift: ARMY FRANK, OFFICIAL BUSINESS ONLY – war eine Serie von drei Anhängseln ebenfalls nicht amtlich, die vom Zahlmeister der US-Freiwilligen-Armee hergestellt wurden, und zwar 1898 während des spanisch-amerikanischen Krieges von Major Brewster Cox Kenyon. Weitere halbamtliche Marken umfassen Ausgaben der schweizerischen Armee sowie Anhängsel, die von verschiedenen englischen Regimentern in Nord-Irland während der 70er Jahre hergestellt worden sind. Marken mit dem Aufdruck bzw. der Inschrift F. M. (Feldpost) sind seit 1901 von Frankreich ausgegeben worden; dänische Marken trugen 1917 den Aufdruck SF (Soldaten-Freimarken). Weitere Länder, die Feldpostmarken herausgebracht haben, sind Finnland, Deutschland, Vietnam und Japan.

Flugpost- und Zulassungsmarken. Vom 1. Mai bis 19. Oktober 1948 wurde keine Briefpost in der amerikanischen und britischen Besatzungszone von Deutschland befördert, die nicht mit einer Flugpost-Zulassungsmarke, die von der *Joint Import Export Agency* herausgegeben wurde, versehen war. Ausgenommen waren Luftpost-Leichtbriefe. Am 20. Oktober 1948 wurde der Flugpostdienst allgemein freigegeben.

Flugpostmarken haben ein erstaunliches Alter. Die erste Flugmarke war eine 5c gummierte Marke, die 1877 von »Professor« Samuel King zur Postbeförderung durch den Ballon *Buffalo* aus Nashville, Tennessee, herausgebracht worden ist. In Blau gedruckt, zeigt sie das Bildnis des fliegenden Ballons. Im November 1898 wurden blaue Shilling-Marken vom *Original Great*

Barrier Pigeongram Service ausgegeben. Die Marke zeigte einen Vogel, der einen Brief im Schnabel hält. Unter den später nachfolgenden Ausgaben befand sich eine Marke mit einem Aufdruck, der ihre Verwendung durch die Brieftaubenpost zur Insel Marotiri kennzeichnete, sowie ein Paar Dreiecksmarken (1899–1901).
In den Jahren, die unmittelbar auf die ersten Flüge der Gebrüder Wright mit Propellermaschinen folgten, waren Flugtage die große Sensation in Europa, und viele dieser Veranstaltungen brachten Erinnerungsmarken heraus, von denen einige einen halbamtlichen Status als Flugpostmarken bekamen. Der erste dieser »Aufkleber« wurde im Juni 1909 für den Flugtag in Bar-sur-Aube produziert und zeigte die allegorische weibliche Figur, die ein Sinnbild der Luftfahrt sein soll. Im darauffolgenden Monat gab der Flugtag in Douai die erste Erinnerungspostkarte und den ersten Aufkleber heraus, auf dem ein Flugzeug abgebildet war – wenngleich halbsymbolisch (eine weibliche Figur mit Doppeldecker-Schwingen auf ihrem Rücken). Im August 1909, anläßlich eines Fliegertreffens in St. Malo les Bains, wurde der erste Aufkleber hergestellt, auf dem ein identifizierbares Flugzeug – ein Wasserflugzeug – abgebildet war.

Peru 5c, 1871: für den lokalen Postdienst in Lima, Chorillos und Callao (s. S. 97)

USA 3c, gestempelter Umschlag zur Hundertjahrfeier der Unabhängigkeit, 1876 (s. S. 97)

Neu-Süd-Wales 4d, 1888, mit dem Porträt Kapitän James Cooks (s. S. 97)

Der erste Aufkleber, der echte Frankaturgültigkeit besaß, wurde im August 1910 in Verbindung mit dem Flugtag in Nantes herausgebracht. Die rote und blaue 10c-Marke lehnte sich im Design eng an die Baseler Taubenmarke von 1845 an, wobei anstatt der Taube ein Eindecker abgebildet war. Gebrauchte Exemplare auf Erinnerungspostkarten wurden mit einem Doppelring-Poststempel mit der Inschrift NANTES AVIATION entwertet.

Die ersten halbamtlichen Flugpostmarken wurden in Deutschland in Verbindung mit den Flügen zwischen Bork und Brück durch den Flugpionier Grade herausgegeben. Drei verschiedene Marken (jede ohne Wertangabe) wurden ausgegeben, und man kennt sie von Karten und Umschlägen mit einer Vielzahl von Flugstempeln. Weitere halbamtliche Flugpostmarken erschienen in schneller Folge, z.B. die 50-Pfennig-Margareten-Volksfest-Marke vom Mai 1912, die rheinische Flugpost (für das Luftschiff *Schwaben* und den Eindecker *Gelber Hund*) im Juni 1912, die Gothaer Flugpost (Juli) sowie die bayerische Aero-Club-Marke und die von den Regensburger Postflügen (beide Oktober).

Die erste von einem staatlichen Postdienst ausgegebene Flugpostmarke war die italienische 25c-Centesimi-Eilbriefmarke, die im Mai–Juni 1917 mit einem Aufdruck für den Flugdienst Rom–Turin versehen wurde. Die ersten Flugpost-Freimarken-Ausgaben brachten die USA im Mai 1918 heraus; auf diesen war eine Curtiss Jenny abgebildet. Die 24c mit kopfstehendem Markenbild war der erste Flugpostmarken-Fehldruck.
Die Vereinigten Staaten waren auch das erste Land, das eine Marke mit der Abbildung eines Flugzeugs herausbrachte, obwohl ohne besonderen Hinweis auf eine Luftpost-Verwendung. Es handelt sich dabei um die 20c-Marke aus der Päckchenpost-Serie vom Dezember 1912. Weitere frühe Beispiele für Nicht-Flugpostmarken, auf denen Flugmaschinen abgebildet wurden, waren: Kuba, 10c, Eilzustellung (1914); Österreich, 35h und 3h, Kriegswohlfahrtsmarke (1915); Dominikanische Republik, 10c, Sonderzustellung (1920); Brasilien, 100, 150 und 200 Reis, Freimarken (1921) und Rußland, 20 Rubel + 5 Rubel (1922).

Frankaturscheine, d.i. Zulassungsmarken wurden vom britischen Vizekonsul in Antanarivo (Madagaskar) von 1884 bis 1887 ausgegeben. Diese Scheine wurden an einheimische Bewohner der Insel verkauft, um die Korrespondenz zu erleichtern. Sie wurden an nur einer Ecke auf die Briefe aufgebracht und sodann von Konsulatsangestellten entfernt, die die Briefe dann nach Mauritius weiterleiteten, wo sie schließlich in Port Louis mit den erforderlichen amtlichen Marken von Mauritius oder Réunion beklebt wurden, woraufhin sie dann weiterbefördert werden konnten.

Gedenkmarken

Sowohl gummierte Marken als auch spezielle Briefumschläge sind hergestellt worden zum Gedenken an ein Ereignis, eine Persönlichkeit, oder um ein historisches Jubiläum zu begehen.

Neubraunschweig gab 1860 eine Markenserie mit Bildmotiven aus, und zwei davon können als quasi-Gedenkmarken angesehen werden. Die 1c-Marke zeigte die Lokomotive Nr. 9 zur Feier der Fertigstellung der europäischen und nordamerikanischen Eisenbahnen von 1860, während die 17c-Marke, die den Prince of Wales in Hochlandtracht abbildete, zum Gedenken an seinen Besuch der Kolonie im August 1860 herausgebracht wurde. Keine dieser Marken allerdings enthält einen Hinweis auf den Gedenkaspekt in der Inschrift. Die Marken waren bis 1868 in Gebrauch

Frankreich veranstaltete 1863 eine Neuausgabe seiner Freimarken mit einer Lorbeerkrone auf dem Kopf von Napoleon III. zum Gedenken an seine Siege im Italienfeldzug 1859/60. Diese Marken blieben bis zum Sturz des Zweiten Kaiserreiches 1870 in Gebrauch.

Die frühesten Gedenkmarken in Asien (Hongkong, 1891); Amerika (Argentinien und El Salvador, 1892); Europa (Montenegro, 1893); Afrika (Transvaal, 1895)

Peru stellte im April 1871 eine 5c-Marke her, die im Stanley-Gibbons-Katalog als erste Gedenkmarke der Welt ausgewiesen ist. Sie trägt auf drei Seiten die Inschrift CHORILLOS LIMA und CALLAO und zeigt die Abbildung einer Lokomotive über dem Staatswappen. Da im Jahre 1851 eine Eisenbahnlinie zwischen Lima und Callao eröffnet worden war, wird davon ausgegangen, daß diese Marke an das zwanzigjährige Bestehen der Eisenbahnverbindung erinnern sollte. Tatsächlich jedoch ist die Marke einzig dadurch angeregt worden, daß durch die Revolution von 1869 und die Abschaffung der Diktatur die Unterdrückung jener Briefmarken erfolgte, die von der American Banknote Company hergestellt worden waren. Das wiederum machte neue Marken erforderlich, die örtlich hergestellt wurden, und unter diesen befand sich eine 5c-Marke, die speziell für die niedrigen Postgebühren im Bereich Lima, Callao und Chorillos gedacht war. Diese Marke wurde am 15. September 1869 durch ein Dekret amtlich genehmigt, in dem verfügt wird: »Die Postgebühr zwischen Lima, Callao und Chorillos wird hiermit auf die Hälfte herabgesetzt; infolgedessen wird der Generaldirektor ermächtigt, Briefmarken zu 5 Centavos zu drucken, die zur Vorauszahlung solcher Postsendungen bestimmt sind.« Der Generaldirektor gab am 12. September 1870 bekannt, daß eine Matrize in Vorbereitung sei. Bezeichnenderweise erwähnte er bei seiner Beschreibung keinen Gedenkanlaß. In der zeitgenössischen philatelistischen Literatur wurde die Marke abgebildet und beschrieben, doch wurden die Eisenbahn oder ihr Jubiläum nirgendwo erwähnt. Es scheint demnach, daß die Herausgabe der Marke zum Zeitpunkt des 20jährigen Bestehens ein bloßer Zufall und keineswegs geplant war. Die Marke blieb bis 1877 in Gebrauch.

Die erste eindeutige Gedenkausgabe bestand aus zwei mit 3c-Marken bedruckten Umschlägen in Grün oder Rot, die im Mai 1876 von den USA zur Ausstellung der Hundertjahrfeier in Philadelphia ausgegeben wurden. Der Entwurf zeigt einen Postreiter und einen Eisenbahnzug, mit den Datierungen 1776 und 1876, womit alte und neue Formen der Postbeförderung symbolisiert werden sollten. Ganz eindeutig gedachten diese Prägestempel sowohl der Ausstellung, d.h. einem Zeitereignis, als auch dem 100. Jubiläum der amerikanischen Unabhängigkeit, d.h. einem historischen Ereignis.

Die erste gummierte Gedenkmarke war eine 2-Pfennig-Marke, im Juli 1887 vom Privat Briefverkehr in Frankfurt a.M. zum Gedenken an den 9. deutschen Jubiläums-Bundes-Schieß-Wettbewerb.

Die ersten gummierten Gedenkmarken, die von einer staatlichen Postverwaltung hergestellt wurden, brachte 1888 Neu-Süd-Wales heraus; sie trugen die Inschrift ONE HUNDRED YEARS zum Gedenken an das 100jährige Jubiläum der englischen Besiedlung von Sydney Cove. Die Serie umfaßte zehn Werte – von 1d zu 20s, und obwohl sie nach Inschrift und Thema eindeutig Gedenkmarken waren, wurden die Marken 12 Jahre lang für den Postgebrauch nicht freigegeben; in der Zwischenzeit wurden zahlreiche Veränderungen in Farbe, Wasserzeichen und Perforierung vorgenommen.

Gummierte Gedenkmarken der Folgezeit waren:

Asien: Hongkong, Golden Jubilee (1891) – ein Überdruck der gültigen 2c-Freimarke.

Amerika: Am 1. Januar 1892 brachten El Salvador und Nicaragua Serien heraus, um den 400. Jahrestag der Entdeckung Amerikas durch Kolumbus feierlich zu begehen, während Honduras (31. Juli), Argentinien und Paraguay (beide am 12. Oktober) ebenfalls dieses Ereignisses gedachten.

Europa: Montenegro, 400jähriges Jubiläum der Entdeckung der Buchdruckerkunst (1893).

Afrika: Südafrikanische Republik (Transvaal), Einführung der Penny Postage (1895).

Zur Verhinderung der Herstellung einer Überfülle unnötiger Marken mit hohen Wertangaben wurde die »Society for the Suppression of Speculative Stamps« (die Vier-S-Liga) im Jahre 1895 gegründet, gefolgt von einem Beschluß des Weltpostverein-Kongresses in Washington (1897) mit dem Wortlaut: ». . . daß Marken, die aus einem besonderen Anlaß, der für das Land der Ausgabe eigentümlich ist – also jene Marken, die Gedenkmarken genannt werden –, nur für einen begrenzten Zeitraum gültig sind, für den internationalen Postverkehr nicht mehr gültig sein sollen«. Dieser Beschluß trat nie in Kraft, wenngleich einige Länder die Gültigkeit derartiger Marken begrenzten (z. B. die Central-American-Exhibition-Serie von Guatemala, 1897, und die Auckland-Exhibition-Serie, 1913,

Flugpostmarken (s. S. 95/96) aus Island (1929), Deutsches Reich (1919), USA (1921), Italienisch-Cyrenaika (1934) und Schweden (1930)

Die erste britische gummierte Gedenkmarke: British Empire Exhibition, 1924

die auf Briefe und Postkarten innerhalb Neuseelands und nach Australien beschränkt waren). Gedenkmarken wurden in Deutschland erst seit 1919, in Frankreich seit 1923 und in Großbritannien seit 1924 herausgebracht.

Das erste historische Ereignis, dessen gleichzeitig von verschiedenen Ländern gedacht wurde, war der 400. Jahrestag der Entdeckung Amerikas durch Kolumbus 1892. Von vielen Ländern Lateinamerikas, der Vereinigten Staaten (1893) und zweier englischer Kolonien – Grenada und Trinidad (beide 1898) – wurden Marken zur Feier dieses Ereignisses ausgegeben. 1897/98 brachten sieben Länder des British Empire insgesamt 44 Marken anläßlich des diamantenen Regierungsjubiläums der Königin Victoria heraus.

Die erste Sammelausgabe mit einheitlichen Entwürfen und von verschiedenen Ländern gleichzeitig herausgegeben, erschien im Jahre 1898 zur Feier des 400. Jahrestages der Entdeckung des Seeweges nach Indien durch Vasco da Gama. Die Marken wurden von Portugal und seinen überseeischen Kolonien ausgegeben und von der Firma Waterlow and Sons, London, im Tiefdruckverfahren gedruckt. Dieser Einfall wurde mit Verspätung aufgegriffen. Frankreich brachte erstmals eine Sammelausgabe aus Anlaß der Kolonialausstellung in Paris (1931) heraus, während die erste britische Kolonialsammelausgabe im Jahre 1935 erschien, um das silberne Jubiläum König Georg V. feierlich zu begehen.

Die schnellste Ausgabe einer Gedenkmarke im Gefolge eines Ereignisses gelang der Tschechoslowakei am 13. April 1961 mit der Herausgabe zweier Marken zum Gedenken an den ersten bemannten Raumflug, der am vorausgegangenen Tag stattgefunden hatte. Die Marken, auf denen ein Astronaut im Weltall abgebildet war, wurden entworfen von F. Hudeček, gestochen von Ladislav Jirka und im Vorgriff auf das Ereignis im Tiefdruckverfahren hergestellt, doch eine Inschrift mit dem Datum des Starts wurde erst im letzten Augenblick hinzugefügt.

Die längste Gedenkmarkenserie wurde am 6. Dezember 1948 von Chile herausgebracht und umfaßte 25 Marken zu jeweils 60 Centavos, 2,60 Pesos und 3 Pesos zur 100-Jahr-Feier des Erscheinens von Claude Gays Buch über die chilenische Fauna und Flora. Sämtliche 75 Marken trugen verschiedene botanische oder zoologische Motive. Am nächsten kam diesem Rekord eine Serie von 50 Marken, die 1976 von den USA zum Auftakt der 200-Jahr-Feiern herausgegeben wurden. Diese Marken – sämtlich 13c Werte – bildeten die Flaggen aller 50 US-Staaten ab und waren Seite an Seite auf einen Bogen gedruckt. 1982 brachten die USA einen Bogen mit 50 verschiedenen 20c-Marken heraus, deren jede den Wappenvogel bzw. die Blume eines jeden Einzelstaates zeigte.

Die am längsten verzögerte Gedenkmarkenserie bestand aus vier Marken, die von Sarawak 1941 zur 100-Jahr-Feier der Weißen Radschahs zur Herausgabe vorgesehen war. Die Marken wurden 1941 im Tiefdruckverfahren von der Firma Bradbury Wilkinson hergestellt, doch ihre Ausgabe wurde aufgrund der japanischen Invasion im Dezember desselben Jahres verschoben. Sie erschienen tatsächlich erst am 18. Mai 1946, ein Jahr nach der Befreiung des Landes von der japanischen Herrschaft und viereinhalb Jahre nach dem ursprünglich vorgesehenen Erscheinungsdatum.

Das einzige Beispiel eines Zusammendrucks von Frei- und Gedenkmarken Seite an Seite stammt aus Dänemark (Januar 1937), als eine Serie von drei Wohlfahrtsmarken ausgegeben wurde, um Geld für das Denkmal H. P. Hansens, des Nordschleswiger Patrioten, zu sammeln. Die Marken erschienen in Heften, denen gewöhnliche Freimarken mit derselben Wertangabe (5, 10 oder 15 Øre) beigegeben waren. Die 5-Øre-Marke in Grün (anstatt des normalen Gelbtons) gibt es einzig in diesen Hansen-Heften. Die 10-Øre-Marke mit breiterem Rand wurde in einem Sonderdruck vom September 1940 neu ausgegeben, wiederum in Heften Seite an Seite mit einer 10- + 5-Øre-Rote-Kreuz-Wohlfahrtsmarke.

Gedenkmarken, die als Teil einer Freimarkenserie beibehalten wurden, gibt es in neuerer Zeit nur einmal. Irland brachte am 30. Juni 1944 ½d- und 1s-Marken heraus im Gedenken an den 300. Todestag von Michael O'Cleary, dem Autor von *The Annals of the Four Masters.* Die Marken zeigten einen schreibenden Mönch und trugen die Inschrift in Gälisch: »Zur Ehre Gottes und zum Ruhme Irlands«. Obgleich eindeutig befristet, wurden sie an Stelle der entsprechenden Freimarken (Lichtschwert-Entwurf) beibehalten und blieben über 24 Jahre in Gebrauch.

Einzigartige Exemplare von Gedenkmarken stammen wiederum aus Irland; sie wurden mehr als

zwanzig Jahre später in einem unveränderten Entwurf neu herausgegeben. Im Dezember 1937 wurden zwei Marken herausgebracht, auf denen eine allegorische Figur, die Irland darstellen soll, die neue Verfassung hochhält – zur Feier der in diesem Jahr erlangten Unabhängigkeit. Im Dezember 1958, zum 21. Jahrestag der republikanischen Verfassung, wurde der Entwurf von 1937 neu aufgelegt, mit neuen Wertangaben und in anderen Farben; es wurde Papier mit dem »e«-Wasserzeichen benutzt, das 1940 eingeführt worden war.

Guerillamarken wurden erstmals ausgegeben von der Republik Schwarze Fahne, Taiwan, im September/Oktober 1890, nachdem die Insel im Anschluß an den dritten chinesisch-japanischen Krieg an Japan gefallen war. Der Herausgeber war in diesem Fall eine chinesische Untergrundbewegung, die die Kapitulationsbedingungen nicht anerkennen wollte. Die Republik wurde von den Japanern brutal unterdrückt.
Als ein weiteres Beispiel ist die Carlistische Post in Spanien zu nennen, die zwischen 1863 und 1876 eigene Marken herausgab.

Halbierte Marken werden postalisch zur Hälfte ihrer Wertangabe gebraucht. Früheste Beispiele sind die englischen 6d von 1854, halbiert und benutzt zur Zahlung eines Nachportos von 3d auf einem Brief von London nach Ashby de la Zouch. Die 3d- und 6d-Marken aus New Brunswick von 1851 waren halbiert und wurden mit anderen Wertangaben zu 1s 3d und 7½d verbunden. Wahrscheinlich das am besten bekannte Beispiel einer Halbierung stammt von den Channel Islands (Kanal-Inseln), 1940, die als englische 2d-Marken durchgeschnitten und als 1-Penny-Marken während einer Markenknappheit als Folge der deutschen Besetzung verwendet wurden.

Kanadische 3c-Marken wurden zerschnitten in ⅓- und ⅔-Teile, zum Gebrauch als 1c- und 2c-Marken, in Port Hood im Januar 1895. Jeder »Split« trug einen Handstempel mit der entsprechenden Ziffer, um den neuen Wert anzugeben. New Brunswick liefert das früheste Beispiel für eine Viertelung von Marken – die 1s von 1851 konnte nach Zuschnitt als 3d-Marke verwendet werden.

Der häufigste Gebrauch von zerschnittenen Marken wurde in Mexiko gemacht. Die 8-Reales-Marken von 1856 wurden vierfach geteilt, um niedrigere Wertangaben zu ermöglichen: ¾ = 6r, ½ = 4r, ¼ = 2r und ⅛ = 1r. Die 1861er-Serie ist noch umfangreicher: ½ der 1r (½r), ½ der 2r (1r), ½ der 4r (2r) und ¼ der 4r (1r) in Ergänzung zu den obengenannten Werten. In der Serie von 1864–66 wurden ¼ und ¾ 4r-Marken als 1r- und 3r-Marken verwendet.

Eine interessante Ausgabe von Markenhalbierungen wurde 1901 als *Vineta*-Provisorium bekannt. Wegen Mangels an 3-Pf-Marken auf dem SM Kreuzer *Vineta* (Marine Schiffspost Nr. 1) wurden vom Marineoberzahlmeister 300 Stück 5-Pf-Marken mit dem Germania-Muster senkrecht halbiert und als 3-Pf-Marken verwendet. Obwohl diese Marken ein regional begrenztes Aushilfsprovisorium darstellen, werden sie traditionsgemäß als Nr. 67 im Michel-Katalog geführt, was an sich nicht den sonstigen strengen Richtlinien bei der Katalogisierung entspricht.

Konzentrationslager-Marken wurden bei zwei Gelegenheiten während des Zweiten Weltkrieges ausgegeben. Eine unbezeichnete grüne Marke mit der Abbildung einer unverfänglichen ländlichen Szene wurde im Juli 1943 von den Nazis für die Häftlinge des KZ-Theresienstadt in der Tschechoslowakei herausgegeben. Diese Marken konnten dann an Freunde und Verwandte verschickt werden, die damit Päckchen an das Lager frankieren sollten.

Dem jüdischen Rat im Getto von Lodz wurde im März 1944 die Organisation einer Lokalpost gestattet, sowie die Herausgabe von Marken, die auf Deutsch die Inschrift trugen JUDENPOST LITZMANNSTADT GETTO. Nach dem Krieg richteten polnische Vertriebene, die im früheren Konzentrationslager Dachau-Allach interniert waren, ihren eigenen Postdienst ein und brachten Marken in Pfennig-Wertangaben heraus, die den polnischen Adler und die polnische Flagge zeigten. Diese Marken wurden einen Monat später (September 1945) als Miniaturbogen neu herausgegeben mit einem Zuschlag zugunsten des Roten Kreuzes. Die Dachau-Marken wurden Ende 1945 eingezogen.

Irland, Constitution 2d (1937) und Annals of the Four Masters 1/2d (1944)

Portugal, Sammelausgabe (Vasco da Gama, 1898; s. S. 98)

Kommando-Briefmarke des Oranjefreistaates, 1899

Dachau-Allach, Polnische Lager-Post, 3M, 1945

Italien, Marken der konzessionierten Brief- (35 Lire) und Paketpost (900 Lire; s. S. 100)

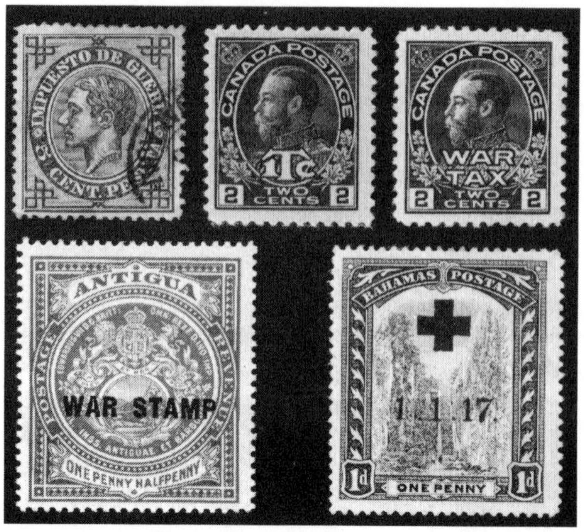

Kriegssteuermarken aus Spanien (1874), Kanada (1916), Antigua (1916) und den Bahamas (1917)

Konzessionierte Brief- und Paketmarken sind seit Juli 1928 von Italien ausgegeben worden. Sie stellen eine bewundernswerte Lösung des uralten Problems dar, das Postmonopol vor unternehmungslustigen Gesellschaften und Einzelpersonen zu schützen, die in der Lage sind, auf rein lokaler Ebene einen besseren Dienst anzubieten. Diese Marken werden von der italienischen Post für den Gebrauch durch private Gesellschaften und Agenturen herausgegeben, die die Genehmigung erhalten, Post gegen eine geringe Gebühr zuzustellen. Diese Marken tragen die Inschrift RECAPITO AUTORIZZATO (genehmigte Zustellung). Seit 1953 werden Doppelstücke für die konzessionierte Paketpost ausgegeben *(trasporto pacchi in concessione).*

Polnische Kriegsgefangenenpost

Kriegsgefangenenmarken sind in beiden Weltkriegen in Gefangenenlagern gedruckt worden. Während des Ersten Weltkrieges wurden Marken zur Verwendung innerhalb des Lagerbereichs von englischen Gefangenen in Ruhleben, Deutschland, und von deutschen Gefangenen in Knockaloe (Isle of Man) und Bando (Japan) hergestellt. Während des Zweiten Weltkriegs wurden zahlreiche Marken von polnischen Gefangenen in den deutschen Lagern Murnau, Grossborn, Neubrandenburg und Woldenburg hergestellt. Die schweizerische Post stellte ebenfalls spezielle Frankaturscheine für französische Gefangene zur Verfügung, die während und unmittelbar nach dem Deutsch-Französischen Krieg von 1870/71 dort interniert waren.

Kriegssteuermarken als ein Mittel, für die Fortsetzung des Krieges Geld zu sammeln, wurden erstmals 1874–77 von Spanien ausgegeben. Versehen mit der Inschrift IMPUEST DE GUERRA (Kriegssteuer) waren sie obligatorisch auf aller Korrespondenz: Das Geld wurde für die Fortführung der Karlistischen Kriege aufgebracht. Nochmals ausgegeben wurden Kriegssteuermarken 1898 während des Spanisch-Amerikanischen Krieges. In zahlreichen Fällen überdauerten diese Marken den Krieg, und einige waren sogar bis 1920 im Verkehr.
Die Idee wurde 1915 im British Commonwealth neubelebt. Im Februar dieses Jahres brachte Kanada drei Briefmarken mit dem Aufdruck WAR TAX heraus. Obwohl zu fiskalischen Zwecken gedacht, gab es Zweideutigkeiten in dem Rundschreiben, mit dem ihre Ausgabe angekündigt wurde, und tatsächlich wurden sie postalisch gebraucht. Später dann, im Jahre 1916, kamen 1c- und 2c-Marken mit der Inschrift WAR TAX in Umlauf, die zusätzlich zur normalen Frankatur auf Briefe geklebt werden mußten. 1916 erschienen Marken, die Postgebühr und Kriegssteuer in sich vereinigten.
Außerhalb des Commonwealth wurden die einzigen Kriegssteuermarken 1918 von Liberia ausgegeben.

Lebensversicherungsmarken sind seit 1891 von Neuseeland ausgegeben worden. Diese sind für den postalischen Gebrauch des staatlichen Lebensversicherungsamtes bestimmt. Das einzigartige an diesen Marken ist, daß das auf ihnen abgebildete Motiv stets ein Leuchtturm gewesen ist.

Die einzige Marke, die Postgültigkeit mit Teilnahme an einer Lotterie verbindet, wurde am 1. Juni 1964 von Norwegen ausgegeben. Darauf abgebildet war das UNO-Emblem und sie trug die Inschrift PORTO BETALT LYKKERBREVET. Ihr Frankierungswert betrug 50 Öre, doch wurde sie für 2,50 Kronen verkauft, wobei der Zuschlag an die Flüchtlingshilfe ging. Zusätzlich trug jede Marke eine Seriennummer, die den Käufer zum Teilnehmer einer Lotterie machte, deren Ziehung im September erfolgte. Die Marke blieb bis zum 15. Juli im Verkauf und war bis zum 10. August postgültig.

Markenhefte wurden erstmals bereits im November 1878 in Erwägung gezogen, als das British Board of Inland Revenue die Firma De La Rue damit beauftragte, ein Versuchsheft mit vier Gruppen von je sechs 1d-Steuermarken herzustellen. Sie waren auf geniale Weise mit weißen Baumwollfäden zusammengehalten, die durch die Perforation der oberen und unteren Reihen

von Briefmarken gezogen waren. Der Umschlag des Heftes war lila gedruckt und trug das königliche Wappen zusammen mit der Preisangabe – 2s ½d –, wobei der Aufschlag von einem halben Penny die Produktionskosten decken sollte. Obwohl tatsächlich Exemplare an dieses Amt ausgeliefert wurden, wurde die Idee nie in die Wirklichkeit umgesetzt. Erst 1904 führte England Markenhefte ein, obgleich bereits 1891 einem privaten Syndikat die Herstellung gestattet worden war – wobei in diesem Fall die Produktionskosten durch Werbung auf den Umschlagseiten gedeckt werden sollten.
Das erste Land, das Briefmarken in Heften herausbrachte, war Luxemburg (1895). Andere Länder griffen bald diese Anregung auf. Die ersten englischen Hefte wurden zum Preis von 2s ½d angeboten – wieder sollte der halbe Penny die Produktionskosten decken. Für die Öffentlichkeit war dies ein Ärgernis, und es erschwerte zudem die Buchführung, so daß 1906 der Preis auf 2s gesenkt wurde, doch blieb eine Halfpenny-Marke ausgespart, und an ihren Platz trat ein Aufkleber mit dem grünen Aufdruck eines St.-Andreas-Schrägkreuzes. Die Deutsche Reichspost gab am 1. November 1910 – nachdem schon lange vorher Versuche durchgeführt worden waren – die ersten amtlichen Markenhefte heraus.

Militärpostmarken zur Verwendung durch Truppen im aktiven Dienst wurden erstmals am 1. Juli 1869 in Bosnien und Herzegowina ein Jahr nach der österreichischen Besetzung dieser türkischen Verwaltungsbezirke ausgegeben. Aufstände der slawischen Bevölkerung und türkische Rebellen machten es notwendig, diesen Dienst auf die militärische Feldpost zu beschränken. Am 9. Januar 1879 wurde dieser Dienst teilweise auf die Zivilbevölkerung ausgedehnt; österreichische sowie ungarische Marken wurden zurückgezogen, nachdem die speziell für Bosnien und Herzegowina ausgegebenen Marken am 1. Juli eingeführt worden waren. Diese Marken zeigten das Habsburger Wappen und Ziffern mit Wertangabe, doch trugen sie keine weitere Inschrift. Der Name des Gebiets

Neuseeland, Ersttagsbrief für die Serie der staatlichen Lebensversicherung von 1947

Umschläge von Markenheften der Deutschen Bundespost und Großbritanniens (s. a. S. 100)

Wohltätigkeits-Ausgabe zugunsten der Kriegsbeschädigten, Deutsches Reich 1919

Deutsche Militärpostmarke für Rumänien, Gebiet 9. Armee, 1918
und
Militärpostmarken für die China-Expeditionstruppen (1900); Bosnien (1914); von Österreich besetztes Gebiet (1915); liberianische Truppen (1918); Truppen in Njassaland (1918); polnisches Korps in Rußland (1918); ostafrikanische Truppen (1943); militärische Besetzung Triests durch Jugoslawien (1947) und indische UNO-Truppen im Kongo (1962)

Postpaketmarke (für Päckchen und Pakete bis maximal 5 kg), Belgien, 1928

Paketmarke der USA, 1925: Die mit diesen Marken freigemachten Pakete wurden zusammen mit den Briefen zugestellt, und zwar zu den normalen Portosätzen

erschien auf den Marken erst seit 1906, und 1912 trug sie die Inschrift K. u. K. MILITÄR POST. Auf einigen der späteren Ausgaben waren die Namen Bosnien und Herzegowina weggelassen, doch lassen sie sich durch Bezugnahme auf die Militärpost leicht identifizieren.

Einigermaßen verwirrend war, daß Österreich auch während des Ersten Weltkrieges Marken mit der Inschrift K. u. K. FELDPOST herausbrachte, doch waren diese auf Gebiete beschränkt, die von österreich-ungarischen Truppen besetzt gehalten wurden, und sie trugen einen Überdruck (gelegentlich einen Aufdruck mit Angabe der örtlichen Währung) für die Verwendung in Italien, Montenegro, Rumänien und Serbien.

Weitere Beispiele solcher Militärpostmarken sind:

1900 Indische Marken mit dem Aufdruck »C. E. F.« (China Expeditionskorps) zur Verwendung während des Boxeraufstandes.
1914 Indische Marken mit dem Aufdruck »I. E. F.« (indische Expeditionstruppen); anglofranzösische Besetzung von Togoland und Kamerun.
1916 Britische Militärpost Saloniki.
1918 Deutsche 9. Armee (Rumänien); Deutsche 10. Armee (Ukraine); ferner »Liberian Field Force«; »Nyasaland Field Force«; polnisches Armeekorps (Rußland).
1919 Tschechoslowakische Armee in Sibirien; Nord-Armee, Nord-West-Armee und West-Armee (Rußland).
1920 Petlyura, Militärpost in der West-Ukraine.
1923 Besetzung Korfus durch italienische Seestreitkräfte.
1940 Deutsche Besetzung Nord-Frankreichs.
1941 Flämische Legion, französische Freiwillige (Waffen-SS).
1942 Wallonische Legion (Waffen-SS); Streitkräfte im Mittleren Osten (England); polnische Militärpost in Rußland; Freie Französische Streitkräfte (Levante).
1943 Ostafrikanische Streitkräfte (Somalia).
1944 Dänische Legion (Waffen-SS); italienischer Flottenstützpunkt (Bordeaux), Festung Lorient; deutsche Streitkräfte in Mazedonien.
1945 Deutsche Militärpost in Kurland.
1953 Indische Wacheinheiten (Korea).
1954 Indische Truppen in der Internationalen Kommission in Indochina (Laos, Kambodscha und Vietnam).
1962 UNO-Truppe (Indien) im Kongo.
1965 UNO-Truppe (Indien) in Gasa.

Nachportomarken werden von Postverwaltungen verwendet zur Kennzeichnung einer Gebühr, die für unbezahlte oder unterbezahlte Post vom Empfänger erhoben wird. Sie werden von Postangestellten auf die Sendungen geklebt und nennen den Betrag, der bei Zustellung vom Adressaten zu zahlen ist. Obgleich diese Marken nicht im öffentlichen Verkauf sind, können sie in ungebrauchtem Zustand von Briefmarkenhändlern erworben werden. Die deutschen Marken sind erkennbar durch die Inschrift »Vom Empfänger zahlbar einzuziehen, Porto«.

Die erste Portomarke erschien am 1. Januar 1859 in Frankreich. Bis 1870 kam nur ein Wert heraus (10 centimes), doch dann wurde eine 15c eingeführt, und im darauffolgenden Jahr wurde die Serie von 25c bis 60c ausgeweitet. Baden und Bayern folgten am 1. Oktober 1862. Die Marken aus Baden trugen die Inschrift LANDPOST-PORTOMARKE und bezeichneten das Nachporto für Postsendungen in ländliche Gebiete. Die bayerische Marke war deutlicher gekennzeichnet und trug die Inschrift »Bayern, Posttaxe vom Empfänger zahlbar«. Die erste amerikanische Portomarke wurde am 9. Mai 1879 ausgegeben. Die erste Commonwealth-Ausgabe von Victoria (1. November 1890) und Neu-Süd-Wales (1. Januar 1891). 1876–78 erschienen in Guadeloupe Portomarken, lange bevor gewöhnliche Freimarken eingeführt wurden. Das australische Commonwealth brachte im Juli 1902 Portomarken heraus – 11 Jahre vor der Ausgabe gewöhnlicher Marken. England führte erst am 20. April 1914 Portomarken ein.
Besondere Kategorien von Portomarken:
Paketportomarke – USA 1912
Zwangssteuerportomarke (wenn es versäumt worden war, die obligatorischen Wohltätigkeitsmarken zu verwenden) – Portugal (1925–28), Jugoslawien (1933–63).
Im Entwurf sind diese Marken nüchtern und kennzeichnen lediglich den Verwendungszweck, doch viele und vor allem frankophone Länder haben auch Bildmotive eingeführt: Französisch-Guayana (1905), Dahomey, Elfenbeinküste, Mauretanien, Neu-Kaledonien, Senegal, Oberer Senegal und Niger (1906).

Paketmarken: Belgien (1902) und Uruguay (1960)

Paketmarken, die die Vorauszahlung von Postgebühren auf Päckchen und Paketen kenntlich machen, wurden von Frachtgesellschaften hergestellt, lange bevor staatliche Paketdienste eingerichtet wurden. Bei dem frühesten bisher bekannten Exemplar handelt es sich um einen roten, ovalen, gummierten Aufkleber, der um etwa 1821 auf Paketen nach Dublin, von Dublin nach Ludlow, Shropshire, verwendet worden sein soll. Wäre diese Marke echt gelaufen, dann würde sie dies zum frühesten Beispiel einer gummierten Briefmarke überhaupt machen. Ihr Wert betrug 6s, 6d und die Aufschrift lautete FROM C & R ELLIOTT'S LONDON & DUBLIN PARCEL OFFICE, 33 SACKVILLE ST OPPOSITE THE GENERAL POST OFFICE DUBLIN. Eisenbahngesellschaften zählen mit zu den ersten, die Paketmarken verwendeten, so etwa die London & North-Western sowie die North British Railways mit ihren Ausgaben von 1846. Zusätzlich zu den Marken für gewöhnliche Pakete brachten diese Gesellschaften auch besondere Marken heraus für: Zuckerproben (Glasgow & South-Western Railway), Getreide (Great Northern), Marktkörbe (Midland Great Western of Ireland), Farmprodukte (South Eastern & Chatham), Milchkartons (Furness). Bis auf den heutigen Tag werden Paketmarken von Eisenbahn-Verwaltungen, Frachtgesellschaften und Busdiensten ausgegeben, da die Beförderung von Paketen das Postmonopol nicht verletzt.

Die ersten Paketmarken unter staatlicher Regie wurden am 1. Mai 1879 erstmals von Belgien herausgebracht. Diese Marken mit der Aufschrift CHEMINS DE FER wurden für den von der staatlichen belgischen Eisenbahn eingerichteten Dienst verwendet und gelten deshalb nicht als Privatpostmarken, sondern als amtliche Ausgaben. Obwohl dieses System bis auf den heutigen Tag Bestand hat, hat die belgische Post seit 1928 einen kleinen Paketdienst eingerichtet und zu diesem Zweck besondere Marken ausgegeben. Ähnliche Marken wurden auch von der SNCF (Société Nationale des Chemins de Fer) in Frankreich seit 1892 herausgebracht.
Die erste englische Paketmarke war die 9d der Gesamtserie vom 1. August 1883, dem Tag, an dem die Post einen eigenen Paketdienst einrichtete. Hierfür war noch keine spezielle Marke vorgesehen, doch da es auch noch keine Marke gab, die die Gebühr für ein befördertes Paket von 5 Pf. Gewicht vorausbezahlte, wurde die 9d-Marke eigens für diese Zwecke herausgebracht. Die Mindestgebühr betrug 3d für 1 Pf. Gewicht, die dann nach Einheiten zu je 2 Pf. Gewicht bis auf ein Maximum von einem Shilling für 7 Pf. Gewicht anstieg. Für Dienstpäckchen oder -pakete über 3 Pf. Gewicht erhielten jedoch die 9d- und 1s-Marken den Aufdruck GOVT, PARCELS. Sendungen mit weniger als 3 Pfund Gewicht wurden zunächst von der Briefpost befördert, um die hohen Gebühren zu vermeiden (55% der Postgebühr), die von den Eisenbahngesellschaften erhoben wurden. Diese amtlichen Paketmarken wurden im März ab 1904 zurückgezogen.
Italien übernahm Paketmarken im Jahre 1884, und seit 1916 erscheinen diese als Doppelstück. Die USA führte ihren amtlichen Paketdienst erst 1912 ein. Marken mit Bildmotiv von 1c bis 1$ wurden ausgegeben, doch bereits nach einigen Monaten in die Markenserien für gewöhnliche Postsachen eingegliedert. Im selben Jahr wurde auch eine Serie von Paketportomarken in Umlauf gebracht.
Erkennbar sind Paketmarken durch Aufdrucke wie: COLIS POSTAUX (Frankreich), POST-COLLE (Belgien), KOLEINI PRATKI (Bulga-

Portomarken aus Bayern (1870) und Baden (s. S. 103)

rien), ZULASSUNGSMARKE (Deutschland), PACCHI POSTALI (Italien), ENCOMENDAS POSTALS (Portugal), ENCOMIENDAS (Lateinamerika), BUITTOS POSTALES (Mexiko), TAXA DE FACTAGIU (Rumänien) und PORTE DE CONDUCCION (Peru). Uruguay brachte sogar Marken mit der Inschrift ENCOMIENDAS DE GRANJA heraus, die für Pakete mit landwirtschaftlichen Produkten verwendet wurden.

Buspaketpostmarken sind von der finnischen Post am 1. Januar 1949 eingeführt worden. Die erste Ausgabe umfaßte fünf verschiedene Werte mit finnischer Inschrift *(Autopaketti)* und in Schweden *(Bilpaket)*, mit einem Posthornmotiv, Wertangabe und Seriennummer. 1952 wurde sie durch ein Bildmotiv ersetzt, das einen Autobus zeigt und auf dem die schwedische Inschrift jetzt *Busspaket* lautet. Weitere Serien erschienen 1963 und 1981.

Buspaketmarke aus Finnland (1963)

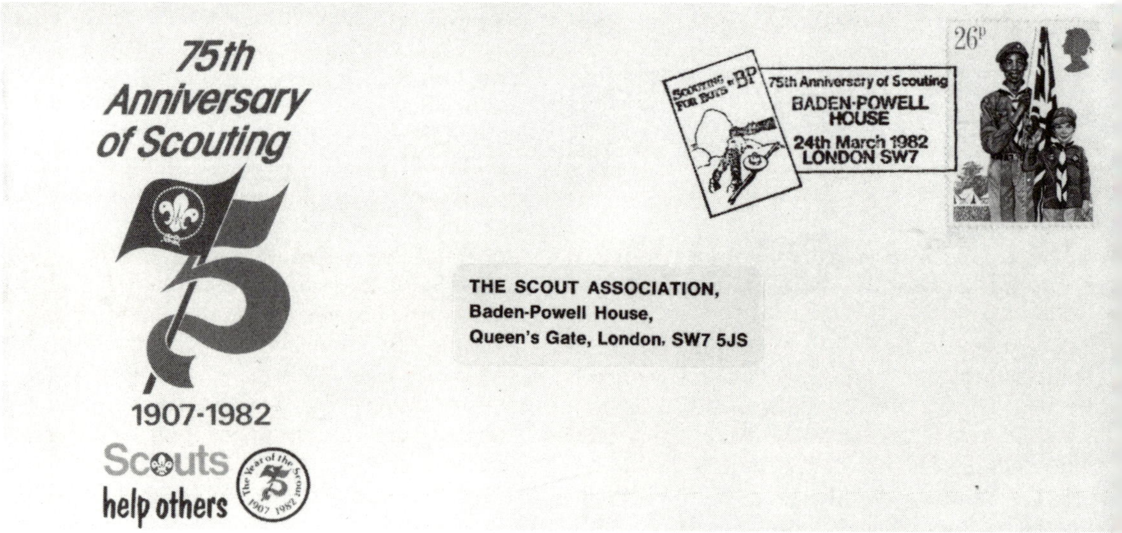

Ersttagsbrief aus Großbritannien, 1982, mit einer 26p-Marke anläßlich des 75jährigen Jubiläums der Pfadfinderbewegung und einem Bildpoststempel Baden-Powell-Haus

Pfadfindermarken hatten ihren Ursprung in den 1d- und 3d-Marken, die in Mafeking während der Belagerung 1899 bis 1900 ausgegeben worden waren. Sie wurden lokal hergestellt und enthielten das Bildnis Colonel R. S. S. Baden-Powells, des Gründers der Pfadfinderbewegung und Kommandanten der belagerten Stadt, sowie als weiteres Porträt den Kadetten Hauptfeldwebel Warner Goodyear auf seinem Fahrrad, den man oft den ersten Pfadfinder nennt, der auf einer Briefmarke erschienen ist. Die Pfadfinder in Prag haben nach Erlangung der Unabhängigkeit 1918 den ersten Postdienst der Tschechoslowakei gegründet. Im Oktober 1918 wurden zwei Marken mit der Inschrift POSTA CESKYCH SKAUTU (Tschechische Pfadfinderpost) ausgegeben.

Die ersten Marken, auf denen Pfadfinder abgebildet sind, wurden 1925 von Ungarn herausgebracht, als Bestandteil einer Sport-Serie. Die 1000-Kronen-Marke zeigte einen Trompeter beim Zapfenstreich und eine Lagerszene. Ungarn gab auch als erstes Land Marken zur Erinnerung an ein Pfadfindertreffen in Gödöllö im Jahre 1933 heraus.

Phonopostmarken wurden 1939 von Argentinien zur Vorauszahlung einer Sondergebühr auf Mitteilungen ausgegeben, die auf Schallplatten aufgezeichnet waren und von der Post verschickt wurden. Die Marken mit der Inschrift CORREOS FONOPOSTAL zeigten einen Vogel mit einer Schallplatte im Schnabel (1,18 Pesos), den Kopf der Freiheit (1,32 Pesos) oder eine Schallplatte und einen geflügelten Brief (1,50 Pesos).

Plattendesigns von Prototypen wurden von verschiedenen Kolonialmächten im 19. und frühen 20. Jh. in ihren überseeischen Gebieten als sparsamste Methode des Markendrucks für eine Anzahl von Ländern verwendet. Der Einfall stammt aus der Zeit zwischen 1848 bis 1854, als Perkins Bacon Marken für Mauritius, Barbados und Trinidad herstellte, wobei er einen Standardentwurf zur Grundlage nahm, auf dem Britannia, auf Zuckersäcken sitzend, abgebildet ist. Unter Verwendung derselben Originalplatte wurden für jede einzelne Kolonie die Platten gesondert graviert; seinen logischen Abschluß fand dieses Verfahren 1879, als De La Rue für

eine von Nevis ausgegebene Markenserie die Platten produzierte. Das Profil der Königin wurde in ein Achteck gesetzt, der Name der Kolonie erschien in einem Balken auf dem oberen Rand und die Wertangabe in einem Balken am unteren Rand der Marke. Dieser Standardentwurf, bei dem lediglich jeweils der Name der Kolonie und die Wertangabe geändert werden mußten, wurde noch im selben Jahr auch für die Marken Antiguas übernommen. Die Virgin-Inseln (1880), Zypern sowie die Turks-Inseln (1881) und Santa Lucia (1882) verwendeten ebenfalls solche Standardentwürfe, und in modifizierter Form wurden sie auch von Natal und Grenada (1883) übernommen.
Eine zweite Standardmatrize wurde 1889 entwikkelt, und diese blieb – mit Änderungen nur im Profil der jeweils regierenden königlichen Hoheit – bis 1956 in Gebrauch (Leeward-Inseln).

Polarmarken wurden erstmals 1897 von dem deutschen Kapitän Wilhelm Bade für eine Lokalpost in Spitzbergen ausgegeben: 10-Øre-Marken zeigten ein Walroß auf einer Eisscholle.

Marken von den Urplatten aus den französischen, deutschen, portugiesischen und britischen Kolonien

Neuseeland-Marken, überdruckt zur Benutzung im King-Edward VII-Land (1908) und Victoria-Land (1911); Falklandinseln und dazugehörige Gebiete, überdruckt für die Trans-Antarktis-Expedition (1955)

Die ersten Marken mit amtlicher Genehmigung für den Gebrauch in Polarregionen waren die von Neuseeland zugelassenen 1d-Marken zur Verwendung durch die Antarktis-Expedition Sir Ernest Shackletons im Jahre 1908. Die Marken trugen den Aufdruck KING EDWARD VII LAND. Die drei Jahre später erschienenen ½d- und 1d-Marken mit dem Aufdruck VICTORIA LAND, dienten der Expedition Captain Scotts zum Südpol zur Verschickung von Postsachen. England genehmigte 1922 einen Aufdruck auf englischen Marken für die Shackleton-Rowett-Expedition zur Antarktis. Die Expedition mußte nach Shackletons Tod aufgegeben werden, dennoch sind einige Marken bekannt, die von Hand überdruckt worden sind mit den Worten ENDERBY LAND und TRISTAN DA CUNHA, und sie sind auch im Mai 1922 echt gelaufen. Norwegische Marken mit dem Aufdruck BOUVET OYA wurden während eines Besuches HMS *Milford* auf der Bouve-Insel verwendet.
Seit 1944 sind Briefmarken für wissenschaftliche Expeditionen in zu den Falklandinseln gehörenden Gebieten zur Verfügung gestellt worden (Graham Land, South Georgia, South Orkneys und South Shetlands). Weitere Polarausgaben aus jüngerer Zeit sind: Australian Antarctic Territory (seit 1957), Ross Dependency (seit 1957) und British Antarctic Territory (seit 1963). Während des Internationalen Geophysikalischen Jahres 1955 wurden auch Falkland Island Dependencies-Marken zum Gebrauch für die Hillary-Fuchs-Trans-Antarktis-Expedition überdruckt.

Die seltenste Portomarke ist das sog. Aichach-Provisorium aus Bayern. Da keine entsprechenden 2-Pfennig-Marken vorhanden waren, wurden 3-Pfennig-Marken überdruckt. Noch vor eigentlicher In-Kurs-Setzung wurden die Provisorien amtlich zurückgezogen. Insgesamt gelangten nur 6 Stück in drei Paaren postalisch zur Verwendung.

Postkartenmarken sind solche, die vor dem Verkauf durch die Postämter auf die Karten geklebt werden. Normalerweise ist die Marke direkt auf die Karte aufgedruckt, doch im Oranjefreistaat wurden zwischen 1889 und 1899 Postkarten verkauft, auf die gummierte Marken aufgebracht waren und die dann einen Aufdruck erhielten, der das Staatswappen zeigte. Marken mit solchem Aufdruck können also nur von Postkarten stammen.
Ähnliches geschah im Juni 1932, als Neuseeland-Marken (1d und 2d) einen diagonalen Aufdruck erhielten, um im Zuge einer Gebührensenkung ihren Frankaturwert um die Hälfte zu verringern. Diese gummierten Marken waren vorher Postkarten mit Markenaufdruck hinzugefügt worden, als die Gebühren angehoben worden waren, und als man die Posttarife wieder senkte, mußte ihr Wert auch entsprechend verringert werden.

Postkarten-Steuermarken wurden 1904 von Persien ausgegeben. Sie trugen den Aufdruck »Controle« und kennzeichneten eine Steuer auf Bildpostkarten, die damals in Kraft war. Sie mußten zusätzlich zur normalen Postgebühr auf die Karten geklebt werden.

Postkarten-Steuermarken aus Persien (1904)

Privatpostmarken sind bei verschiedenen Gelegenheiten zur Verwendung durch Privatpersonen und Organisationen gekommen. Die erste dieser Marken wurde von Spanien am 1. Januar 1869 ausgegeben, sie war eigens für Don Diego Castell angefertigt worden, dessen 18seitige Streitschrift *Cartilla Postal des España* (Elementarbuch der spanischen Post) für so verdienstvoll

Portugal, Privatpostmarke

Indien, überdruckt zur Verwendung in der Straße von Malakka (1867); Straße von Malakka. Provisorien mit Überdruck »B« zur Benutzung in Bangkok (1868)

angesehen wurde, daß ihr Versand gebührenfrei sein sollte. Die spanische Post beschloß, daß Exemplare davon an alle 24000 Schulen des Landes verschickt werden sollten, und Castell wurde für sechs Monate Gebührenfreiheit gewährt, damit er sein Büchlein vertreiben konnte. Castell war von Beruf Graveur und schuf selbst den Entwurf für diese Gebührenfreiheitsmarke. 1875 schrieb Fernandez Antonio Duro eine Geschichte der spanischen Briefmarken, und daraufhin wurde ihm am 12. März 1875 ebenfalls die Befreiung von Postgebühren gewährt, obwohl die entsprechende Marke erst im Juni 1881 ausgegeben wurde. Darauf abgebildet war ein aufgeschlagenes Buch, und sie trug die Inschrift FRANQUICIA POSTAL. Um die Jahrhundertwende wurden ähnliche Marken zur Verwendung durch die Geographische Vereinigung Portugals, das Rote Kreuz und den Bürgerschutzverein ausgegeben. Auch dem belgischen Roten Kreuz wurde 1891 ein Frankierungsprivileg zugestanden.

Briefmarken zu Propagandazwecken wurden 1896 erstmals von Venezuela ausgegeben. Offenkundig zum Gedenken an General Miranda war darauf eine Landkarte abgebildet, auf der Venezuela Gebietsansprüche an Britisch-Guayana geltend machte, und zwar auf eine Region westlich des Essequibo Flusses. Die Streitigkeiten halten bis auf den heutigen Tag an. Eine umfangreiche Serie Guyanas trägt den Aufdruck »Essequibo gehört uns«. Landkartenmarken sind auch in der Auseinandersetzung über den Gran Chaco zwischen Bolivien und Paraguay als Propagandawaffen eingesetzt worden. 1959 gab Guatemala eine Marke mit dem Aufdruck BELICE ES NUESTRO aus. Weitere Landkartenmarken, auf denen Gebietsansprüche geltend gemacht werden: Bulgarien (1921), Argentinien (1947–1979), Ecuador (1961), Chile (1947 bis 1958), Taiwan (1971), Jordanien (1964) und Ägypten (1949–67).
Die erste Propagandaausgabe in Deutschland war die 2-Mark-Marke von 1900, die allegorisch die Vereinigung Nord- und Süd-Deutschlands zur Darstellung brachte und den Aufdruck trug SEID EINIG, EINIG, EINIG! Dieses Motiv hielt sich bis 1920. Während der NS-Zeit wurde ausgiebig von Briefmarken zu Propagandazwekken Gebrauch gemacht, einsetzend mit den Saarlandmarken von 1934. Bemerkenswerte Beispiele hierfür sind der Block zu Hitlers 48. Geburtstag von 1937 (Inschrift »Wer ein Volk regiert, kann nur heroisch denken«), die österreichischen Volksabstimmungsmarken von 1938 (EIN VOLK, EIN REICH, EIN FÜHRER), die Ausgabe von 1939 zur Annexion Danzigs (DANZIG IST DEUTSCH) sowie die Marke zum 20. Jahrestag des Münchner Putsches 1943 (»Und er hat doch gesiegt«). Nach der Besetzung des Sudetenlandes wurden tschechoslowakische Marken mit dem Hakenkreuz überdruckt sowie den Worten »Wir sind frei«.
Aus eher politischen und ökonomischen Gründen hat sich auch die Sowjetunion der Briefmarken bedient. Eine erste Ausgabe zu diesem Zweck erschien 1929, um für eine Industrieabgabe zu werben (Mehr Metall – Mehr Maschinen). Spätere Serien umfassen Antikriegspropaganda (1935), junge Pioniere gegen das Steinewerfen (1936) sowie die zahlreichen Ausgaben im Zusammenhang mit den jeweiligen 5-Jahresplänen. Sämtliche kommunistischen Länder haben seit 1950 Gebrauch von Propagandamarken gemacht, darunter als auffälligstes Beispiel Nord-Korea mit einer Ausgabe, die eine Karikatur Präsident Nixons zeigt und den amerikanischen Imperialismus in Vietnam, Afrika und Lateinamerika verurteilt (1969, 1971), ferner Marken aus Nord-Vietnam (1965–76), darunter die Trauermarke für den Quäker Norman Morrison, der sich 1965 selbst verbrannte, sowie die zahlreichen Ausgaben, auf denen an die Abschüsse amerikanischer Flugzeuge erinnert wird sowie an das Versenken der USS *Card.*

Propagandamarken mit eher friedfertiger Tendenz erschienen in Italien, mit denen die Bürger aufgefordert werden sollten, ihre Steuern rechtzeitig zu zahlen (1954/55). Venezuela gab 1974 für denselben Zweck eine Zwanziger-Serie heraus. In jüngster Zeit sind von zahlreichen Ländern Marken herausgebracht worden zu den folgenden Themen: Sicherheit im Straßenverkehr (Kuba, Bundesrepublik Deutschland, Türkei), Nahrungsmittelproduktion (Australien), Familienplanung (USA, Indien), gegen Luftverschmutzung (Rhodesien), Vorbeugung gegen Rauschmittelmißbrauch (Österreich, UNO, Italien, USA), gegen das Rauchen (Äthiopien) und zur Unfallverhütung (Bundesrepublik Deutschland).

Provisorien

Provisorien sind solche Marken, deren Wert oder Zweck nach dem Druck geändert worden ist. Die Veränderung wird kenntlich gemacht durch einen Aufdruck oder Überdruck. Das erste Beispiel für ein Provisorium mit Aufdruck stammt aus Mauritius (1854), als Marken ohne Wertangabe aus der Serie mit dem Britannia-Entwurf den Aufdruck FOUR-PENCE erhielten. Im darauffolgenden Jahr wurden in Kuba und Puerto Rico ausgegebene Marken mit neuen Werten überdruckt. Andere frühe Beispiele sind ungewöhnlich.
1863 wurde die Sixpenny-Marke von St. Helena in verschiedenen Farben ausgegeben und erhielt Aufdrucke mit unterschiedlichen Wertbezeich-

Propaganda-Marken aus Venezuela (1896); Deutschland (1900); Sudan, anti-zionistisch (1974); USA, »Schreib doch mal« (1980); Italien, Erinnerung für die Steuerzahler (1954); Deutsche Bundespost Berlin, Unfallverhütung (1971); Nord-Korea, anti-amerikanisch; USA, Verschönerung (1969); Sudetenland (1938); Deutschland (1938); Trinidad und Tobago, Umweltschutz (1981); Vietnam, anti-amerikanisch; Kuba, gegen die chemische Kriegführung der USA in Vietnam (1966)

nungen. 1877 wurden die Marken von Honduras, die bereits elf Jahre früher vorbereitet worden waren, doch niemals in Umlauf gelangten, mit verschiedenen Wertangaben überdruckt, nachdem endlich ein Postdienst eingerichtet war. Seit 1870 gab es in Mauritius geradezu eine Schwemme von Provisorien, und auch anderswo wurde dies ein beliebter Brauch, insbesondere in Lateinamerika, wo viele Provisorien ausschließlich für den Verkauf an Sammler produziert wurden.

Die ersten Auswärtsüberdrucke, mit denen Marken aus einem Land zur Verwendung in einem anderen umgewandelt werden, wurden 1867 ausgegeben, als man Marken der East India Company mit einer Krone überdruckte und den Wert in der Währung der Straße von Malakka aufdruckte. Im darauffolgenden Jahr wurden Malakka-Marken nun wiederum mit B überdruckt, zum Gebrauch in Bangkok, Thailand. 1868 erhielten auch portugiesische Marken einen Überdruck, so daß sie in Madeira und auf den Azoren verwendet werden konnten.

Die ersten Aushilfsaufdrucke, die Briefmarken einem anderen Verwendungszweck zuführen, erschienen 1866, als indische Marken den Aufdruck SERVICE bekamen und für amtliche Korrespondenz benutzt wurden. Im selben Jahr überdruckte Indien Steuermarken mit dem Wort POSTAGE, so daß sie jetzt postalisch verwendet werden konnten.

Die ersten Marken mit Aushilfsaufdruck zur Kenntlichmachung politischer Veränderungen wurden 1868 ausgegeben, als Marken aus Spanien, Kuba und Puerto Rico den Überdruck HABILITADO POR LA NACION (gültig für die Nation) erhielten, nachdem die Monarchie gestürzt worden war und sich eine revolutionäre Junta gebildet hatte. 1874 trugen Marken der Fidschi-Inseln einen Überdruck mit einem gekrönten VR Monogramm, um kenntlich zu machen, daß König Cakobau die Inseln den Engländern übergeben hatte.

Werbungskuvertmarken wurden 1921–23 von Italien ausgegeben und bestanden aus Freimar-

Marke der Suez-Kanal-Gesellschaft vom 8. Juli 1868

Mexiko, Porte de Mar (Seepostmarke)

ken derselben Zeit mit dem Aufdruck B. L. P. (Buste Lettere Postali). Diese Marken wurden zu einem Rabatt von 5% an einen Veteranenverein verkauft und auf Umschläge oder Briefmarken aufgebracht, die mit Werbung versehen waren. Das Vorhaben sollte dazu dienen, Kriegsversehrte materiell zu unterstützen.

Rohrpostmarken kamen 1913 in Italien heraus, um Sendungen von Briefen und Karten vorauszubezahlen, die von einem Rohrpostsystem befördert wurden, das in Rom, Mailand, Neapel, Turin und Genua betrieben wurde. Frankreich richtet 1866 ein System ein, das bekannt war unter dem Namen »reseau pneumatique«. Hierfür wurden besonders gestempelte Umschläge und Karten ausgegeben. Deutschland (1867) und Österreich (1873) führten ein ähnliches System unter dem Namen Rohrpost ein und entwarfen für diesen Dienst besondere Ganzsachen.
Am 1. März 1949 wurde in West-Berlin ein sog. Rohrpost-Schnelldienst wieder ins Leben gerufen. Dieser Dienst nutzte einerseits die Teile des alten Rohrpostnetzes, die die Zerstörung im Kriege überdauert hatten, andererseits wurden die Briefe mit öffentlichen Verkehrsmitteln oder per Fahrrad von Postamt zu Postamt weiterbefördert. Die mit diesem Dienst beförderten Postsachen wurden mit einem grünen Zettel kenntlich gemacht, der von Spezialsammlern sehr gesucht ist. Am 28. Februar 1963 wurde der Rohrpostdienst von der Westberliner Post endgültig eingestellt.

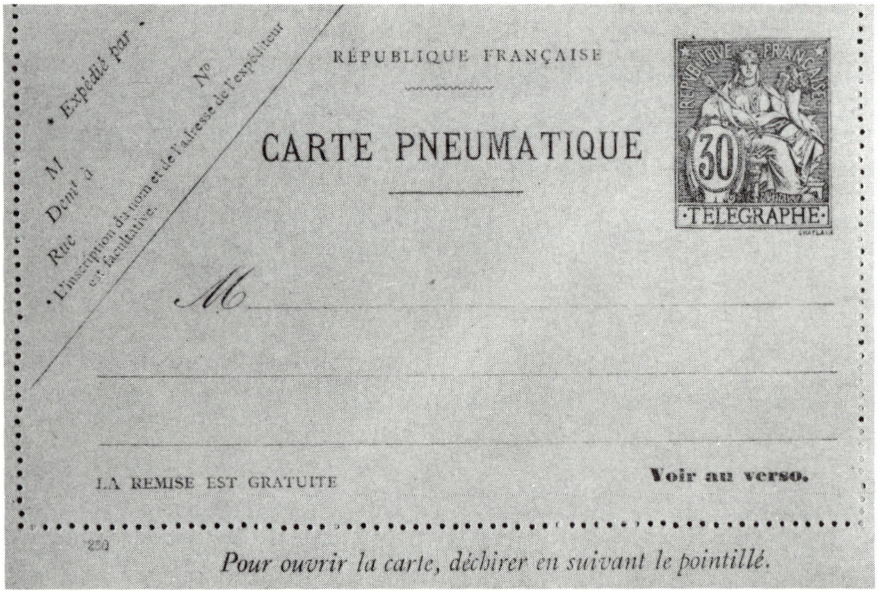

Frankreich, Rohrpost-Briefkarte

Scheckmarken wurden bis 1971 auf Schecks aufgedruckt, die in Großbritannien und seinen Kolonien eingelöst wurden. Daß eine Scheckmarke amtlich zu Postzwecken benutzt wurde, ist nur einmal in Zentralafrika vorgekommen (heute Malawi, 1898). Während eines akuten Mangels von Pennymarken wurden die im Prägedruckverfahren hergestellten ovalen Scheckmarken in ein Rechteck eingedruckt und mit dem Überdruck versehen: INTERNAL POSTAGE. Sie wurden nicht direkt an die Öffentlichkeit ausgegeben, sondern von den Schalterbeamten gegen Barzahlung auf Briefe gesetzt; sie sind daher in ungebrauchtem Zustand sehr selten.

Schiffspostmarken, mit denen die Postgebühr auf Sendungen vorausbezahlt wird, die von Dampfschiffen befördert werden, erschienen erstmals 1847, als David Bryce aus Trinidad eine 5c-Marke für solche Post herausbrachte, die von der *Lady McLeod* zwischen San Fernando und Port of Spain mitgeführt wurde. Vor der Gründung des Weltpostvereins (UPU) im Jahre 1874 war die internationale Postbeförderung sehr häufig in den Händen von Schiffahrtsgesellschaften, die ihre eigenen Marken herstellten. Es scheint, als sei der Lady-McLeod-Dienst um 1850 eingestellt worden, doch im darauffolgenden Jahrzehnt betrieb die Pacific Steam Navigation Company einen solchen Dienst entlang der Küste Perus. Ihre Marken wurden nie von der Gesellschaft selbst benutzt, sondern der peruanischen Post übergeben, die dadurch zu ihren ersten Briefmarken kam (1858/59). Gauthier Frères et Cie., die zwischen Le Havre, New York und Rio des Janeiro fuhren, gaben 1856/57 zwei Marken mit der Abbildung der SS *Barcelona* heraus. Eigene Marken gaben auch die Donau-Dampfschiffahrtsgesellschaft (1866–74), die Sächsischböhmische Dampfschiffahrtsgesellschaft (1869) und die HAPAG (1876) heraus.

Seepostmarken wurden 1875–79 von Mexiko ausgegeben. Die Inschrift lautet übersetzt »Seebeförderung« und bezeichnete Postsendungen für Europa, die von französischen und englischen Dampfbooten befördert wurden, die für ihre Dienstleistung eine Gebühr erhielten.

Seeversicherungsmarken wurden 1921 von den Niederlanden und Niederländisch-Indien in Verbindung mit einem Sonderdienst herausgebracht, der unter dem Namen DRIJVENDE BRANDKAST (sichere Beförderung zur See) bekannt war. Es handelte sich dabei um spezielle Stahlcontainer, sog. »Brandkästen«, die auf dem Bootsdeck von Schiffen angebracht waren, die zwischen Holland und dem Fernen Osten verkehrten. Ein solcher Kasten war durch vier Halterungen abgesichert, die den Behälter automatisch freigeben sollten, sobald das Schiff sank. Später konnte der freischwimmende Container dann geborgen werden. Einen Sondertarif für solcherart beförderte Briefe wurde auf dem Madrider Kongreß des Weltpostvereins von 1920 vereinbart. Der Grund für diese Abmachung waren die massenhaften Verluste von Schiffen durch Torpedos und Minen während des Ersten Weltkrieges. Gebrauchte Exemplare

Die erste Rohrpostbeförderung am 20. Februar 1863 von den North West District Offices in der Eversholt Street zur Euston Station

solcher Marken sind äußerst selten. Der Kongreß des Weltpostvereins von 1924 schaffte diesen Sondertarif wieder ab.

Semstvo-Marken, d.h. russische Kreispostmarken, wurden in vielen Teilen des zaristischen Rußland ausgegeben. Die Post des russischen Reiches erreichte nur die Großstädte und Bezirkshauptstädte, doch 1864 wurde den Kreisbehörden das Recht zugestanden, ein Netz von Postdiensten in den ländlichen Gebieten einzurichten und sie mit der Reichspost zu verbinden. Die erste Semstvo-Post wurde 1864 in Vetlonga gegründet, doch Marken wurden nicht ausgegeben. Die ersten Marken kamen 1865 in Schlüsselburg heraus. Durch Dekret vom 3. September 1870 wurde den Semstvo-Posten größere Freiheit in ihrer Wahl des Entwurfs zugestanden, und seither sind bis zur Revolution der Bolschewiki einige tausend Semstvo-Marken hergestellt worden. Sie umfassen die seltenste Marke der Welt (Kotelnich) sowie einige der merkwürdigsten Formen – Ovale (Vessiegonsk und Luga), Rautenform (Dmitrov und Pskov) und Kreise (Kasimov und Maloarchangelsk). Zwischen 1900 und 1917 läßt sich ein Niedergang der Semstvo-Dienste feststellen.

Semstvo-Marken aus Starorusk und Stavropol

Sonntagszustellungsmarken wurden 1925–29 und 1942 von Bulgarien herausgebracht. Sie mußten auf Postsendungen aufgeklebt werden, die an Sonn- und Feiertagen zugestellt werden sollten. Die Einnahmen aus der Sonntagszustellung wurden wohltätigen Zwecken zugeführt.

Bulgarien, Sonntagszustellungs-Marke, 1925

Specimenmarken oder, allgemeiner gesprochen, Marken mit Aufdrucken oder Perforationen als Vorlagestücke (zum Beispiel zur Verteilung an die Mitgliedsländer des Weltpostvereins) sind ungültig und als Muster nicht für Postzwecke geeignet.

Specimen-Überdrucke aus Costa Rica (1945) und Sri Lanka (1974)

Der erste Gebrauch eines Specimenaufdrucks stammt aus dem Jahr 1840, als Ganzsachen, die einen entsprechenden Aufdruck hatten, an die englischen Postmeister und Postdirektoren verschickt wurden.

Die Einsendung von Vorlagestücken an den Weltpostverein setzte 1879 ein; seither schickt jedes Mitgliedsland eine ausreichende Zahl einer jeden Neuausgabe nach Bern, den Sitz dieser Organisation, von wo dann drei Exemplare an jedes einzelne Mitgliedsland verschickt werden. In England wurden nur Marken mit einer Wertangabe über einen Shilling seit 1892 überdruckt. Die Praxis, Marken zu Weltpostvereinszwecken mit dem Aufdruck SPECIMEN zu versehen, ist seit 1945 nicht mehr üblich.
Die hohen Werte Australiens sowie aus Gebieten unter australischer Verwaltung wurden mit dem Aufdruck SPECIMEN versehen und dann an Sammler verkauft (bis 1970). Andere Länder (vor allem die Bundesrepublik Deutschland, Zypern, St. Vincent und Grenada) überdrucken Marken, die sie an philatelistisch interessierte Journalisten verschicken. Die Mongolei bringt zu demselben Zweck auf der Rückseite der Marken einen Stempel auf.

Die einzigen Vorlagestücke, die für Postzwecke ausgegeben wurden, erschienen 1882, als Britisch- Guayana 1c- und 2c-Marken als Schutzmaßnahme gegen Fälschungen perforierte.

Postalische Stempelmarken sind Steuermarken, deren postalischer Gebrauch genehmigt wurde. Die Verwendung von Steuermarken als Briefmarken wurde erstmals im Juni 1881 amtlich zugelassen. Im Juli 1883 wurde diese Genehmigung wieder zurückgezogen. Hongkong-Steuermarken von 1867 waren seit 1874 bis 1902 und für 9 Tage im Jahre 1938 während einer Verknappung von 5c-Marken postalisch in Gebrauch. Stempelmarken aus Tasmanien, die es seit 1863 gab, wurden 1882 amtlich für den Postverkehr zugelassen, während die Markenserie aus Victoria (1871) 1884 in den Postversand kam. Weitere Länder, die diese Genehmigung erteilten, waren West-Australien (1893) und Neuseeland (von 1882 bis auf den heutigen Tag).

Post- und Steuermarken als Einheit wurden erstmals am 12. Juli 1881 in England ausgegeben. Die sogenannte Penny Lilac trug die Inschrift POSTAGE AND INLAND REVENUE. Auf späteren Ausgaben wurde das Wort INLAND weggelassen, doch erschien es weiter auf den Penny-Werten bis 1902. Lediglich Marken bis 2s, 6d Wert enthielten einen Hinweis, daß sie sowohl für Postzwecke, als auch fiskalisch verwendet werden konnten. Höhere Werte wurden vielfach als Steuermarken genutzt.

Steuermarken statt Portomarken wurden 1922 von Südafrika verwendet. Zigarettensteuermarken mit den Wertangaben von ¼d bis ¾d dienten zur Bezeichnung des Betrages, der für unterfrankierte Briefe erhoben wurde. Beispiele hierfür stammen aus Durban (22. und 23. August 1922) sowie aus Fordsburg (darauffolgender Dezember).

Streikmarken sind während Poststreiks von Notdiensten ausgegeben worden. Die erste Ausgabe dieser Art erschien 1894 und wurde für einen Postdienst zwischen Fresno und San Franzisko von Arthur C. Banta organisiert. Im Mai 1909 gingen französische Postangestellte aus Solidarität mit 54 Kollegen in den Streik, nachdem diese von der französischen Regierung entlassen worden waren, weil sie gegen die Militärpolitik demonstriert hatten. Die Handelskammer von Amiens organisierte einen Lokaldienst und gab 10c-Marken mit dem Stadtwappen heraus. Weitere Streik-Posten sind:
Mailand, April/Mai 1920
Österreich, Tirol, Dezember 1923
Linz-Wien, November 1924
Orléans-Loiret, August 1953
Frankreich, Mai 1968
Britisch-Kolumbien-Port Angeles, 1965, 1968
Albany, N. Y., März 1970
In England hat es bei drei Anlässen Streik-Posten gegeben. So im Januar 1962 und 1964, als eine People's League for the Defence of Freedom Marken im Wert von 6d bis zu 5s herausbrachte. Zwischen dem 20. Januar und 8. März 1871 waren die englischen Postangestellten im Streik, und der Generalpostmeister verzichtete während des Zeitraums auf sein Monopol. Es entstanden etwa 200 private Postdienste, von denen die meisten eigene Marken herausbrachten.

Trauermarken

Trauermarken sollen Nationaltrauer zum Ausdruck bringen. Die frühesten Marken waren in Schwarz gedruckt oder trugen eine deutliche schwarze Umrandung. Doch Exemplare aus jüngerer Zeit sind nicht ganz so düster.
Um die ersten Trauermarken gibt es lebhafte Kontroversen. Einige Dreiecksmarken vom Kap

Trauermarke aus der Sowjetunion, 1924 (s. S. 112)

Eilzustellungsmarken während Poststreiks: Rickshaw, Juan de Fuca Despatch (Kanada, 1865); TDR und London (Großbritannien, 1971) und Tirol (Österreich, 1923)

Briefumschlag, der während des britischen Poststreiks 1971 befördert wurde

der Guten Hoffnung sind in Schwarz anstatt Blau, und da sie 1861/62 gebraucht worden sind, im Todesjahr des Prinzgemahls Albert, der im Dezember 1861 starb, wurde angenommen, daß sie als Ausdruck der Trauer herausgebracht worden seien. Doch noch vor dem Todesdatum des Prinzen wurden diese Marken bereits in philatelistischen Publikationen erwähnt. Man darf aber annehmen, daß diese Marken von Korrekturbogen stammen und nur aufgrund einer Verknappung von Marken in Umlauf gebracht wurden.

Auch die grau-schwarze 15c-Marke der USA vom Juni 1860 wird oft als erste Trauermarke der Welt bezeichnet. Sie trägt das Porträt Abraham Lincolns, der am 14. April 1865 einem Attentat zum Opfer fiel. Doch die Spanne von 14 Monaten zwischen Todestag und Markenausgabe schließt aus, daß es sich hier um eine Trauermarke handelt. Die grau-schwarze 7d-Marke aus England von 1910 wird gemeinhin als Trauermarke angesehen, doch wurde diese am 4. Mai ausgegeben – das heißt, zwei Tage, bevor König Edward VII. starb.

Trauermarken aus USA (1923) und Deutsches Reich (1934)

Kanada, Weihnachten 1898

Weihnachtsmarken: Dänemark (1904) und Belgien (1955)

Die ersten Marken, die speziell als Ausdruck öffentlicher Trauer hergestellt worden sind, wurden 1888 von der Kurier-Stadtbrief-Beförderung, einer deutschen Lokalpost, angeboten. Die Marken waren schwarz gedruckt und porträtierten Kaiser Wilhelm I., der in diesem Jahr gestorben war. Als sein Sohn Kaiser Friedrich III. wenige Monate nach seiner Thronbesteigung starb, brachte die Gesellschaft eine Serie von Trauermarken heraus, wiederum mit einem Porträt, das schwarz umrandet war. Die Deutsche Reichspost gab keine amtlichen Trauermarken aus, und erst 1934 wurden in Deutschland schwarz umrandete Marken zum Tode Präsident Hindenburgs hergestellt.

Die erste regierungsamtliche Ausgabe von Trauermarken wurde im September 1923 von den USA veranstaltet, als eine 2c-Marke in Schwarz mit dem Porträt Präsident Warren G. Hardings erschien, der am 2. August unerwartet verstorben war. Derselbe Entwurf in Braun wurde 1925 als 1½c-Freimarke verwendet. Eine schwarze 17c-Marke wurde 1925 nach dem Tod des Expräsidenten Woodrow Wilson ausgegeben. Doch blieb sie als Bestandteil der Freimarkenserie bis 1938 in Gebrauch. Die zweite Ausgabe amtlicher Trauermarken erschien in der Sowjetunion innerhalb weniger Tage nach dem Tod Lenins am 21. Januar 1924. Sie war in Rot mit dicker schwarzer Umrandung gedruckt. Jeweils zu Lenins Todestag wurden bis 1928 in jedem Januar diese Marken neu gedruckt und neu ausgegeben.

Die ersten Trauermarken, die außerhalb des Herkunftslandes des Verstorbenen ausgegeben wurden, erschienen 1945 zum Gedenken an Präsident Franklin D. Roosevelt. Aus diesem Anlaß wurden Trauermarken von Griechenland, Haiti, Honduras und Nicaragua produziert, und noch etliche Jahre danach brachten El Salvador, Guatemala und Brasilien Marken zum Andenken an den Toten heraus.

Die größte Anzahl verschiedener Trauermarken für eine Person kamen zum Gedenken an Sir Winston Churchill heraus. Innerhalb von 12 Monaten nach seinem Tod im Januar 1965 erschienen insgesamt 287 Marken und 14 Blöcke, die in 73 Ländern ausgegeben wurden. Dichtauf folgte John F. Kennedy, zu dessen Andenken 183 Marken und 32 Blöcke von 44 Ländern in Umlauf gesetzt wurden. Noch immer erscheinen hin und wieder Gedenkmarken.

Die seltenste Ausgabe einer Trauermarke ist der 10-Rupien-Wert aus der Mahatma-Gandhi-Trauerserie, die in Indien im August 1948 in Umlauf kam. Diese Marke mit dem Überdruck SERVICE war der amtlichen Korrespondenz des Generalgouverneurs vorbehalten – nur 100 Marken wurden ingesamt ausgegeben.

U-Boot-Marken wurden erstmals am 9. August 1916 von der Deutschen Versicherungsbank GmbH Berlin für eingeschriebene Briefe zwischen Deutschland und den USA ausgegeben. Die Post wurde von den Handels-U-Booten *Deutschland* und *Bremen* mit Genehmigung der Deutschen Reichspost-Verwaltung befördert. Giesecke & Devrient in Leipzig druckten Marken von 5 bis 50 Mark für diesen Dienst. Eine zweite Serie, auf der die Inschrift REGISTERED LETTER SERVICE GERMANY–AMERICA weggelassen war, wurde in der Folgezeit herausgebracht, und weitere 75- und 100-Mark-Werte, die auf ein Papier mit einer silbernen oder goldmetallischen Oberfläche aufgeprägt waren, wurden der Serie hinzugefügt. Der Dienst wurde eingestellt, als die USA im März 1917 in den Krieg eintraten. Während des spanischen Bürgerkrieges (1938) wurde die Verbindung zwischen den Balearen und dem Festland von U-Booten der republikanischen Marine aufrechterhalten. Im August wurden sechs Marken mit der Inschrift CORREO SUBMARINO und den Bildnissen von U-Booten herausgegeben. Drei dieser Marken erschienen in einem Block.
Während des Zweiten Weltkrieges wurden drei U-Boot-Posten mit eigenen Marken eingerichtet: Die italienische Base Atlantica in Bordeaux (1943), die Deutsche Feldpost in Kreta, Vukovar, Rhodos und Lepros – Flugpostmarken mit dem Aufdruck INSELPOST zur Beförderung durch Flugzeuge oder U-Boote (1944/45) und diejenige der deutschen Garnison, auf der Hela-Halbinsel, Danzig (März/Mai 1945).

Verzugsgebühr-Marken, die einen Zuschlag angeben, der bei solchen Sendungen erhoben wird, die außerhalb der normalen Leerungszeiten aufgegeben wurden, kennt man aus einigen lateinamerikanischen Ländern: Kolumbien (1888 bis 1914), Ecuador (1945), Panama (1903–16) und Uruguay (1936). Diese Marken tragen gewöhnlich die Inschrift RETARDO.

Weihnachtsmarken wurden erstmals – offenbar unabsichtlich – 1898 von Kanada herausgegeben. Die kanadische Post verringerte im Dezember 1898 ihre Gebühr von 3 auf 2c. Der General-

postmeister William Mulock legte selber den Entwurf für eine Marke vor, um an dieses Ereignis zu erinnern. Sie zeigte eine Weltkarte mit den rot eingezeichneten Gebieten des British Empire und trug die Bildunterschrift *XMAS 1898*. Ursprünglich sollte die Marke am 9. November, dem Geburtstag des Prinzen von Wales, herausgebracht werden. Es wird berichtet, daß ein Hofbeamter, nachdem er auf den Ausgabetag – den Geburtstag des Prince of Wales – hingewiesen hatte, von Königin Victoria argwöhnisch gefragt wurde: »Welcher Prinz?«. Der Hofbeamte rettete die Situation mit der Antwort: »Nun, Madame, der Friedensfürst.« Der Tag der Ausgabe verzögerte sich dadurch bis zum 7. Dezember.

Die ersten Briefmarken für den Versand von Weihnachtsgrüßen auf Postkarten erschienen im Dezember 1937 in Österreich. Es wurde als ein Omen angesehen, daß die Marken – die letzten, die vor dem Anschluß von einer unabhängigen österreichischen Postverwaltung ausgegeben wurden –, auf denen ein Blumenstrauß abgebildet war, im Entwurf ein merkwürdiges Geisterporträt aufwiesen: Eine der Rosen in der Vase hatte große Ähnlichkeit mit Abbildungen Adolf Hitlers. 1948 nahm Österreich zum 130. Jahrestag der *Stillen Nacht* diese Tradition wieder auf. Ungarn brachte 1943 Weihnachtsmarken heraus, und Kuba folgte diesem Brauch seit 1951.

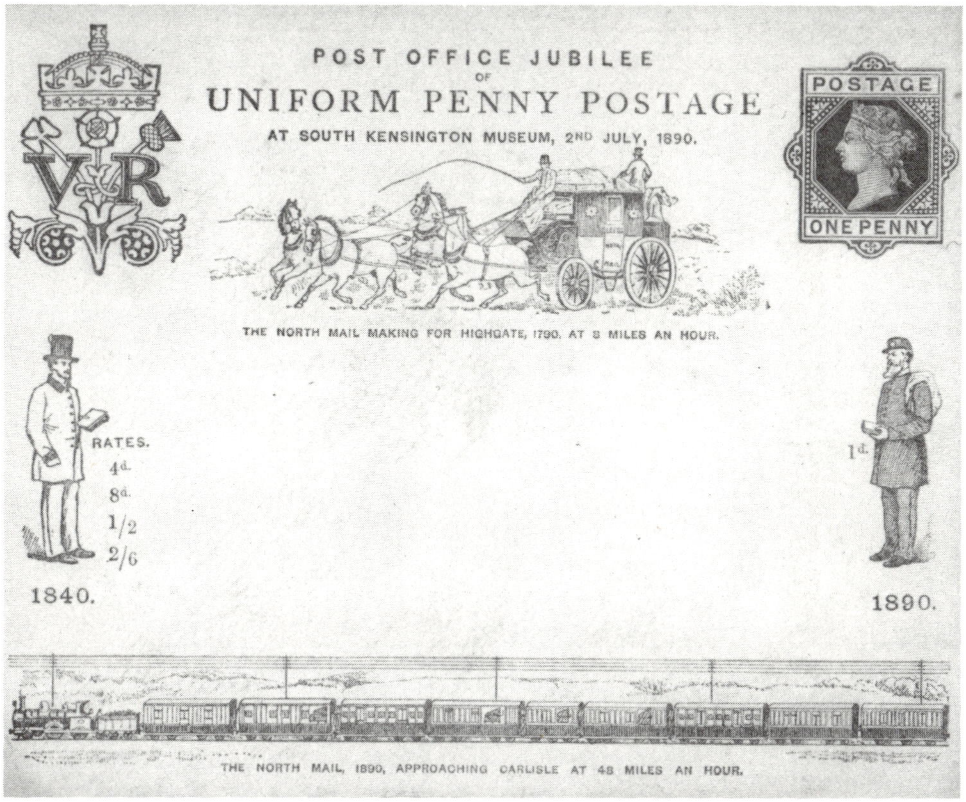

Andenken-Umschlag zum Jubiläum der Uniform Penny Postage, 1890

Wohltätigkeitsmarken

Wohltätigkeitsmarken sind jene, die den Hinweis auf Vorauszahlung mit einem Zuschlag zugunsten einer »guten Sache« verbinden.

Die erste Ausgabe dieser Art war ein gestempelter Bildumschlag, der 1890 anläßlich des goldenen Jubiläums der *Penny Post* von Großbritannien ausgegeben worden war. Er wurde zu einem Shilling verkauft, doch betrug der Postwert nur 1d, das heißt, die übrigen 11d kamen dem Rowland-Hill-Wohltätigkeitsfonds für Witwen und Waisen von Postbediensteten zugute. Ebenso wurde eine Penny-Postkarte ausgegeben, die für sechs Pence im Verkauf war. Zwei Aufkleber wurden 1897 in England angeboten, mit denen Geld für den Prince of Wales' Jubilee Appeal Fund gesammelt werden sollte, doch obgleich die amtliche Genehmigung vorlag, wurden sie nicht postgültig.

Im selben Jahr stellte Neu-Süd-Wales zwei Marken her (Juni 1897) zugunsten einer Tuberkulose-Heilstätte. Diese wurde zu 1s und 2s 6d verkauft, doch betrug ihr Postwert nur 1d bzw. 2½d. Der Einfall wurde sehr schnell vom Nachbarstaat Victoria aufgegriffen, der im Oktober 1897 zwei Krankenhaus-Wohltätigkeitsmarken wiederum zum Preis von 1d (1s) und 2½d (2s 6d) herausgab. Drei Jahre später wurden sowohl von Victoria als auch Queensland zugunsten des Boer War Patriotic Fund 1d-(1s-) und 2d-(2s-) Marken ausgegeben. Weder die australischen Einzelstaaten noch die bundesstaatliche Postverwaltung haben seither wieder Wohltätigkeitsmarken angeboten.

In Europa erschienen die ersten Wohltätigkeitsmarken 1905, als Rußland eine Viererserie mit Zuschlägen zugunsten des Russisch-Japanischen Krieges herausbrachte. 1906 boten die Niederlande drei Marken für den Amsterdamer Anti-Tuberkulose Verband an, während Rumänien im selben Jahr nicht weniger als vier Serien mit je vier Marken verkaufte. Derartige Übertreibungen wurden von Sammlern rundweg abgelehnt, die diese Marken boykottierten. Sie verschwanden tatsächlich ganz aus dem Verkauf, doch wurden sie ersetzt durch nichtpostalische Aufkleber (Vignetten), wie etwa das von dem Dänen Einar Holboell 1904 erfundene Weih-

Zwangszuschlagmarken: Notopfer Berlin und Wohnungsbauabgabe (s. S. 115)

Wohltätigkeitsmarken für den Russisch-Japanischen Krieg (1905) und aus Rumänien (1906)

Wohltätigkeitsmarken: für arbeitslose Intellektuelle (Frankreich), Kinder (Schweiz), proösterreichische Stimmabgabe (Kärnten), Kriegsgefangene (Österreich), Kinder (Niederlande), Erdbebenopfer von Kingston (Barbados), Hilfe für Hurricane-Opfer (Cook-Inseln), Flutkatastrophe (Niederlande), Restaurierung von Kirchenfenstern (Niederlande)

nachtssiegel. Während des Ersten Weltkrieges indessen erlebten sie einen neuen Aufschwung, als vier Länder Marken mit Zuschlägen zugunsten des Roten Kreuzes, der Kriegsopfer, Witwen und Waisen herausbrachten. Seit 1920 sind sie für alle Arten von Wohltätigkeit verwendet worden. Zahlreiche Gedenkmarken, insbesondere aus Belgien, Italien und Rumänien, sind mit Wohltätigkeitszuschlägen versehen worden, während andere Länder, wie etwa die Schweiz, die Niederlande, die Deutsche Bundespost, Luxemburg und Neuseeland, alljährlich Wohltätigkeitsausgaben mit besonderem Verwendungszweck herstellten. Die Vereinigten Staaten brachten überhaupt keine derartigen Marken heraus, während die einzige Wohltätigkeitsmarke in Großbritannien (4½p + 1½p) im Januar 1975 erschien. Sie war kein Erfolg, und der Versuch wurde nicht wiederholt.

Die langlebigsten Wohltätigkeitsausgaben sind:
Pro Juventute, seit 1913 jährlich von der Schweiz herausgebracht.
Wohlfahrtsmarken, in Deutschland seit 1922.
Kinderzegels (Kindermarken), in den Niederlanden seit 1924.
Gesundheitsmarken, von Neuseeland seit 1929.
Sommerzegels (Sommer-Marken), von den Niederlanden seit 1935.
Nationale Ausgleichsfonds-Marken, von Frankreich seit 1935.

Einige ungewöhnliche Wohltätigkeitsaktionen, für die besondere Marken ausgegeben worden sind:
Flutopferhilfe – Österreich (1921), Belgien (1926), Liechtenstein (1928), Bulgarien (1939), Ungarn (1940), Niederlande (1953), Indonesien (1961), Marokko (1970)
Staudammbruch von Fréjus – Frankreich (1959)
Lawinenopfer – Österreich (1954)
Erdbebenopfer – Griechenland (1953)
Vulkanausbruchopfer – St. Helena (1962), Indonesien (1963), Philippinen (1967/68)
Hurrican-Opfer – Britisch-Honduras (1962), Samoa (1966), Cook-Inseln (1968, 1972), St. Vincent (1980)
Jugendliche Straffällige – Costa Rica (1958)
Milch für Kinder – Grenada (1968)
Kleidung für Armeereservisten – Schweden (1916)
Unterstützungsgeld für arbeitslose Intellektuelle – Frankreich (1935–40)
Arbeitslose Künstler – Ungarn (1940)
Restaurierung der Mosaikfenster der Kathedrale von Gouda – Niederlande (1931)
Hilfe für Menschen aus einem anderen Land – Barbados (1907) für Erdbebenopfer in Kingston, Jamaika; Dänemark (1953) für Sturmflutopfer in Holland und (1956) für ungarische Flüchtlinge; DDR (1956) für die Opfer der anglo-französischen Aggression in Ägypten und »ungarische Sozialisten«
Caisse d'Amortissement – Frankreich (1927–31), Fonds zur Senkung der Staatsverschuldung
Opfer von vergiftetem Speiseöl – Marokko (1960)
Opfer eines Luftangriffes auf Piräus – Griechenland (1944)
Opfer von Giftgasangriffen – Yemen (1967)
Währungsgeschädigte – Berlin, Deutsche Post (1949)
Witwen und Waisen von Mannschaft und Passagieren der *Hans Hedtoft,* die am 30. Januar 1959 auf See verschollen ist – Dänemark (1959)
Kriegsgefangene – Ungarn (1920), Frankreich (1940), Belgien (1942–45), Österreich (1947)
Denkmal für General Patton – Belgien (1957)
Vertriebene – Belgien (1959)
Österreichische Marken mit einem Aufdruck für den Gebrauch in Kärnten während der Volksabstimmung von 1920 erhoben einen Zuschlag zugunsten eines Fonds, der die Stimmabgabe zugunsten eines Verbleibs bei Österreich beeinflussen sollte. Tatsächlich fiel die Wahl auf Österreich statt auf Jugoslawien.

Der höchste Zuschlag auf einer Wohltätigkeitsmarke. Eine von China 1932 herausgebrachte Vierer-Serie hatte als Wertangabe 20c, wurde jedoch zu $ 5 verkauft, um für Sven Hedins wissenschaftliche Nord-West-Expedition einen Fonds zu schaffen. Die Marken enthielten keinen Vermerk auf den 2400-Prozent-Zuschlag – der höchste, von dem jemals berichtet worden ist. Am nächsten kommt die Wohltätigkeits-Sonderausgabe »Erwerb von Helgoland vor 50 Jahren« vom 1. August 1940. Postgültig mit 6 Pfennigen wurde ein Zuschlag von 94 Pfennigen oder 1566 Prozent erhoben. Die Zuschläge auf britische Ganzsachen (1890) und die Ausgaben der australischen Staaten von 1897–1900 begnügten sich mit 1100 Prozent.

Wohltätigkeitszuschläge fallen in jüngster Zeit weitaus bescheidener aus, was vornehmlich auf die Aktivitäten der Fédération Internationale de Philatélie zurückzuführen ist, die den Boykott von Marken angekündigt hatte, auf die ein Zuschlag von mehr als 50 Prozent des Postwertes erhoben wird. Diese Marken dürfen auf keiner internationalen Briefmarkenausstellung ausgestellt werden.

Der größte Mißbrauch in der Ausgabe von Wohltätigkeitsmarken wurde von Nazi-Deutschland getrieben. Von 110 zwischen dem 9. September 1941 und April 1945 für gewöhnliche Postzwecke herausgegebenen Marken enthielten mit Ausnahme von fünf Freimarkenausgaben (März 1942) und einer einzelnen 6-Pfennig-Sonderausgabe »Gründung des SA-Sportabzeichens« (8. August 1942) sämtliche Marken einen Wohltätigkeitszuschlag, der in den meisten Fällen beträchtlich über den Postwert hinausging. Hauptnutznießer war der Adolf-Hitler-Kulturbund.

Da Sammler von Sonderstempeln gezwungen waren, die mit sehr hohen Zuschlägen versehenen Wohlfahrtsmarken zu erwerben, um die begehrten Sonderstempel zu erhalten (die Reichspost stempelte nur Zuschlagsmarken mit Sonderstempeln), erschien am 26. Januar 1943 eine spezielle Sondermarke für Sonderstempel mit geringerem Zuschlag (3 + 2 Pf).

Zwangswohlfahrtsmarken sind von zahlreichen Ländern zur Verwendung auf Postsendungen an bestimmten Tagen im Jahr zusätzlich zur Normalpost ausgegeben worden. Vorreiter war hier Portugal, das diese zwischen 1911 und 1928 herausgegeben hat, um Geld für die Armen zu sammeln, für das Fest in Lissabon, für die portugiesischen Truppen in Flandern, ein Denkmal für den Marquis de Pombal und für die portugiesischen Sportler, die an den Olympischen Spielen in Amsterdam teilnahmen. Griechenland übernahm diese Praxis 1914, um Geld für das Rote Kreuz und nationale Unterstützungsfonds während der Balkankriege aufzubringen, und führte dies bis 1956 fort. Ähnliche Marken wurden auch von Rumänien (1915–36), Jugoslawien (seit 1933), Kolumbien (1935–70) und Ecuador (1920–61) verwendet. Portomarken sind von Portugal, Rumänien und Jugoslawien zusätzlich ausgegeben worden, um einen Zuschlag auf Postsendungen zu erheben, die nicht mit diesen zwangsweisen Wohlfahrtsmarken frankiert werden konnten. Zwangswohlfahrtsmarken sind zu besonderen Anlässen von verschiedenen Ländern verkauft worden, so daß das gesamte Postaufkommen über einen beträchtlichen Zeitraum überfrankiert werden mußte. Viele britische Kolonien brachten Kriegssteuermarken heraus, um während des Ersten Weltkrieges Geld aufzubringen. In jüngster Vergangenheit sind Zwangszuschlagmarken (Steuermarken) von Westdeutschland (für die Berliner Luftbrücke, 1948), von der französisch besetzten Zone für den Wohnungsbau, dem Irak (Palästinahilfe, 1949), Bahrain (Palästinahilfe, 1974), Zypern (Flüchtlingshilfe, 1974 und 1977) sowie von Indien (Hilfe für die Flüchtlinge aus Bangladesch, 1971) herausgebracht worden. Mexiko verkaufte 1923 eine 1c-Marke, um Geld für die Ausrottung der Heuschreckenplage zu sammeln.

Zeitungsstempel, mit denen der Postversand von Zeitungen und Periodika vorausbezahlt wird, wurden erstmals am 1. Januar 1851 von Österreich ausgegeben. Sie trugen keinen Frankaturwert, doch wurde der Wert durch die Farbe bezeichnet – blau (0,6kr), gelb (6kr) oder rosa (30kr). 1856 wurde die Farbe der 6kr in Rot umgeändert, doch da die sog. »Rote Merkur« sehr kurzlebig war, ist sie zur seltensten Zeitungsmarke der Welt geworden. Diese Marken waren mit der Inschrift ZEITUNGS POST STEMPEL versehen, um sie vom kaiserlichen Zeitungssteuerstempel zu unterscheiden, der die Inschrift ZEITUNGSSTEMPEL trug. Eine Merkwürdigkeit der österreichischen Zeitungsstempel war es, daß sie sämtlich unperforiert ausgegeben wurden, obgleich sie bis 1921 in Gebrauch blieben. Abgesehen von wenigen Ausgaben zwischen 1858 und 1863 zeigten alle österreichischen Zeitungsstempel das Porträt Merkurs, des geflügelten Götterboten, und enthielten bis 1916 keinen Hinweis auf das Land der Ausgabe.

Zeitungssteuermarken wurden zwischen 1853 und 1890 von Österreich ausgegeben. Sie stellten keine Vorauszahlung für den Postversand dar, sondern machten die Entrichtung einer Zeitungssteuer kenntlich. Die Post beförderte dann Zeitungen und Zeitschriften ohne Erhebung einer weiteren Gebühr. Diese Marken trugen die Inschrift ZEITUNGS-STEMPEL. Einige Verwirrung entstand zwischen 1851 und 1856, als Briefmarken zur Vorauszahlung der Postgebühr für Zeitungen und Zeitschriften herausgebracht wurden, die überhaupt keine Inschrift aufwiesen. Ein Porträt des römischen Gottes Merkur sollte zur Identifizierung hinreichend sein. Erst seit 1916 machte die Inschrift ZEITUNGSMARKE den Verwendungszweck kenntlich. Ähnliche Marken mit einer Kombination von postalischen und fiskalischen Gebühren auf Zei-

Portomarken – erforderlich, wenn versäumt wurde, eine Wohltätigkeitsmarke zu verwenden (Azoren, 1925)

Zeitungsmarken aus Neuseeland (1873) und Österreich (1920)

Verschiedene deutsche Wohlfahrtsmarken: Deutsches Reich, 1922, 1924, 1925, 1943, 1945 (gleichzeitig die letzten Marken des Deutschen Reiches); Danzig, 1937

tungen wurden 1868 in Frankreich mit der Wertangabe 5 centimes ausgegeben (beschränkt auf das Department Seine et Oise) sowie eine 2-centimes-Marke für das übrige Frankreich. Diese Marken wurden vor dem Druck der Zeitung auf das Papier aufgebracht, und der spätere Letterndruck stellte eine überaus wirkungsvolle Entwertung dar.

Zusammengesetzte Marken, auf welchen sich der Gesamtentwurf über zwei oder mehrere Briefmarken verteilt, wurden zuerst 1957 von Polen ausgegeben. Zwei 60-groszy-Marken mit der Abbildung von Fechtern im Duell wurden Seite an Seite gedruckt. Im Juni 1960 ging Polen mit einer Serie von Olympiamarken noch einen Schritt weiter. Es handelte sich um einen Viererblock mit vier verschiedenen Bildausschnitten, die zusammengelegt das vollständige Rund der Rennstrecke ergaben. Kuba folgte diesem Beispiel im Dezember 1960 mit Weihnachtsmarken, die im Viererblock angeordnet waren und gemeinsam den Wortlaut sowie das Notenblatt eines Weihnachtsliedes ergaben.

England hat seit 1965 vielfach Streifen- und Markenblöcke herausgebracht (jeder mit separaten Entwürfen), doch die erste echte zusammengesetzte Ausgabe war der Streifen mit fünf 12p-Marken zum Gedenken an den einhundertfünfzigsten Jahrestag der Eröffnung der Eisenbahnstrecke Liverpool und Manchester (1980). Die erste US-Ausgabe dieser Art war ein Viererblock von 1972 mit der Abbildung des CAPE HATTERAS NATIONAL SEASHORE PARK. St. Lucias Osterserie von 1970 war eine Wiedergabe des HOGARTH TRIPTYCH und war nicht nur über die drei Marken verteilt, sondern ahmte zugleich den Schrägeffekt des Originals nach, indem die beiden äußeren Marken auf dem Bogen tiefer gesetzt waren als die mittleren Marken.

Deutsches Reich, 50 Jahre Helgoland (s. S. 114)

Deutsches Reich, Sondermarke für Sonderstempel (1943; s. S. 115)

Zustellmarken sind solche, die von lokalen Zustellerdiensten ausgegeben wurden, die hauptsächlich in verschiedenen Teilen der USA tätig waren und mit denen die Gebühr bezahlt wird, die auf das Zustellen von Briefen zu bzw. von einem Postamt erhoben wurde. Das US Post Office übernahm zunächst lediglich den Postversand von Amt zu Amt, und die Kunden mußten entweder ihre Post vom nächstgelegenen Amt selbst abholen oder einen lokalen Zustellerdienst in Anspruch nehmen. Der erste dieser Art

Deutsche Wohlfahrtsmarken: Sowjetische Zone Thüringen, 1946; DDR, 1964, 1950; Saarland, 1949; Berlin, 1947; Deutsche Bundespost, 1951, 1958, 1973, 1977

war die *City Despatch Post*, die im Februar 1842 in New York gegründet worden war. Während des darauffolgenden Jahrzehnts breiteten sich solche Zustellerdienste über die ganzen Vereinigten Staaten aus, deren Mehrzahl eigene Erkennungsmarken verwendete. Im September 1851 nahm das US Post Office in New York, Philadelphia und New Orleans die örtliche Postzustellung auf und gab zu diesem Zweck eine eigene 1c-Zustellmarke zur Entrichtung der lokalen Zustellungsgebühr heraus. Diese Marke zeigte ein Porträt Benjamin Franklins und enthielt keine Wertangabe. Ihr folgte am 17. November 1851 eine 1c-Marke mit dem amerikanischen Adler. Während die Franklin-Marke die Inschrift *CARRIERS STAMP* trug, hatte die

Österreich, Zeitungsmarken von 1851 und 1867, ohne jegliche Inschrift (s. S. 115)

USA, Viererblock mit 2c-Marken, Abbildung des Cape Hatteras National Seashore Park, 1972

Edinburgh and Leith Circular Delivery-Marke, 1867

Kuriermarken aus den USA vom September und November 1851 und Lokalmarken von Brown & McGill, die den Kuriermarken nachgebildet sind

Adler-Marke die Inschrift U. S. P. O. DESPATCH PRE-PAID ONE CENT. Die Mehrzahl der Zustellerdienste und ihre Marken verschwanden 1863, als das US Post Office gebührenfreie Zustellung in den Städten einführte, doch einzelne hielten sich noch einige Monate. Unter den letzten, die ihre Briefzustellung einstellten, befand sich Wells Fargo, dessen Pony Express sich dadurch hervorhob, daß er $4-Marken herausgab – zu jener Zeit der höchste Markenwert der Welt.

Zustellungsmarken für Drucksachen wurden örtlich ausgegeben und in den 60er Jahren des 19. Jh.s in England hergestellt. 1865 gründete Robert Brydone, ein Drucker und Papierwarenhändler aus Edinburgh, die *Edinburgh and Leith Circular Delivery Company* und betrieb die Zustellung von Rundschreiben sowie anderer Arten von Drucksachen im Raum Edinburgh zur Gebühr von einem ¼ Penny. Marken mit dieser Wertangabe wurden 1865 produziert und eine ½-Penny-Marke kam im folgenden Jahr hinzu. Ähnliche Gesellschaften wurden in Aberdeen, Glasgow, Liverpool und im Großraum London zwischen 1866/67 eröffnet, und ihren beträchtlichen Erfolg verdankten sie dem Umstand, daß die Mindestgebühr des British Post Office zu jener Zeit einen Penny betrug. Im August 1867 unternahm der Generalpostmeister Schritte gegen Edward Smith, einen Boten der Londoner Gesellschaften, mit der Begründung, daß seine Aktivitäten das Monopol des Generalpostmeisters auf die Zustellung von Briefen verletzten. Smith wurde schuldig gesprochen. Manuel Eyre, der Brydones Geschäftskette finanziert hatte, versuchte das Gerichtsurteil zu umgehen, indem er Markenserien herausbrachte, auf denen das Wort »CIRCULAR« weggelassen wurde. Im Mai 1868 wurden die Gesellschaften ein weiteres Mal gerichtlich belangt. Das Urteil wurde nicht aufgehoben, und im Juni 1869 gingen die Gesellschaften in Liquidation. Dennoch hatten ihre Aktivitäten zur Folge, daß das Post Office die Situation überdenken mußte, und im Oktober 1870 schließlich wurde die Mindestgebühr für Postkarten, Zeitungen und Drucksachen auf einen halben Penny gesenkt.

Eilzustellungsmarken. Pioniere dieser Markenart waren Privatgesellschaften in den USA und Kanada, und sie bezeichneten die Vorauszahlung von Gebühren für Briefe, Geschäftskorrespondenz, Pakete, Päckchen sowie Gepäck, das von ihren Diensten befördert wurde. Dieses Expreßsystem wurde 1839 von William Frederick Harnden, einem Eisenbahnschaffner auf der Linie Boston–Worcester, gegründet, der die Beförderung kleiner Päckchen als Nebenverdienst betrieb, doch schon bald kündigte, um seine eigene Gesellschaft zu gründen. Solche privaten Eilbotendienste schossen vor allen Dingen in den 40er Jahren des 19. Jh.s wie Pilze aus dem Boden und fügten der US-Post schweren Schaden zu, so daß mit einer Kongreßakte von 1872 versucht wurde, ihre Aktivitäten zu beschränken. Dennoch bestanden solche Expreßfirmen bis 1912, als die USA eine Paketpost einführte und diese kleinen Firmen kaum noch eine Geschäftsgrundlage hatten.

Die ersten amtlichen Marken für Eil- oder Sonderzustellung wurden am 1. Oktober 1885 von den USA ausgegeben. Es handelte sich um eine 10c-Marke, die nach Verabschiedung eines Gesetzes vom 4. März 1885 für entsprechende Dienstleistungen vorgesehen war. Die Marke zeigte im Bild einen Eilboten und trug die Inschrift SECURES IMMEDIATE DELIVERY AT A SPECIAL DELIVERY OFFICE. Am 4. August 1886 wurde die Briefmarke neu herausgegeben mit der Inschrift AT ANY POST OFFICE.

Marken mit der Inschrift SPECIAL DELIVERY oder EXPRESS bzw. entsprechendem Text in anderen Sprachen wurden in der Folgezeit herausgebracht von Kanada (1898), Neuseeland, Italien und Mauritius (alle 1903), China, Spanien (1905) und Mexiko (1919).

Eilflugpost- und Sonderzustellungsmarken sind ebenfalls von Italien, Kanada, Kolumbien und den USA herausgebracht worden. Eilpaketmarken vom Vatikan und Eilzeitungsmarken sowie Drucksachenmarken von der Tschechoslowakei.

Eilzustellungsmarken aus USA (1888) und Kanada (1898); Flugpostexpreßmarke aus Kanada (1942)

Zur Technologie der Briefmarken

Briefmarkenentwurf

Die größte Anzahl von Personen, die jemals mit dem Entwurf einer einzelnen Marke zu tun hatte, fand sich 1839/40 zusammen, als die ersten Marken der Welt geplant wurden. Abgesehen von den 2600 Zusendungen in der Treasury Design Competition beruhten die dann wirklich hergestellten Marken auf einem Einfall Rowland Hills, der ein Profil der Königin Victoria verwendete, das von William Wyon modelliert worden war und von Henry Corbould zur Gravur durch Charles und Frederick Heath übernommen wurde, mit einem Hintergrund, dessen Zierdruck von Jacob Perkins stammte. Die kanadische Weihnachtsmarke von 1898, die gewöhnlich dem Generalpostmeister, William Mulock (der die Idee dazu hatte), zugeschrieben wird, wurde von R. Weir Crouch, Gustave Hahn, A. H. Howard und R. Holmes entworfen.

Markenentwürfe von König Georg V. (Kanada, 1903), von Jean Cocteau (Frankreich, 1961), General Sir James Willcocks (Bermuda, 1920), Lady Carter (Barbados, 1906) und einem Kriegsgefangenen W. E. Jones (Hongkong, 1946)

Ungewöhnliche Marken-Designer: Der Prince of Wales (später König Georg V.) und J. A. Tilleard, Sekretär der Royal Philatelic Society, London, entwarfen die kanadischen Freimarkenausgaben von 1903 bis 1912. Franklin D. Roosevelt, Präsident der USA, schuf den Entwurf für die 16 c-Luftpostmarke von 1934. Jean Cocteau, der französische Künstler, Schriftsteller und Philosoph, entwarf 1961 die 20-Centime-Mariannen-Freimarke für Frankreich.

Die längste Karriere als Marken-Designer erlebte Ferenc Bókrös, dessen Debüt die Marken für Bela Kuns Sowjetrepublik in Ungarn (1919) darstellten und dessen letzter Entwurf vom Dezember 1974 den Opfern des Faschismus gewidmet war – also eine Karriere von 55 Jahren.

Die erste weibliche Marken-Designerin war Miß Devine, die im Rahmen der 100-Jahr-Serie von Neu-Süd-Wales, 1888, die 2 d- und 8 d-Marken schuf.

Der erste Designer mit Namenszug auf jeder Marke war Louis Yon, dessen Name in den Trauben erscheint, die den Kopfschmuck der Ceres auf der lithographierten Bordeaux-Serie von 1870 bildeten. Sechs Jahre später setzten J. A. Sage (Designer) und Eugène Mouchon (Graveur) ihren Namenszug deutlich sichtbar auf den Rand der französischen »Frieden und Handel«-Freimarken.

Übereinstimmung im Design ist nur durch ein einziges Beispiel belegt. Die eigenen 5 c-Marken der Stadt Alexandria, Virginia, wurden 1846 vom Postdirektor Daniel Bryan herausgebracht. Der Entwurf war rund, gedruckt und versehen mit der Inschrift ALEXANDRIA POST OFFICE innerhalb einer Umrahmung von 39 oder 40 Rosetten sowie der Wertangabe PAID 5 in der Mitte. Nur eine verschwindende Menge dieser Marken sind in Sämisch erhalten sowie zwei auf blauem Papier. Das erste Exemplar dieser Marken wurde erst 1872 entdeckt.
Es scheint kaum glaubhaft, doch 1870, zwei Jahre früher, brachte die russische Stadt Alexandria in der Provinz Kherson eine schwarz auf blaßbraunem Papier gedruckte 10-Kopeken-Marke heraus. Die kyrillische Inschrift lautet »Semstvo Post Alexandria«, in der Mitte mit dem Aufdruck P.S.M. und einer kreisförmigen

Markenentwurf von Franklin D. Roosevelt (USA, 1934), s. S. 119

Kreta, Portomarken-Serie von 1901, angeregt durch Norwegens »Posthorn«-Entwurf

Der älteste Marken-Designer war der 91jährige Reverend W. Keble-Martin, als er 1967 vier Marken mit Blumenmotiv für Großbritannien entwarf.

Die jüngste Marken-Designerin ist Samantha Brown aus Rhoose, South Glamorgan, die genau fünf Jahre alt war, als sie die 11 1/2p-Weihnachtsmarke von 1981 entwarf. Sie war eine der Siegerinnen in einem von der BBC ausgeschriebenen Wettbewerb. Kinderzeichnungen und -malereien wurden erstmals im Oktober 1958 für Markenentwürfe verwendet, als zu den Einweihungsfeierlichkeiten des UNESCO-Gebäudes in Paris von der Tschechoslowakei drei solcher Markenentwürfe Verwendung fanden.

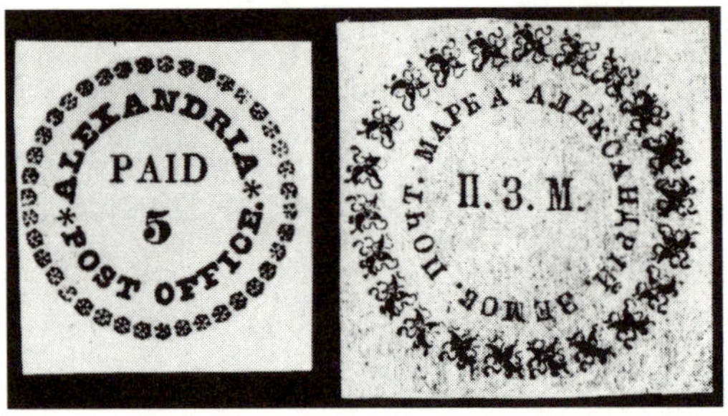

Einziges Beispiel für ein zweifaches Plagiat: USA, Portomarke von 1879, kopiert von Mexiko (1882), Neu-Süd-Wales (1891) und Australien (1902)

Umrahmung mit Rosetten. Dies war eine fast genaue Kopie der amerikanischen Marke von 1846, doch niemand weiß, wie der Postdirektor einer obskuren Stadt in Rußland ein Exemplar davon zu Gesicht bekommen haben könnte, insbesondere deswegen, weil die Existenz der amerikanischen Marke philatelistischen Kreisen zu jener Zeit nicht bekannt war.

Entwurf-Plagiate hat es vielfach gegeben. Die englischen Marken von 1840–1880 dienten den ersten Ausgaben von Mauritius 1847–1859 als Vorlage, ebenso Ausgaben von Neu-Süd-Wales (1851–1853), während die Rahmen der Penny Black von der Sydney Views (1850/51) und den frühen Marken von Nevis kopiert wurden, das zudem die Rahmen der englischen 4 d-, 6 d- und 1 s-Marken für seine entsprechenden Werte (1861–1878) übernahm.

Diese Kolonialbeispiele können noch als Formen der Ehrerbietung angesehen werden, doch für andere Beispiele langt diese Erklärung nicht aus. Die französischen Ceres-Marken wurden vom argentinischen Bundesstaat Corrientes (1876) kopiert, Neufundlands 3 c-Queen-Victoria-Marke von 1890 von Uruguay für die 5-Milesimas-Freiheits-Marke von 1898. Die 10 c-Brigantinen-Marke Neufundlands von 1887 wurde getreulich von einer Lübecker Ortspost im darauffolgenden Jahr nachgemacht. Der Rahmen der englischen 2 d von 1880 wurde auf zwei der vom Leipziger Kurierdienst im Mai 1893 herausgebrachten Marken verwendet, und der Rahmen der ½ d-Zinnober von 1887 diente einer ganzen Serie des Mülheim-Deutz-Köln-Dienstes von 1888 als Muster. Die Semstvo-Marken aus Sapozhok (1900) sind Plagiate des Entwurfs »Sitzende Helvetia« der Schweiz von 1862, während Norwegens »Posthorn und Ziffern«-Entwurf 1901 für Kretas Portomarken-Serie verwendet wurde.

Das vermutlich schlimmste Beispiel für ein Plagiat war die 10-Centavo-Eilzustellungsmarke der Dominikanischen Republik (1925), die nach der 10 c-Sonderzustellungsmarke der USA von 1922 kopiert war. Die Anordnung der Inschriften war ingeniös nachgemacht, doch das eigentliche Duplikat läßt sich in Einzelheiten der Vignette, die einen Sonderzustellungsboten – einen Fuß auf der Treppe – mit seinem Motorrad am Straßenrand zeigt, nachweisen. Die auf spanischen Postkarten von 1870 gedruckte Marke ist eine fast genaue Replik der belgischen Marken von 1869 mit niedriger Wertangabe, bei nur geringfügigen Änderungen in den Details und natürlich den Inschriften. Aufkleber der katalanischen Nationalisten von 1900 benutzten den Rahmen der zeitgenössischen englischen Halbpenny-Marke. Die gesamte Serie von Lokalpostmarken, die 1899 von Griazovetz herausgebracht wurde, kopierte die auffälligsten zeitgenössischen Entwürfe – ein amüsantes Beispiel dafür, daß Nachahmung die aufrichtigste Form der Schmeichelei ist.

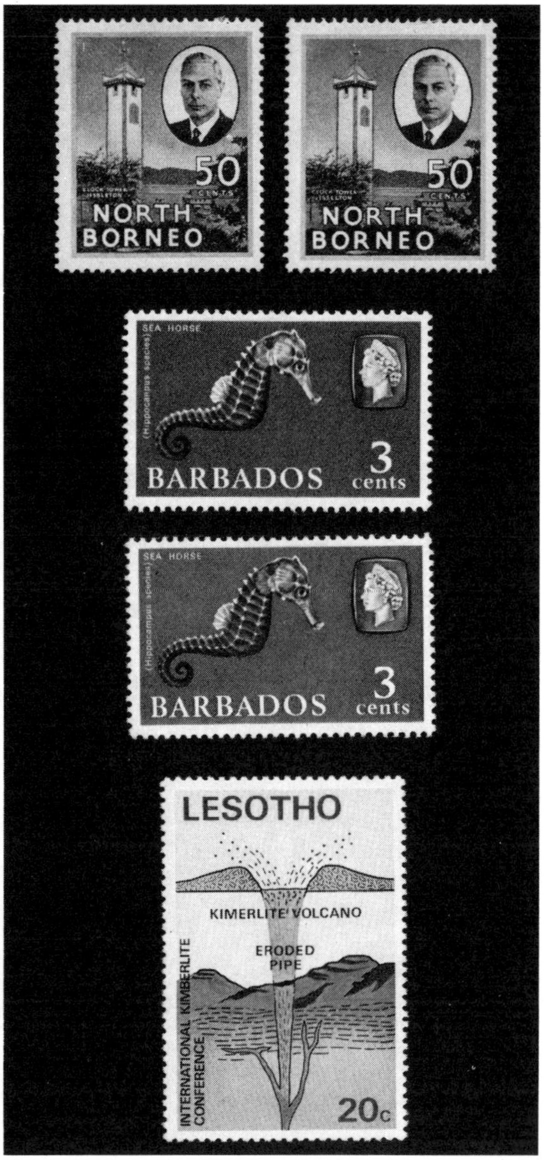

– Rechtschreibung
Kolumbien, 1977, 20 c: REPULICA statt REPUBLICA – korrigiert 1889
Neuseeland, 1898, 2½ d: LAKE WAKITIPU statt WAKATIPU
Neufundland, 1910, 4 c: Z in COLONIZATION umgekehrt
Belgien, 1919, 25 Centime: LIÉGE statt LIÈGE
Portugal, 1935, 10 und 15 Centavos: mit oder ohne Akzent auf PORTUGUÉSA
Panama, 1942, 2 c: CARRERO statt CARREO – korrigiert 1948
Kanada, 1946, 17 c: Sonderzustellung EXPRÊS statt EXPRÈS – korrigiert 1947

Orthographische Fehler: Nord-Borneo (Jessleton und Jesselton); Barbados (Hippocanpus und Hippocampus); Lesotho (Kimerlite und Kimberlite auf derselben Marke)

Spanische Postkarte von 1870, modelliert nach einer belgischen Marke von 1869

Die einzigen bisher von einem Computer entworfenen Marken wurden am 7. April 1970 von den Niederlanden ausgegeben und umfaßten einen 5er-Block mit Sommer-Wohlfahrtsmarken, auf denen komplexe geometrische Motive abgebildet sind.

Irrtümer im Entwurf haben sich seit 1852 eingeschlichen, seit die 1 c- und 4 c-Marken Britisch-Guayanas den Wahlspruch der Kolonie falsch wiedergaben. Die lateinische Inschrift sollte in der Übersetzung lauten: »Wir geben und nehmen«, doch wurde statt PETIMUS das Wort PATIMUS eingesetzt, wodurch sich der Sinn veränderte zu »Wir leiden ...« Rechtschreibungsfehler bilden die häufigste Abweichung, doch auch falsche Grammatik, falscher Wortgebrauch, fehlerhaftes Sujet, Ungenauigkeit im Detail, umgekehrte Porträts, falsche Bildunterschriften und irrtümliche Weglassungen sind festgestellt worden.
Hierzu einige Beispiele:

Drei der insgesamt fünf von einem Computer entworfenen Marken (Niederlande, 1970)

Nord-Borneo, 1950, 50 c: JESSLETON statt JESSELTON – korrigiert 1952
Ceylon, 1952, 35 c: Tamilinschrift, Punkt über Buchstabe fehlt – korrigiert 1954
Pakistan, 1955, 2½ Anna: Bruchstrich links statt rechts - korrigiert 1956
Pakistan, 1961, 1, 2, 5 Paisa: SHAKISTAN in Bengali
Ecuador, 1965, Nationalhymnen-Serie: Name des Komponisten MERAN statt MERA

Indien (ONE AND HALF ANNA); Pakistan (zunehmender Mond, richtig und falsch); Indien (Bodhisattva spiegelverkehrt)

Blasender Wal, aufgetaucht (Falklandinseln, 1928): Schiff vor Anker, unter vollen Segeln (Cook-Inseln, 1932)

Barbados, 1965, 3 c: HIPPOCANPUS statt HIPPOCAMPUS – korrigiert 1967
Gambia, 1966, 10 s: MUSAPHUGA statt MUSOPHAGA
Portugal, 1969: MUSCHIA statt MUSSCHIA
St. Kitts-Nevis, 1970, 15 c: HISPANIUM statt HISPANIARUM - korrigiert 1970 (September)
Emirat Oman, 1970, Golf-Serie: ARAB GOLF statt ARAB GULF
Cook-Inseln, 1967, 4 c: WALTER LILY statt WATER LILY – korrigiert kurz darauf
Lesotho, 1973, 20 c: KIMERLITE statt KIMBERLITE. Diese Marke ist einzigartig, da das Wort zweimal im gleichen Entwurf vorhanden ist – einmal richtig geschrieben, einmal falsch.
Antigua, 1974, ½ c: ENLISH und FOSTAL statt ENGLISH und POSTAL

– Grammatik
Bulgarien, 1885: 1 Stotinki, EDIN STOTINK statt EDNA STOTINKA; 2 Stotinki, DVA STOTINKI statt DVE STOTINKI. Beide Male die männliche Pluralform statt der weiblichen
Griechenland, 1933, 1 dr: DRACHMAI Plural statt Singular
Indien, 1919, 1½ a: ONE AND HALF ANNA statt 1½ as ONE AND A HALF ANNAS – korrigiert 1921

– Wortgebrauch
Neufundland, 1910, 4 c: LORD BACON statt SIR FRANCIS BACON oder LORD VERULAM
Griechenland, 1927, 5 Drachmen: SIR CODRINGTON statt SIR EDWARD CODRINGTON
Frankreich, 1937, 90 Centime: Descartes Titel DISCOURS SUR LA METHODE statt DISCOURS DE LA METHODE

– Falsches Sujet
Neufundland, 1897, 2 c: Porträt von Sebastian Cabot statt eines seines Vaters John Cabot
Belgien, 1930, Flugmarken: Dornier Eindecker mit italienischen statt belgischen Markierungen
Philippinen, 1932, 18 c: Vernal Fälle, Yosemite, Kalifornien statt der Pagsanjan-Fälle laut Bildunterschrift
Australien 1947, 3½ d: Lieut John Shortland Vater porträtiert statt des Sohnes
DDR, 1956, 10 Pfennig: Robert Schumann statt Schuberts *Wanderers Nachtlied*
Italien, 1961, 205 Lire Rosa: Besuch des Präsidenten in Südamerika, falsche Karte Perus – später neu gezeichnet, mit anderer Farbe
Süd-Korea, 1951: Italienische Flagge mit dem Kreuz von Savoyen statt der jetzt gültigen republikanischen Flagge
VR China, 1964: Hundertjähriges Jubiläum der I. Internationale, St. Martin-in-the-Fields (anglikanische Kirche) abgebildet Statt St. Martin's Hall, Endell Street, wo die Internationale sich traf

– Ungenauigkeiten
Neufundland, 1865, 5 c: Robbe mit vier Pfoten statt Flossen –korrigiert 1880
Brasilien, 1890: Kreuz des Südens, nach rechts geneigt statt nach links – korrigiert 1936
St. Kitts-Nevis, 1903: Kolumbus benutzt ein Fernrohr hundert Jahre vor dessen Erfindung!
Tschechoslowakei, 1918: Burg Hradcany mit Sonnenuntergang im Hintergrund – später weggelassen als böses Omen für den Beginn einer neuen Republik
Jamaika, 1921, 2½ d: Union Jack kopfstehend
Falklandinseln, 1929: blasender Wal, obwohl aufgetaucht
Cook-Inseln, 1932, ½ d: HMS *Endeavour* unter vollen Segeln ankernd
Ceylon, 1935, 2 c (Gummi zapfen) und 9 c (Tee pflücken): viele Ungenauigkeiten in beiden Entwürfen – korrigiert 1938
Pakistan, 1948: zunehmender Mond, Sichel rechts geöffnet statt links – korrigiert 1950/51
Indien, 1949: Bodhisattva spiegelverkehrt – korrigiert 1950

Fehler und Berichtigungen aus der Tschechoslowakei (1918), Neufundland (1928), Jamaika (1921), Ostafrika (1935), Ceylon (1935) und Guernsey (1967)

Falsch dargestellte Person (Neufundland, 1897, und Australien, 1947); Kolumbus mit Fernrohr, 100 Jahre vor dessen Erfindung (St. Kitts-Nevis, 1903); falsche Daten und Titel (Nicaragua, 1957)

Monaco, 1956, Rallye Monte Carlo: Schottischer Dudelsackpfeifer mit fehlender Baßpfeife
Nicaragua, 1957, Pfadfinderserie: 3c falsche Grußhand; 25c und 1 Cordoba mit falscher Bildunterschrift: »Lord Robert Baden-Powell« und Geburtsdatum 1856 statt 1857

– Umgedrehte Porträts
USA: George Washingtons Porträt von Stuart weist nach links (New York, 1845), nach rechts (1847), nach links (1851), nach rechts und links (1861), nach rechts (1869), nach links (1902, 1903, 1932), nach rechts (1954)
Portugal: Königin Maria II. schaut nach rechts statt nach links (1953)
Großbritannien: Shakespeare-Porträt von Droeshout weist nach rechts statt links (1964)
Großbritannien: Robert Burns Porträt von Nasmyth weist nach rechts statt nach links (1966). Beide Beispiele künstlerischer Freiheit wurden zu jener Zeit so erklärt, daß eine Mißachtung der Königin vermieden werden sollte – jedoch das Burns-Porträt von Skirving schaut nach links, von der Königin weg.

De La Rue-Marken für die Konföderierten Staaten (1861) und Frankreich (1945)

– Falsche Bildunterschriften
USA, 1898, $ 1: »Western Cattle in Storm« (Rinder aus dem Westen im Sturm) – in Wahrheit John McWhirters Gemälde schottischer Hochlandrinder mit dem Titel *The Vanguard*
Guatemala, 1902, 10 c: Atitlan-See, falsch unterschrieben »Amatitlan«
Neufundland, 1928, 1 c: Kap Bauld und Kap Norman – Unterschriften auf der Landkarte vertauscht
Panama, 1915, 1 c: Portomarke mit Inschrift Castilla de San Lorenzo, Chagres, zeigt in Wirklichkeit das Tor von Burg San Geronimo, Portobello
Samoa, 1952, 3 d: Malifa-Fälle falsch untertitelt mit Aleisa-Fälle
Großbritannien, 1968, 3 d: Tarr Steps, als prähistorisch bezeichnet, jedoch mittelalterlich
Guernsey, 1967, 1 d und 1 s 6 d: Längengrad angegeben mit 40° 30′ N, später korrigiert in 49° 30′ N

– Fehlerhafte Auslassungen
Kenia, Uganda und Tansania, 1935: 5 c und 50 c, Segeltau nicht am Mast befestigt – korrigiert 1936 (5 c) und 1938 (50 c); 30 c Jinja Road Bridge weggelassen unterhalb einer Eisenbahnbrücke – korrigiert 1938
Fidschi, 1938, 2 d und 6 d: 180 Meridian (internationale Datumsgrenze) ausgelassen – korrigiert 1940
Fidschi, 1938, 1½ d: Auslegerkanu unbemannt unter Segel – korrigiert mit Segler 1940
Seltsamerweise hält Neufundland nicht den Rekord im Hinblick auf die größte Anzahl von Fehlern auf seinen Briefmarken. Diese zweifelhafte Ehre gebührt Afghanistan, das mindestens 20 Marken mit Fehlern innerhalb von 40 Jahren (1927–1967) zustande gebracht hat, hauptsächlich mit Rechtschreibungsfehlern französischer Wörter durch einheimische Designer, die diese Sprache nicht beherrschten.

Goldfolie mit eingelegten Rubinen gedruckt. Hersteller war die Société Pierre Mariotte aus Paris.

Die ersten Marken, die in einem anderen als dem Ausgabeland gedruckt wurden, waren die Baseler »Täubchen«, 2½ Rappen, ausgegeben am 1. Juli 1845. Sie wurden von der Firma Krebs, Frankfurt/M., für die schweizerische Regierung hergestellt. Es waren zugleich die ersten mehrfarbigen Marken – karmin, schwarz und blau –, und sie verbanden zwei Herstellungsverfahren: Präge- und Buchdruck.

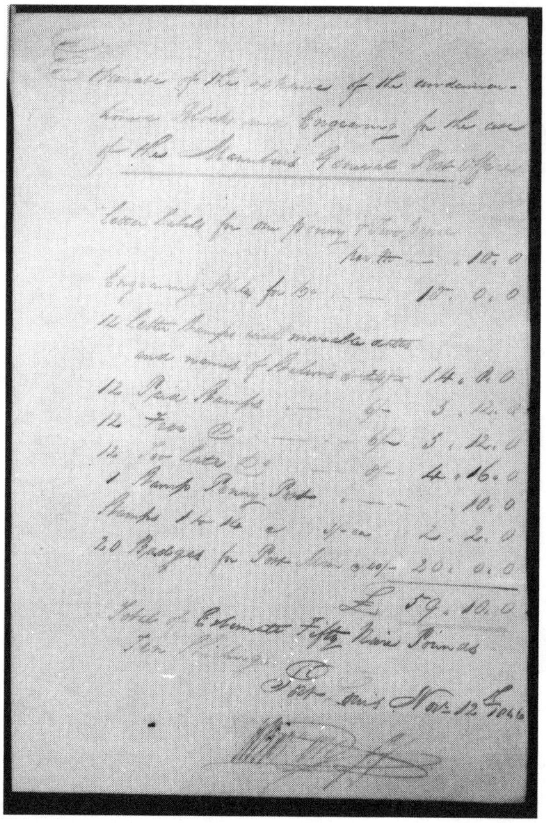
£ 59. 10. 0

Original-Kalkulationsbogen für die Produktion der Post-Office-Marken von Mauritius von 1846

Produktion

Die teuersten jemals produzierten Marken – im Verhältnis zu ihrem tatsächlichen Wert – waren die 1 d- und 2 d-Post-Office-Marken von Mauritius, 1847. Laut Berichten wurden J. Barnard zehn Guineen für das Gravieren der Platte und den Druck von 500 Stück der einzelnen Werte bezahlt. Da sich der Gesamtwert der Marken auf £ 6,25 belief, überstiegen die Produktionskosten bei weitem die Einnahmen aus dem Verkauf, ganz zu schweigen von den Kosten der postalischen Dienstleistung, die durch diese Marken gedeckt werden sollten.

Die kostspieligste Marke im Hinblick auf den Materialwert war der 1200 fr-Wert der Ausgabe Guineas von 1972, zur Feier des Besuchs von Präsident Nixon in Peking. Die Marke mit den Abmessungen 46 × 37 mm war auf 22karätige

In drei Ländern nach drei verschiedenen Herstellungsverfahren produzierte Marken wurden 1945 in den amerikanisch-britischen Zonen von Deutschland ausgegeben; die Inschrift lautete: AM (Alliierte Militär-) POST DEUTSCHLAND. Die erste Serie wurde vom US Bureau of Engraving and Printing (die Staatsdruckerei Washington) im Buchdruck hergestellt und zwischen dem 19. März und 1. Juli ausgegeben, als die Alliierten auf dem Vormarsch waren. Die zweite Ausgabe wurde von Harrison and Sons, England, im Rastertiefdruck hergestellt und zwischen dem 28. August und 19. September in den Verkauf gebracht. Mit der endgültigen Produktion wurde G. Westermann in Braunschweig beauftragt. Zwischen Ende Juli 1945 und Januar 1946 wurden dort die Marken im Steindruckverfahren gedruckt. Abgesehen von den unter-

Kanadische 10c von 1935 mit Herstellungsdatum versteckt in der unteren Ecke des Markenbildentwurfs

schiedlichen Herstellungsverfahren lassen die Marken sich durch ihre Schattierungen, Perforationen und winzig kleine Details in den Ornamenten unterscheiden.

Die Datierung von Marken auf dem Rand wurde erstmals 1952 von der VR China praktiziert. Vorher, seit 1950 nämlich, erhielten die Marken Seriennummern, die am unteren linken Rand unterhalb des Markenbildes erschienen. Die erste Ziffer kennzeichnete die Seriennummer in der jährlichen Reihenfolge der Ausgabe, die zweite Ziffer nannte die Anzahl der Marken in einer Serie und die dritte Ziffer die Kennummer der einzelnen Marke innerhalb der Reihe. Das Datum nach christlichem Kalender wurde 1952 hinzugefügt. 1967 wurden die Seriennummern weggelassen. Als sie Ende 1970 wieder eingeführt wurden, erschienen sie in vereinfachter Form und gaben nur noch die laufende Folge aus jedem einzelnen Jahr an.
Datierung auf dem Rand wurde von Italien (1955), Österreich, Ungarn und der Bundesrepublik Deutschland (1969) übernommen. Belgien schloß sich 1962 an, doch erscheint das Datum hier im Markenbild ebenso wie auf Marken aus Frankreich, Andorra und Monaco seit 1963.
Seit Beginn des Jahres 1973 weisen sämtliche brasilianischen Marken – abgesehen von Freimarken und obligatorischen Steuermarken – die letzten zwei Ziffern des Jahres im Anschluß an den Landesnamen auf. Seit 1980 tragen amerikanische Marken das Copyright-Symbol © sowie das Datum auf dem Bogenrand.

Der älteste Markenhersteller ist die spanische Regierungsdruckerei in Madrid, die seit Januar 1850 die Hauptmasse der spanischen Marken hergestellt hat. Die einzigen Ausnahmen waren einige republikanische Ausgaben während des Bürgerkriegs (gedruckt in Barcelona) sowie einige Ausgaben der Nationalisten (gedruckt in Burgos, Vigo, Vitoria und Saragossa, ferner in Enschede, Holland, und in Zürich durch Orell Füssli). Die österreichische Staatsdruckerei in Wien hat sämtliche österreichischen Marken seit Juni 1850 hergestellt.
Ab November 1850 wurden die ersten Marken von der Staatsdruckerei Berlin – der späteren Reichsdruckerei und heutigen Bundesdruckerei – für Preußen hergestellt. Im Laufe der Zeit hat diese Druckerei nicht nur für Deutschland – wie auch die Wiener Druckerei nicht nur für Österreich –, sondern auch für viele andere Staaten diverse Briefmarken gedruckt, wobei bei der Humboldt-Gedenkmarke von 1969 die Ausführung von West-Berlin und Venezuela so gut wie identisch ist.

Die älteste noch immer tätige private Firma in der Briefmarkenherstellung ist die Firma De La Rue, London und Basingstoke, gegründet 1819 von dem Guernseyer Thomas De La Rue, ursprünglich für die Herstellung von Strohhüten. 1824 begann er mit dem Prägen von Buchtiteln und der Herstellung von Spielkarten, 1828, sowie Papierwaren aller Art 1830. In den 40er Jahren des vorigen Jh.s entwickelte die Firma eine Maschine zur Produktion von Umschlägen und sicherte sich 1853 ihren ersten Auftrag zur Herstellung von Briefmarken. Der erste eigentliche Vertrag mit der Post kam im Juli 1855 zustande, und zwar für 4 d-Marken, und im selben Jahr schloß sie Verträge mit der East India Company für Übersee. Diese Gesellschaft zeichnet sich dadurch aus, daß sie die einzigen französischen Marken außerhalb Frankreichs (1945) und die einzigen amerikanischen Marken außerhalb der

Englische 8p, zugleich gedruckt von Enschede en Zonen, Haarlem (links), und von Harrison & Sons aus High Wycombe (rechts)

China (1952) und Brasilien (1973) – Beispiele für Methoden der Datierung

Äthiopien, Haile Selassie-Serie, 1942: Diese Marken wurden in einem Land gedruckt, in einem zweiten fertig hergestellt und ausgegeben in einem dritten.

USA (die 10- und 5 c-Konföderierten-Marken von 1862) druckte. Über fast 130 Jahre hat die Firma De La Rue Briefmarken sowie andere diverse Postsachen für etwa 200 Länder gedruckt. Die American Bank Note Company aus New York wurde am 1. Mai 1858 als ein Konsortium von sieben Druckereien gegründet, u.a. der Firma Messrs Rawdon, Wright, Hatch and Edson, die Marken für die USA (seit 1845) und Kanada (seit 1851) gedruckt hat und sich infolgedessen auf die am längsten währende Verbindung mit der Markenherstellung berufen kann.

Die erste private Firma, die Marken druckte, war Perkins, Bacon and Petch, London, die 1840 den Auftrag erhielt, britische Marken herzustellen. Sie verlor 1880 ihre Regierungsaufträge und hat nur noch vereinzelt für Überseekolonien und besondere Anlässe Briefmarken gedruckt.

Marken, die von denselben Platten, doch von verschiedenen Druckereien hergestellt wurden, wurden 1945 von Hongkong ausgegeben. Die Platten wurden bei De La Rue gemacht, der die ersten Lieferungen zwischen 1938 und 1941 druckte. Nachdem infolge eines Luftangriffes die Niederlassung in London zerstört worden war, wurden die Platten zu Bradbury Wilkinson, Harrison and Sons aus High Wycombe sowie Williams & Lea, London, ausgelagert, die schließlich die Marken druckten, die nach 1945 herausgebracht wurden.

Ausstellungsstand der Firma De La Rue & Co. während der Great Exhibition von 1851

Herstellungsfehler

Farbe: Die frühesten Beispiele für Fehlfarben traten auf, als ein Klischee für eine bestimmte Wertangabe während des Druckvorganges versehentlich mit einem anderen Wert verwechselt wurde. Unter den Beispielen befindet sich die einzigartige schwedische 3-Skilling-banco gelb (statt grün) von 1855 sowie die 1 d- und 4 d-»Woodblocks« vom Kap der Guten Hoffnung in Blau und Zinnober anstatt umgekehrt.

Vertauschtes Klischee: Im Falle der 40-Reis-Marken vom Kap Verde von 1877 kam es zu einem Versehen, so daß sie eine 40-Reis-Marke aus Mosambik enthielten.

Kopfstehende Teile des Entwurfs: Dies geschieht gewöhnlich dann, wenn zwei oder mehr Farben verwendet wurden, was erforderlich macht, daß das Papier in mehr als einem Durchgang durch die Presse laufen muß. Bei der westaustralischen 4 d von 1854 allerdings ist der Rahmen kopfstehend – was um so bemerkenswerter ist, als die Marke in nur einer Farbe in einem einzigen Durchgang gedruckt wurde. Dieser Fehler ent-

stand während der Zusammenstellung des Umbruchs.
Die ersten Beispiele für Marken mit kopfstehendem Innenbild waren die 4-Anna indigo und rot, Indien, 1854, sowie die zweifarbigen Marken der US-Serie von 1869. Bei der 1-Dinero-Marke aus Peru, 1861, ist der Mittelteil seitlich verschoben. 1875 erschien die 5-Para-Marke von Ägypten mit kopfstehendem Mittelstück.

Doppeldruck von Eckzahlen und Inschriften, davon einmal kopfstehend, erschienen auf verschiedenen Werten der Helvetia-Serie, Schweiz, 1862–1881.

Falsche Vignette tauchte auf 6d-Marken der Falklandinseln aus der Serie von 1964 auf. Ein Bogen, der zunächst schwarz gedruckt war und eine Abbildung der HMS *Glasgow* zeigte, wurde unabsichtlich unter einen Satz gemischt, auf dem die HMS *Kent* abgebildet war, und erhielt infolgedessen den Rahmen der 6d anstatt den des 2½d-Wertes. Bisher sind lediglich 15 Exemplare dieses Fehldrucks (von 60 möglichen) bekannt.

Falsche Wertangabe tritt in Fällen auf, wo die Wertangabe beim Auftragen auf die Platte vermittels einer beweglichen Setzmaschinenzeile

Falsche Rahmen wurden auch 1922 festgestellt, als Bogen mit 6a-Marken aus Litauen plötzlich acht Exemplare enthielten mit dem Rahmen der 8a-Marke. Paarweise und Seite an Seite kamen 6a- und 8a-Marken heraus, wobei die 8a-Marken in der falschen Farbe und mit dem falschen Porträt gedruckt wurden.

Auslassung der Wertangabe – ähnlich wie die falsche Wertangabe – tritt in Fällen auf, wo Setzkeile in Verbindung mit beweglichen Wert-Setzmaschinenzeilen verwendet werden. Die 50r-Don-Carlos-Marke aus Portugal, 1895, und die 4c-Portomarke, Indochina, 1922, sind hierfür gute Beispiele. In jüngster Zeit haben fehlende Farben auf mehrfarbigen Marken einen ähnlichen Effekt erzielt.

Auslassung der Vignette wird dann möglich, wenn zwei oder mehr Farben im Druckverfahren verwendet werden. Das früheste und spektakulärste Beispiel stammt aus dem Jahre 1867, als 1s-Marken der Virgin-Inseln ohne die St. Ursula im Markenbild erschienen – bekannt als »Fehlende Jungfrau«.

Provisorische Überdrucke und Zuschläge haben zahlreiche Fehler verursacht, worunter doppelter Überdruck am häufigsten ist. Fast ebenso

Ägypten, 5 Para, 1875: Kopfstehendes Mittelstück

Amerikanisch-britische Besatzungsausgaben von 1945: Amerikanisch – Britisch – Deutsch (s. S. 124)

Sonderausgabe zum 200. Geburtstag Humboldts 1969, gedruckt von der Bundesdruckerei Berlin (s. S. 125)

West-Australien, 4d, 1854 – Rahmen verkehrt

Burundi, 6,50fr, 1962 »Royaume du Royaume« statt »Royaume du Burundi« (Marke in der Bildmitte)

erfolgt. So geschehen 1922, als die 12c-Marke von Indochina unversehens mit dem Wert 11c auftauchte. Das wurde berichtigt, indem man die Bogen erneut – mit korrigierter Wertangabe – durch die Presse laufen ließ. Das Ergebnis waren Marken mit zwei Wertangaben, einer richtigen und einer falschen.

verbreitet sind Marken mit kopfstehendem Überdruck wie auch solche mit doppeltem Aufdruck, bei denen der eine kopfstehend ist. Rechtschreibfehler in Überdrucken sind sehr häufig, doch der seltsamste findet sich auf dem Unabhängigkeits-Überdruck aus Burundi, 1962: Die Marken waren mit ROUYAUME DU BU-

Dänemark, Aufdruck zur Philatelisten-Ausstellung, 1938

Kanalzone, Mitte kopfstehend (1906); Griechenland, 50L, Rotes Kreuz, richtig und verkehrt (1937)

RUNDI überdruckt, doch es gibt Exemplare der 50-Centime- und 6,50-France-Marke mit dem Überdruck ROUYAUME DU ROUYAUME.

Datierungsfehler bei Überdrucken: 1929 trugen Marken aus Guatemala irrtümlich den Überdruck 1930, und 1930 zeigten finnische Flugpostmarken die Zahl 1830.

Absichtliche Massenproduktion von echten Fehlern hat es in Fällen gegeben, um der philatelistischen Spekulation zu begegnen. Griechenland, 1937: Nachdem entdeckt worden war, daß einige wenige Exemplare der 50-Lepta-Rote-Kreuz-Marke mit kopfstehendem Überdruck er-

schienen waren, verhinderte die Postverwaltung philatelistische Spekulation mit Fehldrucken dadurch, daß sie eine große Anzahl dieser Fehldrucke in Auftrag gab und in den Verkauf brachte.
Als bei der Produktion der Europamarken-Ausgabe von 1957 festgestellt wurde, daß versehentlich für die Herstellung der 10 Pf-Marken teilweise Papier mit Wasserzeichen verwendet wurde, ließ die Deutsche Bundespost 1958 etliche Marken mit Wasserzeichen nachdrucken, um einer Spekulation von Sammlern zuvorzukommen.
Als ein Bogen der Dag-Hammarskjold-4c-Marke am 23. Oktober 1962 übersehen wurde, auf dem der gelbe Hintergrund kopfstehend war, veranlaßte das US Post Office am 16. November einen unbeschränkten Nachdruck, um zu verhindern, daß der Fehldruck zu einer Rarität werden könnte.

Fehler wurden in zwei Fällen insgeheim auf Marken gesetzt. Auf den Landkartenmarken der Dominikanischen Republik von 1900 finden sich sowohl die Worte DOMINICA und HAITI als auch ATLANTICO und MAR CARIBE vertauscht, und auf der 50c-Marke die Inschrift CINCO (fünf) statt CINCUENTA (fünfzig). Die Fehler wurden absichtlich von den Druckern der Hamilton Bank Note Company, New York, gemacht, um die Fehldrucke an Sammler verkaufen zu können.
Die Freimarkenserie von Georgia, 1921, auf der die mittelalterliche Heldin Königin Tamara abgebildet ist, zeigt Abweichungen in bunter Vielfalt, die durch Pannen im lithographischen Herstellungsprozeß verursacht sind. Es wird be-

hauptet, daß diese Abarten hergestellt wurden in der Absicht, damit den Ingenieur zu bezahlen, der für Wartung und Reparatur der Druckmaschinen zuständig war.
Zusammengehörende 5-Øre-Marken trugen den Überdruck D.F.U. FRIM. UDST. 1938 (Briefmarken-Ausstellung des Dänischen Philatelisten-Verbandes) in Rot. Diese Bogen waren auf Postämtern nicht erhältlich, sondern konnten nur auf der Ausstellung und von einem Ring einheimischer Händler gekauft werden, die die Marken mit einem erheblichen Aufpreis anboten.
Die einzige Aufdruckausgabe, bei der abwechselnd Briefmarken im Bogen überdruckt bzw. nicht überdruckt wurden, erschienen im September 1938 in Dänemark.

Druckverfahren

Buchdruck ist ein Hochdruckverfahren, bei dem die Druckelemente gegenüber dem nichtdrukkenden Teil erhöht sind. Die Druckvorlage wird in Holz oder Metall geschnitten bzw. graviert und sodann auf Galvano- oder Stereoklischees übertragen. Die ersten nach diesem Verfahren hergestellten Marken waren die Ceres 20 c sowie die 1 fr aus Frankreich (Januar 1849), gefolgt von Bayerns schwarzem Einser (November 1849) und der Züricher 2½ Rappen (März 1850). Britische Steuermarken von 1853, Briefmarken von 1855–1935 und Portomarken von 1914–1971 benutzten dasselbe Verfahren. Frankreich (kleine Werte, vorausentwertete Marken und Portomarken), Bundesrepublik Deutschland (Freimarken), DDR (Freimarken 1961–1971), Irland (1922–1968) und Indien (1854–1951) haben ebenfalls das Buchdruckverfahren verwendet.

Dreidimensionale Marken sind unter Verwendung verschiedener Verfahren zu verschiedenen Gelegenheiten versucht worden. Der erste Versuch mit 3 D-Marken wurde im Dezember 1956 von Italien unternommen, als zwei Marken zur Feier des ersten Jahres der italienischen Mitgliedschaft in den Vereinten Nationen mit roten und grünen Markenbildern, die im Umriß leicht verschoben waren, lithographiert wurden. Durch entsprechende Farbbrillen betrachtet, wurde eine Anaglyphe bzw. ein dreidimensionales Bild sichtbar. Ein lamellenförmiger, regenbogenfarbiger, geriffelter, plastischer Hochdruck wurde für Marken aus Bhutan vom Oktober 1967 verwendet, zum Gedenken an Erfolge in der Raumfahrt. In der Folgezeit wurden nach dieser Technik folgende Motive produziert: Schmetterlinge (1968), Fische und Vögel (1969), Tiere und die Eroberung des Weltraums (1970), Mondfahrzeuge und Autos (1971) sowie ferner die Mondlandung von *Apollo 11* (1973).

Bhutan, lamellenförmige regenbogenfarbige Riffelung für die Fische-Serie, 1969

Farbpressung oder Prägedruck ist ein Verfahren der Reliefprägung, wobei der erhabene Druck dadurch erreicht wird, daß das Papier von einer positiven Form in eine negative gedrückt wird. Seit dem ausgehenden 17. Jh. ist dieses Verfahren vornehmlich bei Steuermarken auf Schecks und juristischen Dokumenten verwendet worden. Postalisch erstmalig verwendet wurde es 1838 auf den geprägten Briefbogen aus Sydney, Neu-Süd-Wales, und den mit 1 d und 2 d bedruckten Umschlägen aus Großbritannien seit 1841. Es wurde bis in die jüngste Zeit für Einschreibekuverts auf den Britischen Inseln benutzt. Die Sydney-Briefbogen waren Blindprägungen, während die meisten anderen Exemplare ein farbloses Relief auf farbigem Grund aufweisen. Gummierte Marken als Blindprägung wurden von Sardinien, 1851, und Natal, 1857, ausgegeben, während Marken mit farbigem Grund und Reliefprägung erstmals von Basel, 1845, und Scinde, 1852, hergestellt wurden. Portugal, Großbritannien, Rußland, Bayern, Helgoland, einige der deutschen Kleinstaaten und die Brustschildausgaben des Deutschen Reiches und Gambia machten im 19. Jh. ausgedehnten Gebrauch vom Prägedruck. Im 20. Jh. ist es für gummierte Marken nur selten benutzt worden. Ausnahmen sind: Island (1911/12) und Bundesrepublik Deutschland (1953–1955, 1957, 1963, 1969 und 1974). Gelegentlich ist der Prägedruck auch bei Überdrucken verwendet worden: die Olympia-Kongreß-Serie der Tschechoslowakei ist hierfür ein Beispiel. Farbpressung wurde 1968 von Großbritannien für das Profil der Königin benutzt; es wurde in Gold gedruckt und dann auf zahlreichen Gedenk- und Sonderausgaben bis 1973 geprägt.

Fotografie – man bedient sich ihrer seit 1900 in der Briefmarkenherstellung. Die 1 d- und 3 d-Marken, ausgegeben in Mafeking, waren im Lichtpauseverfahren hergestellt und hatten technische Zeichnungen zur Vorlage. Ein seltener Fehler wurde bei der 3 d dadurch verursacht, daß das fotografische Negativ verkehrt gedruckt wurde, wodurch ein Spiegelbild zustande kam. 1910 wurde eine 3-Satang-Ortsmarke in Dusitanos, Thailand, gedruckt unter Verwendung kleiner Sepia-Fotografien, die in der Folgezeit perforiert und gummiert wurden. Schwarze oder braune Fotos waren die Grundlage für die halbamtlichen Regensburger Flugmarken von 1912 sowie für die chilenische Flugpostmarke mit dem Porträt von Clodomiro Figueroa von 1919. Auch die an Bord der HMS *Ark Royal* gedruckten Berg-Athos-Marken wurden fotografisch hergestellt (1916).

Fotogravüre oder Heliogravüre wurde in den 90er Jahren des 19. Jh.s als Verfahren zur Buch- und Zeitschriftenillustration in Deutschland entwickelt. Es wurde erstmals in der Herstellung der bayerischen Freimarkenserie von 1914 eingesetzt, die von F. A. Bruckmann in München gedruckt wurde. Es handelt sich dabei um ein Tiefdruckverfahren, bei dem eine Kupferplatte mit aufgeschmolzenem Asphaltstaubkorn die Grundlage bildet. Darauf wird auf lichtempfindliches Pigmentpapier ein fotografisches Diapositiv in feuchtem Zustand gequetscht. In vier bis fünf aufeinander folgenden Eisenchloridbädern wird die Platte so geätzt, daß sie in den hellen Partien nur leicht angegriffen, in den dunklen Partien hingegen tief geätzt wird. Der Druck erfolgt nur in der Handpresse, weil sich das Verfahren nicht zur Herstellung größerer Auflagen eignet. Andere Pioniere der Briefmarkenproduktion mit diesem Verfahren waren Harrison and Sons, deren erste Marken 1923 von Ägypten ausgegeben wurden, Vaugirard aus Paris, der vornehmlich französische Kolonialmarken druckte zwischen 1918 und 1939, und Courvoisier aus La Chaux de Fonds, Schweiz, bekannt vor allem durch seine Vielfarben-Fotogravüre. Südafrika entwickelte ein verfeinertes Verfahren, Fotogravüre ohne Körnung im Jahre 1930. Die ersten zweifarbigen Fotogravüre-Marken waren die ägytischen £ 1-Marken vom 5. Januar 1924.

Absichtlicher Nachdruck einer »Fehl«-Ausgabe Deutsche Bundespost; Europamarken-Serie von 1960 (s. S. 128)

Adler mit kleinem Brustschild und sog. Aachener Krone, Deutsches Reich, 1872 (s. S. 129)

Fotogravüre, in verschiedenen Farbandrucken, auf einem Miniaturbogen von Barbados, 1980

Bayerische Freimarke, 1 Mark, 1914

Bayerische Gedenkmarke anläßlich des 90. Geburtstages des Prinzregenten Luitpold, 2 Mark, 1911; Mona-Lisa-Marke, Deutsche Bundespost 1952

Fotolithographie wurde im ausgehenden 19. Jh. für den Druck mehrfarbiger Aufkleber verwendet. Philatelistisch bedeutsam wurde es im Jahre 1911, als Oskar Consee aus München die Serien zum Gedenken an den 90. Geburtstag des Prinzregenten Luitpold und den 25. Jahrestag seiner Regentschaft herstellte. Die Möglichkeiten dieses Verfahrens – Halbtonbilder, Farbreproduktionen – kamen beim Druck der deutschen Mona-Lisa-Marke von 1952 voll zur Geltung.

Gestanzte Marken werden mit einer Stanze hergestellt, so daß zum Zeitpunkt der Prägung jede einzelne Marke aus dem Papier herausgestanzt wird. Die ersten Beispiele hierfür waren die Pfadfinder-Marken der Tschechoslowakei von 1918. Paare, Streifen o. ä. sind dabei natürlich unmöglich. Dieses Verfahren wurde 1963 von Sierra Leone in großem Umfang verwendet; es folgten Tonga und Norfolk Island.

Handgedruckte Marken waren im 19. Jh. in unterentwickelten Ländern sehr verbreitet. Folgende Ausgaben sind u. a.: Afghanistan (1882–1890), die Bermuda Postmeister-Ausgaben (1848–1861), Bhor (1879), Charkari (1912–1922), die Falklandinseln »franks« (1861–1867), Faridkot (1879–1886), Jammu und Kaschmir (1866–1877) und Soruth (1864). Die Marken aus Dhar (1897–1900) und Duttia (1893–1920) erhielten vor dem Ausgabetag einen Kontrollstempel. Die Marken der Neuen Republik in Südafrika (1886–1888) wurden mittels Gummistempel hergestellt, die auf fertig gummiertes und perforiertes Papier aufgebracht wurden, das aus Europa eingeführt wurde. Zwei verschiedene metallene Handstempel wurden zusammen mit Schreibmaschinentypen verwendet, um die albanische Serie von 1913 herzustellen. Drei verschiedene Handstempel fanden Verwendung beim Druck der Unabhängigkeits-Jubiläumsmarken vom November 1913. Die erste handgeprägte gummierte Marke war eine 3 c-Lokalausgabe der *Philadelphia Despatch Post* vom Dezember 1842. Gleichfalls handgedruckt waren die Philadelphia-Kuriermarken von 1852–1856 wie auch verschiedene Ausgaben der Konföderierten Staaten während des amerikanischen Bürgerkrieges.

Lichtdruck ist nur ein einziges Mal in der Herstellung einer Marke verwendet worden – der 1-Kopeken-Semstvo-Marke aus Poltava, Rußland, Juli 1912. Dieses Verfahren, bei dem ein fotografisches Bild auf eine Chrom-Gelatine-Schicht kopiert wird, die auf eine dicke Glasplatte aufgetragen ist, wird vornehmlich bei Buchillustrationen verwendet sowie bei der Fälschung von Briefmarken (zur Nachahmung von Tiefdruck und Lithographie). Dies war die bevorzugte Methode des Fälschers Jean de Sperati.

Lithographie (griech. Steinzeichnung) ist ein um 1795 von Alois Senefelder vervollkommnetes Verfahren, bei dem eine polierte Kalkschieferplatte verwendet wird, auf die der Entwurf durch Abklatsch oder Fettstift aufgetragen wird. Die Kantonsmarken von Zürich und Genf (1843) und die erste Indien-Ausgabe (1854), ebenso wie viele der Marken aus deutschen Kleinstaaten Mitte des 19. Jh.s wurden nach diesem Verfahren hergestellt. Später verwendete man dünne Metallplatten, die inzwischen zur Grundlage der modernen lithographischen

Techniken gehören. Ein inzwischen weit verbreitetes Verfahren der Markenproduktion überträgt das Bild von einer Originalplatte auf einen Gummizylinder und von dort auf das Papier. Diese als Offset-Lithographie bekannte Methode gestattet die Verwendung von Papier minderer Qualität mit rauher Oberfläche. Das 1967 von der Firma De La Rue patentierte Delacryl-Verfahren dient seither zur Herstellung mehrfarbiger Briefmarken.

Maschinengeschriebene Marken wurden erstmals in Mengo, Uganda, zwischen März 1895 und November 1896 herausgegeben und von Reverend Ernest Miller auf einer Barlock-Schreibmaschine hergestellt. Allgemein bekanntgeworden sind sie als die »Kauris«, und zwar deshalb, weil ihre Werte durch Kauri-Muscheln wiedergegeben wurden (200 = 1 indische Rupie). Im September 1895 wurde eine maschinengeschriebene 3c-Marke von der Firma Cuthbert Brothers aus Britisch-Honduras für ihren Caye Service ausgegeben. Marken aus Tonga erhielten 1896 den Überdruck HALF-PENNY mit einer Schreibmaschine. Eine Yost-Maschine diente zum Überdrucken von Marken der Freistaaten Transvaal und Oranje während des Burenkrieges (Juli 1900). Ebenso wurden für den Postverkehr der Buren zwischen Ermelo und Carolina während des Krieges maschinengeschriebene Marken hergestellt. Spätere Marken aus der Schreibmaschine sind die Provisorien aus Battambang, Thailand (1902); Albanien (1913–1915); Long Island (1926); Kolumbien, Luftpost (1920); Nicaragua, Luftpost (1920); deutsche Notausgaben aus Bad Saarow und Eckartsberga (1945); sowie pakistanische Überdrucke auf indischen Marken (1947).

Rastertiefdruck ist ein fotomechanischer Prozeß, bei dem die Raster durch unterschiedliche Punkte, die sich durch Größe und Dichte voneinander unterscheiden, wiedergegeben werden. Obwohl seit 1890 für Zeitungs- und Zeitschriftenillustrationen vielfach verwendet, ist dies Verfahren nur selten bei Briefmarken benutzt worden. Die ersten Marken im Rastertiefdruck-Verfahren erschienen 1908, als Uruguays Unabhängigkeits-Serie Autotypie-Vignetten trug und der Rahmen im Buchdruck aufgebracht war. Vollständig im Rastertiefdruck hergestellt wurde die Kishangarh-Serie von 1913. Ebenso wurden die Denkmals-Serie von 1937 (Litauen) und die thüringische Lokalpost-Ausgabe von 1945 hergestellt.

Satz- (bzw. Schriftsatz-)Briefmarken, die mit beweglichen Lettern gedruckt wurden, gehen der Einführung der *Uniform Penny Postage* voraus. Der Buch- und Papierwarenhändler James Chalmers aus Dundee stellte Entwürfe für gummierte Marken her, die mit beweglichen Typen im Letterndruck-Verfahren hergestellt werden sollten, mit einer Ornamentumrandung: die ersten wirklichen Marken, die nach diesem Verfahren hergestellt wurden, stammen aus Britisch-Guayana, dessen »Cottonreels« von 1850/51 von der *Royal Gazette* in einem Kreisformat in Satz gegeben wurden. Spätere Marken aus Guayana im Schriftsatz-Verfahren umfassen die einzigartige 1c schwarz auf karmin (1856) sowie weitere, die bis 1882 ausgegeben worden sind. Weitere Marken im Schriftsatz: die Ausgaben der Konföderierten Staaten (1861), die hawaiischen »Missionare« (1851/52) und Inselausgaben (1859–1865), die Réunion (1852), Guadelupe (1878–1884), Mexiko (1867), verschiedene kolumbianische Provinzen (1883–1902), Guatemala (1902), Venezuela (1902), Uganda (1896), Fidschi (1870/71), Bamra (1888–1895), Dhar (1897–1900), Duttia (1893–1920), Nawanagar (1877–1880) und Soruth (1867/68). Einige der deutschen Lokalausgaben (1945/46) wurden im Schriftsatz herausgebracht, darunter diejenigen aus Bad Nauheim, Freudenstadt, Großräschen, Lauterbach, Löhne, Lütjenburg, Spremberg, Strausberg und Unna. Portomarken im Schrift-

Mit der Schreibmaschine beschriftete Marken aus Uganda (1896), Tonga (1896), Thailand (1902), Long Island (1916) und Eckartsberga (1945)

satz wurden von Baden (1862), Malta (1925) und St. Lucia (1930) ausgegeben.

Thermographie oder Thermoplastik ist eine Technik, mit der ein gehöhtes Reliefmuster erzielt wird und die auf der Erhitzung einer Harzschicht beruht. Obwohl beim Druck kommerzieller Broschüren weit verbreitet, ist das Verfahren bei Briefmarken nur selten angewendet worden. Als Überdruck auf Marken, die von Sierra Leone im Mai 1965 zum Gedenken an Sir Milton Margai und Sir Winston Churchill ausgegeben wurden, kam es erstmals zur Anwendung. In Kombination mit dem lithographischen Verfahren erzeugte es ein erhabenes plastisches Relief auf Briefmarken aus der Türkei, deren erste eine

Marken aus Antioquia, Kolumbien, Persien und Spremberg (DDR) im Letterndruck (s. S. 131)

Dreierserie vom Mai 1966 war, auf denen türkische Fayencen abgebildet sind, und in der Folgezeit für die Sultan-Suleiman-Serie von 1966, das Internationale Jahr des Tourismus von 1967 und das Unabhängigkeits-Medaillen-Paar von 1968.

Tiefdruck oder Intaglio ist ein Verfahren, bei dem die druckenden Teile der Druckform gegenüber den nichtdruckenden stets tiefer liegen. Dunkle Töne entstehen durch entsprechend vermehrten Farbauftrag, in hellen Bildpartien wird weniger Farbe an das Papier abgegeben. Das ist durch die verschieden tiefe Ätzung oder Gravur der Druckform möglich. Dieses Verfahren wird hauptsächlich benutzt für die Herstellung von Banknoten und Aktien und ist das seit 1840 für britische Briefmarken am häufigsten angewendete Verfahren.

Zierdruck findet sich hauptsächlich im Hintergrund von Markenentwürfen, um Fälschungen vorzubeugen. Jacob Perkins erfand 1819 den Rosen-Zierdruck zum Bedrucken von Kaliko und verwendete ihn später zur Herstellung der raffinierten *guilloché*-Muster auf Banknoten. 1840 wurde er erstmals bei der Herstellung der Penny Black und Twopence Blue eingesetzt und blieb ein Hauptmerkmal der kleinen britischen Werte (½d bis 2d) bis 1880.

Zyklostyl-Verfahren wurden von Reuters Telegraph Service im Matabeleland, März 1894, eingesetzt. Die Entwürfe der 2s6d-, 5s- und 10s-Marken wurden auf eine Wachsmatrize von Hand gezeichnet und dann vervielfältigt.
Thomas Alva Edison erfand ein ähnliches Verfahren, bekanntgeworden als Mimeographie, bei dem eine Schreibmaschine verwendet wurde. Es wurde zum Druck der 7-Sen-Marke benutzt, die am 1. Oktober 1945 in Kume Shima (Ryukyu-Inseln) ausgegeben wurde.

Farbe

Die ersten zweifarbigen Marken wurden in Zürich im März 1843 ausgegeben (schwarz und rot).

Die ersten dreifarbigen Marken erschienen 1845 in Basel (rot, schwarz und blau).

Die ersten vierfarbigen Marken wurden von der Soroka-Semstvo-Post in Bessarabien, Rußland, 1879 herausgebracht (rot, gelb, blau und schwarz).

Die ersten vierfarbigen Marken, die amtliche Ausgaben waren, waren das im März 1897 zum

Gedenken an den mittelamerikanischen Staatenbund von El Salvador ausgegebene Paar (blau, rosa, gold und grün). Im Juli 1911 brachte Bayern zwei Marken in Vierfarben-Kombinationen zum 25. Jahrestag der Regentschaft von Prinzregent Luitpold heraus.

Marken in mehr als vier Farben wurden erstmals im Oktober 1940 von der UdSSR ausgegeben: eine Serie von 17 Marken, auf denen die Pavillons der All-Unions-Landwirtschaftsmesse farbig abgebildet waren.

Sämtliche Marken in denselben Farben hat Helgoland herausgebracht. Alle zwischen 1867 und 1890 – als die Insel von England an Deutschland übergeben wurde – ausgegebenen Marken waren entweder in Grün, Weiß oder Rot gedruckt – den Farben Helgolands, Grün für Gras, Weiß für Sand und Rot für die Klippen. Die einzigen zusätzlichen Farben waren Gelb auf der 3-Pfennig- und 20-Pfennig-Marke von 1876 und Schwarz (Wertangabe) auf den 1-Mark- und 5-Mark-Briefmarken von 1879.

Der erste Versuch, die Farben von Briefmarken zu standardisieren, wurde 1850 im Zusammenhang mit der Deutsch-Österreichischen Postkonvention unternommen. Bestimmte Farben wurden bestimmten Posttarifen zugeordnet, und in gewissem Maße beeinflußte dies auch die Farbgebung

Tiefdruck, in verschiedenen Farbandrucken, auf einem Souvenirbogen des französischen Postmuseums, 1966

von Marken, die von jenen Ländern ausgegeben wurden, die der Konvention beigetreten waren: Österreich, Preußen, Baden, Württemberg, das Postsystem der Thurn und Taxis sowie die norditalienischen Herzogtümer unter österreichischer Verwaltung. Seit dem Kongreß von 1898 des UPU galt als Vorschrift, daß Marken für internationale Drucksachen grün, Postkarten rot und Briefe blau zu sein hatten.

Metallische Tinte wurde erstmals von der Schweiz für die 60 c-(kupfer-bronze) und 1 fr-(bronze-gold) Marken verwendet, die im Mai 1867 herausgebracht wurden. Die 1 fr-Marke wurde zwischen 1867 und 1882 in Gold gedruckt. Die niederländische 50 c-Marke vom Oktober 1867 bis 1871 war mit goldfarbener Tinte hergestellt.
Die ersten Marken, die vollständig mit metallischer Tinte gedruckt worden sind, waren die griechischen Drachmenwerte von 1901, die 2 dr in Bronze, die 3 dr in Silber und die 5 dr in Gold. El Salvador (März 1897) und Neu-Süd-Wales (Juni 1897) gaben Marken heraus, die in goldfarbener Tinte mit drei bzw. zwei anderen Farben gedruckt wurden.

Papier

Die ersten Briefmarken wurden auf Hadernpapier, das handgemacht und von feiner Qualität war, von Stacey Wise aus Rush Mills, Hardingstone (nahe Northampton), gedruckt. Die Bogen variierten beträchtlich hinsichtlich der Stärke und hatten auf allen vier Seiten einen Büttenrand. Während der Herstellung wird der Masse eine Lösung aus tierischem Waschblau hinzugefügt, um das Papier weißer zu machen. Es wird behauptet, daß dieses Verfahren 1746 zufällig von Mrs. Buttonshaw, der Frau eines Papiermachers, entdeckt wurde, als sie dabei war, Leinen zu waschen und unabsichtlich ihren Beutel mit Waschblau in einen Zuber mit Papiermasse fallen ließ. In der Hoffnung, daß dieser kleine Unfall unbemerkt bliebe, verschwieg sie den Vorfall; als ihr Mann jedoch über das feine Weiß des Papiers in diesem Behälter sehr erfreut war, erzählte sie ihm die Wahrheit.

Das dickste Papier, das jemals für Briefmarken benutzt worden ist, war eine Art Karton, der für die 5 Centavos aus Argentinien (März 1867) und die 5 c aus Chile (1879–1899) verwendet wurde. Im November 1915 wurden 10-, 15- und 20-Kopeken-Marken in Rußland auf Karton gedruckt mit einem Vermerk auf der Rückseite, daß sie anstelle von Silbermünzen verwendet werden sollten.

Das dünnste Papier, das jemals für Briefmarken benutzt worden ist, war eine Art Gewebe, das für äußerst seltene Drucke von Neuseeland-Marken (1862) sowie für Marken von Transvaal (1876) Verwendung fand.

Die ungewöhnlichsten Papiersorten in der Markenproduktion sind: ungebrauchtes Banknotenpapier der Bolschewisten und Weißarmisten; die Rückseiten deutscher Kriegskarten; Zigarettenpapier und liniiertes Papier aus Schulheften (Lettland, 1918/19); kariertes Papier (Ecuador, 1872, und Mexiko, 1884–1887); Papier, das einseitig mit Postformularen bedruckt war (Oaxaca, 1915); blaues Zuckersackpapier (British-Guiana, 1856); geriffeltes Papier, auf einer Seite gewellt (USA, 1 c, 1873 und Philippinen, 5 Cuartos, 1859); Reispapier (El Salvador, 1 c, 1889); französisches blaues Banknotenpapier (Guernsey, 1942); Zeitungspapier aus Holzmasse (Jersey, 1944); Zeitungspapier, Zigarettenkarten, Hobelspäne und Toilettenpapier (Polnische Kriegsgefangenen-Lagerpost, 1941–1944).

Feste Webekanten sind ein einziges Mal im französischen Postamt von Sansibar am 20. Juli 1897 zu Briefmarken verarbeitet worden. Die Bogenränder der Marken und der Zwischensteg zwischen den Abteilungen trugen den Überdruck

POSTE FRANCE/ZANZIBAR mit Werten in französischer und indischer Währung.

Andere ungewöhnliche Materialien der Briefmarkenherstellung: Goldschlägerhaut wurde für die beiden hohen Werte (10 und 30 Groschen) des norddeutschen Postbezirkes (1868) zur Frankierung von Päckchen verwendet. Diese Substanz seltsamen Namens, die vornehmlich für Goldpressungen beim Buchbinden und für Wiegendrucke Verwendung fand, besteht aus einem festen, dünnen, transparenten und harzimprägnierten Papier. Diese Marken wurden auf die kollodinierte Fläche der Rückseite gedruckt, und auf die Tinte wurde Leim aufgetragen.
Der Nebengedanke dabei war, daß das Aufkleben der Marken auf die Päckchen/Pakete sie zerstören und für die Weiterverwendung unbrauchbar machen würde. Diese Marken wurden nicht öffentlich verkauft, sondern nur innerdienstlich verwendet.
Auf Stoff gedruckte Marken wurden erstmals im September 1958 von Ungarn ausgegeben, als ein Block mit vier dreieckigen Marken mit Blumenmotiven auf gewachstem Stoff gedruckt wurde, anläßlich des *International Philatelic Congress* in Brüssel. 1969 wurde Seidenrayon für eine Markenserie aus Bhutan benutzt.
Als Material einer 5-Forint-Flugpostmarke aus Ungarn vom 5. Oktober 1955 wurde Aluminiumfolie verwendet, um den Internationalen Kongreß der Leichtmetallindustrie in Budapest zu würdigen. Die Sowjetunion stellte am 17. Oktober 1961 eine 1-Rubel-Marke auf Folie zum Andenken an die Raumflüge desselben Jahres her. Sie wurde sechs Tage später mit einem Überdruck neu herausgebracht, um den 22. Kongreß der Kommunistischen Partei zu feiern.
1963 ließ die DDR eine Sonderausgabe in Blockform zu dem Thema »Chemie für Frieden und Sozialismus« auf Dederongewebe drucken.

Den Rekord in der Verwendung der unwahrscheinlichsten Materialien hält Bhutan: auf runde Metallfolien geprägte Marken (1966, 1975); lamellenförmige, regenbogenfarbene, geriffelte, plastische Marken (1967–1973); Oberflächen mit plastischem Relief (1968–1970); plastisch geprägte Marken (1971) sowie Seidenrayon (1969). Zum 5000. Jubiläum der Stahlindustrie brachte Bhutan auf Stahlblech gedruckte Marken heraus (1969), während mit Duftstoffen imprägniertes Papier für die Rosenserie verwendet wurde (1973). Das Tollste indessen war eine 1973 herausgebrachte 7er-Serie in der Form von Miniatur-Schallplatten, von denen die Nationalhymne abgespielt werden konnte und die zudem noch einen Abriß der Geschichte des Landes enthielten! Dieser Versuch mit sprechenden Briefmarken ist bisher noch nirgendwo wiederholt worden.

Gummierung

Die auf der Rückseite der Penny Black verwendete Gummierung war zusammengesetzt aus Kartoffelstärke, Getreidestärke und Akazien-Gummi. Das Post Office nannte diese Mischung »Zement«, und die frühen Marken waren auf den Bogenrändern mit der Empfehlung versehen: »Beim Anfeuchten der Rückseite bitte Vorsicht! Nicht den Zement ablösen!« Die Öffentlichkeit reagierte mit Panik und vermutete gesundheitsschädigende Wirkungen. Dies führte schließlich zu einer Untersuchungskommission, die 1852 zusammentrat, um die Zusammensetzung der Mischung aufzuklären. Charles Dikkens schrieb einen Artikel mit dem Titel *The Great British Gum Secret* in der Ausgabe der *Household Words* vom Mai 1852. Auf einigen amerikanischen Marken wurde die englische Gummierung benutzt, während für andere ein Tapioka-Extrakt verwendet wurde.
Grüngefärbter Gummi wurde erstmals für die britische 6d-Marke von 1854 benutzt, so daß der Arbeiter, der die Stempelmaschine bediente, die für den Druck vorgesehene Seite des Papiers unterscheiden konnte; die Marken aus Hannover (1850–1859) hatten eine rote Gummierung. Trotzdem gibt es zahlreiche Beispiele dafür, daß

Lettische Marken, gedruckt auf halbfertige Banknoten (s. S. 133; Abbildung auf S. 134)

Bhutan, Marken auf Seidenrayon, und DDR, Marken auf Dederongewebe

britische Marken auf der gummierten Seite bedruckt wurden. Seit den 60er Jahren des 19. Jh.s kam eine verbesserte Dextrin-Gummierung zur Anwendung. Seit 1968 wird eine unsichtbare PVA (Polyvinyl-Alkohol-) Gummierung benutzt.
China ist das einzige Land, das ausschließlich ungummierte Marken herausgibt. Ein Leimtopf steht zum Aufkleben in jedem Postamt zur Verfügung.
Die tschechische Serie zum Jahrestag der Republik (1923) trug die Gummierung in einem Muster, das die Initialen der Republik (CSP) aufwies. Viele der deutschen Lokalausgaben unmittelbar nach dem Zweiten Weltkrieg waren mit Spargummi versehen, der in Klümpchen aufgetragen war, um den Verbrauch von Gummi um 50% zu senken. Ein Wellenlinien-Muster erschien auf der Gummierung deutscher Marken (1921), ferner ein geometrisches Muster (1934) sowie auf Marken der Schweiz und Liechtensteins (1936–1939).

Die ersten selbstklebenden Marken wurden am 10. Februar 1964 von Sierra Leone herausgegeben.

Perforation

Die frühesten Briefmarken wurden unperforiert ausgegeben und mußten ausgerissen oder mit Scheren auseinandergeschnitten werden. Die Druckerei Perkins, Bacon & Co. verfügte 1840 – wenn nicht gar schon früher – über eine kleine Perforationsmaschine und benutzte diese, um Scheckbuch-Quittungen zu perforieren, doch wurde die Perforation von Briefmarkenbogen als undurchführbar angesehen, und zwar wegen des engen Nebeneinanders der Marken und der Unebenheit des Layouts, die durch Schrumpfung des Papiers nach dem Druckvorgang verursacht wurde. Dem Iren Henry Archer soll der Einfall zur Perforierung von Marken dadurch gekommen sein, daß er während seiner Tätigkeit als Eisenbahnangestellter eine durchbrochene metallene Sonnenblende zu Gesicht bekam. Wahrscheinlicher ist indessen, daß er die Perforation erstmals auf Fahrkartenabschnitten gesehen hat. Sein Verdienst besteht darin, das Prinzip der Perforation auf so etwas Kompliziertes

wie Briefmarkenbogen übertragen zu haben. Insgesamt wendete er £ 2500 für die Konstruktion und Vervollkommnung einer Briefmarken perforierenden Maschine an und erhielt schließlich £ 4000 von der britischen Regierung für die Patentrechte und seine Aufwendungen.
Archer reichte seinen Vorschlag am 1. Oktober 1847 dem Generalpostmeister ein, und nach Beratungen von Technikern des Post Office wurde seine Idee den *Commissioners of Stamps and Taxes* zur Genehmigung vorgelegt. Zwei Maschinen wurden konstruiert. Die erste verfügte über zwei rotierende Schneiden für die horizontale und vertikale Perforation. Die zweite war mit Lanzettenklingen ausgestattet, die das Papier in einer Folge von Schnitten durchtrennten. Penny-Marken der Platten 70 und 71 sind Beispiele für Versuchs-Durchstiche mit jenen Maschinen. Eine dritte im Dezember 1848 in der Fabrik von Perkins, Bacon & Co. getestete Maschine verfügte über einen Kammperforator; obwohl im Testlauf nicht erfolgreich, wurde sie dennoch zum Prototyp für alle späteren Maschinen für die Kammzähnung. Im Laufe des Jahres 1853 fanden weitere Versuche statt, bei denen Penny-Marken aus Alphabet II (16er Perforation) und Alphabet I (14er Perforation) benutzt wurden. Beide sind sehr selten! Die 16er-Versuchs-Perforation kann von der späteren allgemeinen Ausgabe nur dann unterschieden werden, wenn sie auf Umschläge aufgebracht sind, die mit Datumsstempel vor dem 28. Januar 1854 versehen sind, als erstmals perforierte Marken offiziell eingeführt wurden.

Johore, Malaya, 1949: Perforation 17,5 × 18

Erstperforation: Großbritannien 28. Januar 1854; Schweden Juli 1855. Die schwedische Post perforierte im November 1856 die Briefmarken Norwegens. Die ersten perforierten Marken in den USA wurden hergestellt von Toppan, Carpenter & Co. im Februar 1857.

Der Maßstab für den Perforationsabstand wurde von Dr. Jacques Amable Legrand 1866 in Paris erfunden. Dieses einfache Gerät, das die Anzahl von Lochungen innerhalb von 2 cm Länge bestimmte, wird bis auf den heutigen Tag allgemein verwendet und ermöglicht den Philatelisten, Abweichungen in der Perforation mit hoher Genauigkeit zu beschreiben.
Man unterscheidet drei Arten von Zähnungsmethoden: Kammzähnung, Kastenzähnung und Linienzähnung. Bei der Kammzähnung werden im Gegensatz zu der Kastenzähnung, wo der ganze Bogen durch einen Arbeitsgang der Zähnungsmaschine perforiert wird, nur die Breiten- und Höhenzähnung einer Bogenreihe gestanzt. Somit sind die Eckzähne der einzelnen Marken gleichmäßig. Im Gegensatz dazu werden die Zähnungen bei der Linienzähnung nur in einer Richtung, d.h. entweder nur vertikal oder horizontal von der Zähnungsmaschine ausgeführt, wodurch die Eckzähne der einzelnen Marken unregelmäßig ausfallen.

Die größten Lochungen zum Abtrennen von Marken finden sich auf den amerikanischen 1 c- und 2 c-Marken der Ausgabe vom Dezember 1908. Von diesen Marken wurden 400 Bogen unperforiert für den privaten Gebrauch vorgesehen. Sie wurden nachträglich in Rollenstreifen geschnitten, ohne Perforation am oberen und unteren Rand, doch mit verschiedenen rudimentären Formen vertikaler Trennung. Marken mit der sog. »Attleboro«- oder »Schermack«-Perforation sind mit zwei verlängerten, rechteckigen »Schlitzen« oder mit zwei bis fünf großen Löchern auf jeder Seite versehen. (Ähnliches gilt für die 1 d-Universal-Marken Neuseelands, 1905/06.) Die weitesten Lochungen finden sich auf französischen Marken vom Januar 1861 mit dem Abstand 7 über eine ganze Seite. Es war dies eine nichtamtliche Perforation durch Messrs Susse Frères aus Paris zur Erleichterung für ihre Kundschaft. Die kleinste amtlich ausgegebene Perforation hatte ebenfalls den Abstand 7 – auf Marken des indischen Staates Bussahir vom Juni 1895. Die Perforation, die unregelmäßig zwischen 7 und 11½ variierte, wurde mit einer Nähmaschine hervorgebracht.
Einer der ungewöhnlichsten amtlichen Durchstiche wurde um 1860 in Finnland mittels eines Rädchens in Wellenlinien erstellt. Da die dabei entstandenen Zungen (anstatt Zähne) unverhältnismäßig lang sind, sind heute Marken mit vollständig erhaltenen Zungen sehr selten.

Die dichteste Zähnung in der Perforation wurde für die 1949–1954 von der Firma De La Rue für die malayischen Staaten gedruckten Freimarken-Serien verwendet – 17½ × 18. In der Praxis ist jeder über 15 hinausgehende Abstand ungünstig, da die Dichte der Lochung dazu führt, daß die Marken sich zu leicht voneinander lösen, wenn man sie in Bogen benutzt.

Marken mit der größten Variationsbreite in der Perforation wurden 1922 von Polen für den Gebrauch in Oberschlesien ausgegeben. Die 5-Mark gelb-braun z. B. hat nicht weniger als 64 verschiedene Abstände und Zusammensetzungen von Perforation. Nur Spezialkataloge unterziehen sich der Mühe, sie auseinanderzuhalten. Die Marken aus Bosnien und Herzegowina (1879–1900) waren mit 15 verschiedenen Perforationsabständen versehen. Die Ausgabe von 1872–1891 aus den Niederlanden verfügte über 12 Perforationsabstände.

Außergewöhnliche Perforationen:
Queensland, 1857 – 1 d, 2 d und 6 d: Perf. 12½ quadratische Löcher × 13 runde Löcher.
Bulgarien, 1884/85 – Portomarke, 5, 25, 50 Stotinki: rautenförmiger Durchstich, Perf. 5 × 7½.

Australien, 1943 – Marken in Bogen à 500: kleine Löcher seitlich, die zum Mittelpunkt hin größer werden.
Mexiko, 1939 – Volkszählungs-Serie: Perf. 12 × 13, abwechselnd mit großen und kleinen Löchern.
Niederlande, 1926–1933 – unterbrochene Perforation in den Ecken.
Die meisten Marken sind in mehr oder weniger gerader Linie perforiert, mit folgenden Ausnahmen:
Bahamas, 1868 – Goldmünzen-Serie: nierenförmig mit gechwungener Perforation.
Gibraltar, 1969 – Neue Verfassung: im Umriß des Gibraltar-Felsens perforiert.
Malaysia, 1971 – runde Marken: im Kreis perforiert.

Gemischte Perforationen finden sich auf neuseeländischen Marken von 1901. Einige Bogen dieser Ausgabe sind fehlerhaft perforiert.

Andere Arten der Trennung sind als Durchstich bekannt und unterscheiden sich von echter Perforation hauptsächlich durch die Tatsache, daß kein Papier ausgestanzt wird, sondern lediglich durchstochen oder geschnitten wird. Henry Archer machte 1848 erste Versuche mit dem Durchstich-Verfahren. Der normale Durchstich verläuft in einer geraden Linie aus kurzen Stichen *(percé en lignes)*.
Bogenförmiger Durchstich *(percé en arc)* – Ekken gerundet: Braunschweig, 1864/65
Kreuz-Durchstich *(percé en croix)*: Madeira, 1868
Schräg-Durchstich *(percé en lignes obliques)*: Tasmanien, 1866/67
Punkt-Durchstich *(percé en point)*: Mexiko, 1872–1874
farbiger Durchstich *(percé en lignes de couleur)*: Queensland, 1899; Thurn und Taxis, 1866/67
Sägezahn-Durchstich *(percé en scie)*: La Guiara
Serpentinen-Durchstich *(percé en serpentine)*: Finnland, 1860
Gezackter Durchstich (kleine halbkreisförmige Schnitte): Tasmanien, 1868/69
Zickzack-Durchstich *(percé en pointes)* – ähnlich dem Sägezahn-Durchstich, doch kürzere Schnitte mit abgeflachter Spitze: Griechenland 1911–1913; Deutschland, 1923

Briefmarken mit Kombination von Perforation und Durchstich: Südafrikas Bantam-Serie (1942); Duttia, ¼ Anna (ca. 1912); Queensland (1899) sowie Papua-Neuguinea, die Elema-Kunst-Serie (1969); Gibraltar, Weihnachten (1969).

Sicherheitsvorkehrungen

Die ersten Maßnahmen zur Verhinderung von Fälschungen waren Wasserzeichen, d.h. schon bei der Fabrikation eingearbeitete Muster. Es entsteht durch einen technischen Vorgang, bei welchem in die Papiermasse ein Raster eingesetzt wird. Das erste Wasserzeichen war eine kleine Krone, die jeweils auf jeder einzelnen Penny-Black- und Twopence-Blue-Marke von 1840 erschien. Sämtliche englischen Marken von 1840 bis 1967 trugen ein Wasserzeichen.
Normalerweise werden Wasserzeichen durch eine leichte Verringerung der Papierstärke verursacht, doch gibt es seltene Beispiele für eine Verdickung des Papiers auf Marken aus Rußland (1858) und Tannu Tuva (1927/28). Wasserzeichen, die sowohl durch Ausdünnung wie Verdikkung des Papiers zustande kamen, finden sich auf deutschen Briefmarken (1933–1940). Es gibt mitunter ein und dieselbe Briefmarke mit verschiedenen Wasserzeichen.

Wasserzeichenfehler, eigentlich Fehlwasserzeichen, entstehen dann, wenn beim Druck einer Briefmarke Papier mit einem nicht für den Druck dieser Marke vorgesehenen Wasserzeichen verwendet wird. Es gibt auch Wasserzeichen-Fehldrucke, die durch verkehrtes Einlegen des Druckpapiers entstehen. Solche kopfstehenden Wasserzeichen finden sich oftmals absichtlich auf vielen Marken – vornehmlich in Markenheftchen und auf Streifen. Beispiele für Produktionsfehler des Papiers sind folgende:

Großbritannien – Rose statt Distel im Wappen-Wasserzeichen (1856–1867); Neu-Süd-Wales (durch Verwendung des falschen Papiers) – Wasserzeichen »5« (1862), 3 d – (Wasserzeichen »6«), 1872;
Transvaal – 1 d (1905–1909), auf Anker-Wasserzeichen-Papier vom Kap der Guten Hoffnung statt auf Mehrfach-Kronen-CA-Papier.

Wasserzeichenimitationen, d.h. Schutzmaßnahmen, die ein Wasserzeichen nachahmen, umfassen geprägte Zeichen – Schweiz, 1862, und Rumänien, 1889/90, und gedruckte Zeichen auf der Markenrückseite – Neuseeland, 1925, Argentinien, 1922, und El Salvador, 1935. Ein Linien-Netz-Unterdruck-Streifen erscheint auf der Rückseite der Marken aus Queensland (1879, 1896).

Seidenfadenpapier, analog dem Metallstreifen in Banknoten, wurde als Fälschungsschutz für die Marken dreier Länder verwendet. Es wurde zwischen 1809 und 1839 von John Dickinson erfunden und erstmals in Großbritannien für die Mul-

Papua-Neuguinea, Elema-Kunst-Serie, perforiert und durchstochen

Dänemark, »Tag der Briefmarke«, 1964: Wasserzeichen, Perforation und Abarten auf dänischen Marken

Finnland, 1860 (s. S. 136)

ready-Umschläge und Probedrucke der 1 d-Marken eingeführt. Es findet sich später auf den geprägten Umschlägen und geprägten 10 d- und 1 s-gummierten Marken, die das Somerset House druckte.
Auch von Bayern (1849–1868) und der Schweiz (1854–1862) ausgegebene Marken bedienten sich dieses Verfahrens.

Burelage, bzw. Linien-Netz-Unterdruck, wurde erstmals auf dänischen Marken zwischen 1851–1854 verwendet. Burelage erschien ebenfalls auf den Marken Hannovers (1855/56), Wenden (1863–1866) und der Dominikanischen Republik (1881), während sie auf Marken aus Elsaß und Lothringen (1870/71) den Hauptbestandteil des Entwurfs ausmachte, wobei das Netz das gesamte Markenbild überzog. Farblose Tinte (Bleikarbonat) wurde verwendet, um ein Unterdruck-Muster auf Marken aus Preußen, des Norddeutschen Bundes sowie bestimmter früher italienischer Ausgaben aufzubringen. Zweck dieser unsichtbaren Tinte war es, jeden Versuch zum Auswaschen des Poststempels unsichtbar zu machen, da der Zusatz von Wasser die Tinte sofort sichtbar machte. Phenolphthalein wurde für den Druck eines Fälschungs-Schutz-Musters auf Marken des Deutschen Reiches in den 90er Jahren des 19. Jh.s benutzt. Die Verwendung dieses Verfahrens wurde erst offenkundig, als eine Sendung von Marken – befördert von der SS *Eider*, die am 31. Januar 1892 vor der Isle of Wight Schiffbruch erlitt – geborgen und das Netzmuster sichtbar wurde, nachdem Seewasser die Marken durchtränkt hatte.

Frankreich, 50fr Flugpost, 1936 mit Unterdruck-Muster als Fälschungsschutz

Unterdruck auf der ersten Marke aus Dänemark (1851) sowie auf der Ausgabe von 1915 aus Britisch-Honduras

Papier mit einem graublauen Oberflächen-Aufdruck mit einander überschneidenden Kreisen und den Worten WINCHESTER SECURITY PAPER wurde für den Druck der venezolanischen Serien von 1932–1938 verwendet. Es wurde 1939 durch ein weißes Papier ersetzt.

Reinigung und Wiederverwendung von Marken sind 1868–1871 von den USA dadurch verhindert worden, daß ein Gittermuster aus winzigen Quadraten aufgeprägt wurde. Dadurch wurden die Fasern auf der Papieroberfläche gebrochen, so daß die Tinte des Poststempels tiefer eindringen konnte und die Reinigung erschwerte. Die Philatelisten unterscheiden elf verschiedene Formen von Gittern.

Ein Lacküberzug aus Linien wurde diagonal auf österreichischen Marken von 1901–1907 aufgebracht, um Reinigung und Wiederverwendung zu verhindern. Dabei wurden drei verschiedene Abstände verwendet.

Flüchtige Tinte, die zu laufen begann, sobald der Versuch unternommen wurde, die Marke zu reinigen, wurde von De La Rue patentiert und für den Druck von Steuermarken (seit 1853) sowie Briefmarken verwendet. In den 80er Jahren des 19. Jh.s verwendete man zweifarbige flüchtige Tinten: lila und grün.

Marken-Überdruck als Sicherheitsmaßnahme vor dem Ausgabetag wurde von Mexiko von 1856–1883 hergestellt. Das Land war in 56 Verwaltungsbezirke aufgeteilt, deren jeder über ein eigenes Hauptpostamt verfügte. Um die Verwendung von Marken zu verhindern, die auf dem Weg von Mexico City von Straßenräubern gestohlen worden waren, wurden die Postmeister mit Handstempeln ausgestattet, die den Bezirksnamen trugen und die vor Ausgabe der Marken aufgestempelt wurden. 1864 wurde dieses System geändert, indem die Marken mit Ziffer und Datum der Bestellung in Mexico City überdruckt wurden und ihnen später eine Stempelung mit dem Bezirksnamen hinzugefügt wurde. 1868 wurde das System dahingehend vereinfacht, daß Marken in Mexico City mit einer Seriennummer überdruckt wurden, die den Bezirk kenntlich machten sowie mit den beiden letzten Ziffern für die Jahresangabe. Zusätzlich wurden sie dann mit dem Bezirksnamen handgestempelt. Nachdem das Eisenbahnnetz verbreitert worden war, konnte dieses umständliche Verfahren aufgegeben werden. 1883 wurde es ganz eingestellt, wenngleich noch manche Marken danach mit dem Bezirkshandstempel abgestempelt wurden.

Marken erhielten einen Überdruck, um die Verwendung geraubter Vorräte zu verhindern: Im Juli 1902 in Ecuador, als Folge einer Feuersbrunst im Hauptpostamt von Guyaquil. Amerikanische Marken erhielten den versuchsweisen Überdruck KANS. und NEBR. im Mai 1929, vornehmlich für den Gebrauch in Kansas und Ne-

Österreich, Ölfarben-Linien (1901); Mexiko, Bezirksüberdruck (1875); sowjetische Besatzungszone, Währungsreformüberdruck (1948)

braska, nachdem dort Briefmarken geraubt worden waren.
In Folge der Währungsreform und der dadurch bedingten Abwertung der in der sowjetischen Besatzungszone verwendeten Währung im Juni 1948 wurde in Deutschland der provisorische Überdruck der alliierten Besatzungsmarken um die in den anglo-amerikanischen Zonen verwendeten von denen aus der sowjetischen Besatzungszone zu unterscheiden. Die Marken wurden mit den postalischen Bezirksnamen sowie der Nummer der jeweiligen Oberpostdirektion überdruckt. Mehr als 1900 verschiedene Handstempel wurden aus diesem Anlaß verwendet und waren für etwa 1100 Postbezirke gültig. Diese Marken wurden abgelöst durch die Kontrollrats-Ausgaben mit dem Aufdruck SOWJETISCHE BESATZUNGS ZONE, 3. Juli 1948.

Fluoreszierende Sicherheitsmarkierungen wurden erstmals im Oktober 1968 von den Cook-Inseln verwendet. Sie bestehen aus winzigen Wappen, die gleichmäßig über die gesamte Oberfläche der Marke gedruckt sind. Diese Markierungen sind für das bloße Auge sichtbar, sobald man sie schräg gegen das Licht hält.
Ein ähnliches, von Ecuador 1969 übernommenes Verfahren macht die Markierungen unter ultraviolettem Licht sichtbar. Vier verschiedene Inschriften wurden dabei benutzt. Andere Marken, ohne diese Inschrift auf der Vorderseite, tragen hellgrüne Kontrollmarkierungen auf der Rückseite unterhalb der Gummierung in Form eines Wappens in einem Doppelring mit der Inschrift GOBIERNO DEL ECUADOR.

Vermischtes (zum Druckverfahren)

Marken anderer Herkunft:

Preisaufkleber von Marmeladengläsern mit blauen Ecken – St. Lucia Steam Navigation Company, 1870.
Lithographierte Aufkleber, vorgesehen als Zigarettenkarton – Compania Colombiana de Navegacion Aerea, 1920.
Fahrkartenstreifen – Lundy Island Flugpost, 1935.
Steueraufkleber für Zigarrenkisten – Ecuador 1924–1940.

Zigarettenkarton – umgewandelt zur Benutzung als Flugpostmarke (1920)

Streichholzschachteln-Aufkleber – Isle of Man (Streik-Post), 1971.
Buchrückenaufkleber – Gonzales, Texas, 1861.

Miniaturdruck auf Marken – den Rekord hält Kuba, das zu verschiedenen Anlässen Marken in mikroskopisch kleinem Druck ausgab. Im Januar 1961 wurde eine Dreier-Serie mit dem Porträt des Nationalhelden José Marti herausgebracht. Den Hintergrund bildete der Text von Castros Havanna-Deklaration, der sich über die drei Werte verteilte. Der Text war auf englisch, französisch und spanisch gedruckt, was insgesamt neun Marken ergab. Im Juli 1964, zum 11. Jahrestag der Revolution, wurden zwei Marken mit dem Porträt von Raul Gomez Garcia und Fidel Castro hergestellt. Auszüge aus ihren Schriften bildeten den Hintergrund. Die Veröffentlichung von Castros 2. Havanna-Deklaration wurde im Dezember 1964 mit einer Serie von zwei Werten gewürdigt, deren jede in 5er-Streifen mit dem vollständigen Text der Erklärung auf einer Gesamtkarte Lateinamerikas gedruckt war – mit einer Gesamtzahl von schätzungsweise 25 000 Wörtern. Um dies zu ermöglichen, bediente man sich der Offset-Lithographie.

Die ersten rückseitig bedruckten Marken sind 1861 von Griechenland ausgegeben worden. Bis 1880 trug die Mehrzahl der Marken Ziffern in Doppellinien zur Bezeichnung des Werts, der rückseitig unterhalb der Gummierung aufgedruckt war. Spätere Beispiele sind:

Rückseitig bedruckte Marken: Ziffern (Griechenland, 1861); Unterdruck-Streifen (Queensland); Graphit-Linien (Großbritannien, 1957) und erklärende Inschrift (USA, 1973)

1867–1882: Britische Marken mit den Namen oder Initialen der Oxford Union Society sowie weiterer vier Organisationen oder Firmen – als Schutzmaßnahme.

1886–1891: Schweden, Freimarken, mit blauem Posthorn.

1887: Großbritannien, PEARS SOAP, Versuch auf ½ d und 1 d.

1893: Neuseeland, kommerzielle Werbung.

1895: Portugal, St.-Antonius-Gebet auf der Rückseite von Marken zum 700. Geburtstag des Heiligen.

1901–1932: Spanien, Kontrollziffern auf Frei- und Gedenkmarken. Ausgeweitet auf spanische Kolonien (1902) und Andorra (1926).

1919: Fiume POSTA DI FIUME, dreimal auf jeder Marke.

1920: Fiume, Schlange und Sternenemblem der Arditi.

1925: Ungarn, Sportserie, mit Erklärung zum Zuschlag von 100%.

1966: Frankreich, Markenstreifen mit Seriennummer auf jeder 10. Marke.

1969: Gibraltar, Uniform-Serien – Beschreibung *auf* Gummierung, verschwand nach dem Belecken. Spätere Serie (seit 1976) hatten Inschriften unter der Gummierung.

1968–1971: Portugal, Gedenkmarken.

1971: Mauritius, Touristen-Serie.

1972: Portugal, Freimarken-Serie-CTT und Datum im fortlaufenden Druck.

1973: USA, Postangestellten-Serie.

Vollständiger Text von Castros 2. Havanna-Deklaration auf einem Markenstreifen, 1964 (s. S. 139)

Postalische Ganzsachen und Vignetten

Die ersten Briefbogen, vorausgestempelt und zur Postbeförderung an die Öffentlichkeit verkauft, stammen aus dem Königreich Sardinien per Dekret vom 12. August 1818. Die Bogen wurden in staatlichen Postämtern und Tabakwarenläden (königliches Monopol) vom 7. November an verkauft. Bekannt als *Carta Postale Bollata* (Gestempelte Postbogen), wurden sie in drei Wertangaben mit Stempeln in verschiedener Form angeboten – 15c (rund), 25c (oval) und 50c (achteckig). Sie zeigten alle einen Putto zu Pferde, der eine Trompete bläst (daher rührt der Name *Cavallini*, d. i. kleiner Reiter, in Philatelistenkreisen). Ob von der Post befördert oder nicht, sämtliche Briefbogen mußten abgestempelt werden, und die Cavallini machten eine Steuer kenntlich. Da jedoch diese besteuerten Briefe durch die Post ohne weitere Gebühr verwendet wurden, hat man diese Stempelungen in Italien als echt postalische angesehen, doch die Posthistoriker anderer Länder bestreiten diese Definition.

Die ersten vorausgestempelten Briefbogen ausschließlich zur Vorauszahlung von Postsachen wurden 1838 von Neu-Süd-Wales herausgegeben. Blätter mit dem aufgeprägten Siegel der Kolonie wurden zu einem Penny verkauft und dienten als Vorauszahlung für Briefsendungen im Raum Sydney. Obgleich unbezahlte Briefe mit Twopence belastet wurden, waren diese Briefbogen nicht populär und sind in gebrauchtem Zustand selten, obschon sie bis 1850 Verwendung fanden, als schließlich gummierte Marken eingeführt wurden.
Andere Länder setzten ihr Vertrauen mehr auf Ganzsachen als auf gummierte Briefmarken. Vorausbezahlte Ganzsachen wurden von folgenden Ländern ausgegeben (in Klammern steht das Ausgabedatum der ersten gummierten Marken):
1845 Rußland (1858)
1845 Finnland (1856)
1846 Thurn und Taxis (1852)
1849 Hannover (1850)
1858 Polen (1860)

Großbritanniens erste Ganzsachen für den öffentlichen Gebrauch bestanden aus schwarzgedruckten Umschlägen und Briefbögen (1d resp. blau, 2d), die ein reich verziertes Bilddesign William Mulreadys trugen.
Rowland Hill hatte mehr Vertrauen in Mulreadys Ganzsachen als in gummierte Briefmar-

Sardinien, 50c Cavallino, *auf einem Brief von 1829*

ken und war höchst erstaunt, als sich die Marken als populärer erwiesen. Die Mulready-Ganzsachen wurden 1841 aus dem Verkehr gezogen und durch einfache Umschläge und Briefbogen ersetzt, die mit Prägestempeln versehen waren.

Die ersten Ganzsachen für den amtlichen Briefverkehr wurden am 16. Januar 1840 in Großbritannien zur Verwendung durch Parlamentsmitglieder ausgegeben. Sie erschienen in dreifacher Form mit den Inschriften »Houses of Parliament«, »House of Lords« und »House of Commons«. Die Umschläge für das Parlament und das Abgeordnetenhaus waren schwarz bedruckt und die Umschläge für die Lords in Rot. Diese Ganzsachen wurden notwendig infolge der Einführung der *Uniform Penny Postage* von 1840, als Parlamentsmitglieder ihr Frankierungsprivileg verloren, das sie seit dem 17. Jh. innegehabt hatten.
Die erste Ganzsache zur Verwendung durch ein Ministerium wurde von Großbritannien im Jahre 1866 ausgegeben und bestand aus gestempelten Briefbogen für das Handelsministerium.

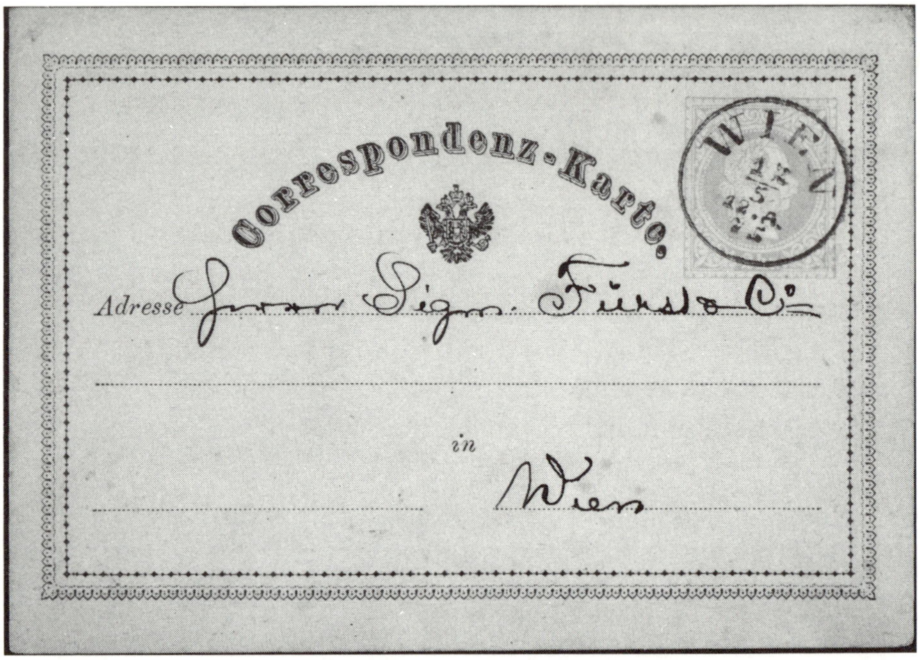

Die erste Postkarte der Welt, Österreich, 1869

Großbritannien, der reichverzierte Mulready-Umschlag

William Mulready (1786–1863), Designer dekorativer Ganzsachen für Rowland Hill (s. S. 141)

Die langlebigste Ganzsache war der britische Penny Pink-Umschlag, der im Januar 1841 eingeführt wurde. Mit kleinen Änderungen blieb er bis Januar 1902 in Gebrauch – über eine Dauer von immerhin 61 Jahren.

Das erste Zeitungsstreifband mit aufgedruckter Marke wurde 1857 von den USA ausgegeben.

Die erste Postkarte kam im Oktober 1869 in Österreich heraus. Sie wurde von Dr. Emmanuel Herrmann vom Wiener Militärinstitut erfunden. Die österreichische Post war sehr im Zweifel, ob die Öffentlichkeit einen derartigen Mangel an Vertraulichkeit hinnehmen werde, obgleich die Kosten dafür sich nur auf die Hälfte des Briefportos beliefen, und die ersten Postkarten trugen einen Aufdruck mit dem Wortlaut: »Die Post übernimmt keine Verantwortung für den Inhalt der Mitteilung«.
1870 wurden die Postkarten auch von anderen Ländern übernommen.

Die ersten Antwortkarten wurden von Bayern und dem Deutschen Reich im Jahre 1872 angeboten. Sie bestanden aus zwei zusammenhängenden Karten.

Einschreibekuverts wurden erstmals am 1. Januar 1878 von Großbritannien ausgegeben. Gummierte Marken zur Entrichtung der Gebühr mußten auf die Vorderseite des Umschlags geklebt werden, doch war eine spezielle Zwei-Penny-Marke in die Lasche eingeprägt.

Frankierte Empfängerabschnitte für Einschreibesendungen wurden erstmals 1871 von Finnland ausgegeben und trugen eingedruckte 10-Pennia-Marken.

Die ersten Briefkarten wurden 1882 von Belgien herausgebracht.

Das einzige Beispiel für Rückantwort-Briefkarten stammt aus Neufundland (1912) und bestand aus einer Briefkarte mit kleinerem einseitigen Antwortteil für den Empfänger.

Die ersten Flugpost-Ganzsachen, bestehend aus Postkarten und Briefbogen mit aufgedruckten Inschriften und Waffenmotiv, wurden in Paris während der Belagerung von 1870/71 zur Beförderung durch Ballonflieger hergestellt. Diese Stücke wurden privat gedruckt, waren jedoch amtlich genehmigt. Umschläge mit aufgedruckter Marke und der Inschrift POSTE AERIENNE wurden 1913 von Belgien ausgegeben.

2 c-Postkarten und 3 c-Umschläge aus Neufundland mit dem aufgedruckten Fünfzeiler: 1ST ATLANTIC AIR POST, MARTINSYDE, RAYNHAM, MORGAN wurden auf Initiative von Edwin Cleary, einem Reporter des *Daily Express,* London, hergestellt, der über die Transatlantik-Flüge von 1919 berichten sollte. Die Ausgaben wurden weder von der neufundländischen Post autorisiert noch von dem Martinsyde-Flugzeug befördert, obwohl Gefälligkeitsabstempelungen bekannt sind. Gedruckte Umschläge wurden auf einem Pionierflug von Lethbridge nach Ottawa vom 21. Juni 1922 verwendet. Umschläge mit Markenstempel zu Luftpostzwecken wurden 1921–23 von Kolumbien ausgegeben (Sociedad Colombo-Alemaña des Trasportes Aviacion – SCADTA) sowie von Deutschland 1923, Mexiko 1927 und Österreich 1929.

Die ersten Flugpostbriefbogen wurden von Kolumbien (SCADTA) und Deutschland 1923 herausgebracht, gefolgt von Mexiko 1930. Luftpostleichtbriefe mit der Inschrift »Aerogramm« wurden von R. B. Jackson erfunden und 1932/33 von Thailand verwendet. Auch diese Bogen hatten keine Frankatur-Gültigkeit und erforderten gummierte Marken.

Minister- bzw. Kabinettsdrucke, die einer Wohlfahrtsorganisation bevorzugte Abfertigung einräumen, wurden erstmals 1867 von Preußen ausgegeben, zur Verwendung durch die *Viktoria National Invaliden Stiftung,* eine Wohltätigkeitseinrichtung unter der Schirmherrschaft der Kronprinzessin Viktoria zugunsten verwundeter Soldaten nach dem Österreichisch-Preußischen Krieg. In diesen Umschlägen verpackte Sendungen wurden zu einer Vorzugsgebühr von 4 Pfennigen befördert, ungeachtet des Gewichts oder der Größe, und Umschläge bis zu 61 cm Länge sind bekannt.

Die erste Gedenk-Ganzsache wurde im Juli 1876 von den USA ausgegeben und bestand aus grünen oder zinnoberroten geprägten 3 c-Umschlägen zur Feier der 100-Jahr-Ausstellung in Philadelphia. Neu-Süd-Wales brachte Gedenk-Ganzsachen im Jahre 1888 zum 100jährigen Bestehen der Kolonie und zum 50. Jahrestag der Erstausgabe von Ganzsachen im Jahre 1838 heraus.

Der erste Gedenk-Luftpostleichtbrief wurde von Großbritannien 1948 anläßlich der XIV. Olympischen Spiele in London ausgegeben.

Großbritannien, der erste Umschlag der Welt für Einschreibesendungen, 1878

Feldpostkarten und -Umschläge für Soldaten im aktiven Dienst wurden erstmals 1870 vom Norddeutschen Bund hergestellt. Sie fanden während des Deutsch-Französischen Krieges Verwendung. Umschläge mit Markenaufdrucken für Soldaten und Seestreitkräfte wurden 1879 von Indien ausgegeben.

Vignetten

(Anhängsel, Aufkleber, Verschlußmarken etc.)

Gummierte Aufkleber für Gedenkzwecke, jedoch ohne Frankaturgültigkeit erschienen erstmals in Österreich (1845) und bestanden aus Medaillenprägungen in Schwarz und Gold mit dem Porträt Kaiser Ferdinand I. zur Erinnerung an die Na-

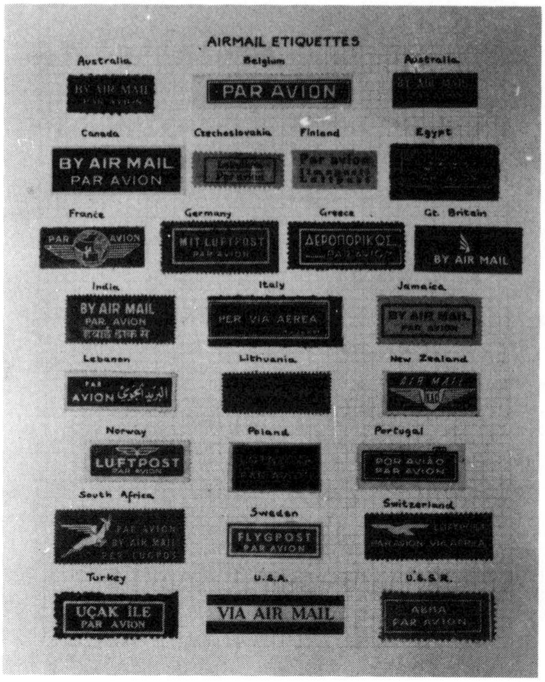

Eine Auswahl von Flugpost-Anhängseln aus aller Welt

tionale Industrieausstellung in Wien. Eine rechteckige Marke, die auf Umschläge geprägt wurde, wurde von den Veranstaltern der Londoner Weltausstellung (1851) benutzt. Die Mehrzahl der frühen Vignetten standen in Verbindung mit Ausstellungen. Der erste Aufkleber, der von diesem Brauch abwich, wurde 1855 in Frankreich herausgebracht als Werbung für die *Congrégation du Sacré-Cœur.*

Die erste Vignette in Verbindung mit einer Geldsammlung kam 1860 in Italien heraus. Sie trug die Inschrift SOCCORSO A GARIBALDI sowie ein Porträt dieses italienischen Nationalhelden und sollte Geld für seinen Feldzug gegen Sizilien aufbringen.

Die erste Vignette zum Gedenken an ein historisches Ereignis wurde 1864 von Großbritannien zum 300. Geburtstag William Shakespeares ausgegeben und zum Preis von 1 d verkauft, um Geld für ein Shakespeare-Denkmal zu sammeln. Es war zugleich die erste Vignette mit Perforation.

England, »Shakespeare Penny Memorial«-Anhängsel, 1864

Die ersten Weihnachts-Wohltätigkeits-Siegel erschienen im Dezember 1904 in Dänemark. Ihr Erfinder war der dänische Postbeamte Einar Holboell. Der Einfall machte Schule und wurde 1907 von Schweden, Norwegen und den Vereinigten Staaten aufgegriffen.

Verschlußmarken zur amtlichen Siegelung von Einschreibesendungen wurden erstmals 1865 von Kolumbien ausgegeben. Bekanntgeworden als *Cubiertas,* wurde auf ihnen die Nationalflagge in allen Farben abgebildet und beschriftet: *sin contenido* oder *con contenido* (ohne resp. mit Wertangabe). Große perforierte Aufkleber mit der Inschrift REGISTERED wurden 1872 zu demselben Zweck von den USA herausgebracht. Später hergestellte Aufkleber dienten zur amtlichen Versiegelung von Paketen, die während des Transports beschädigt worden waren (Januar 1877); andere Länder bedienen sich seither dieses Verfahrens.

Frühe Einschreibe-Anhängsel aus Mexiko, den österreichischen Auslandspostämtern in Konstantinopel, Bagdad und Athen

Einschreibe-Anhängsel, die die Seriennummer des Pakets tragen, wurden zuerst 1870 in Deutschland und dann 1874 in Schweden eingeführt. In den 80er Jahren des 19. Jh.s hatte sich dieses Verfahren in ganz Europa durchgesetzt, und auf dem Kongreß des Weltpostvereins von 1882 wurde die Standardisierung des Entwurfs beschlossen: Ein deutlich sichtbares R an einem Seitenrand.

Luftpost-Aufkleber wurden erstmals am 18. Februar 1912 verwendet. Beschriftet mit dem Wort FLUGPOST, waren sie auf Poststücke geklebt, die von Grade zwischen Bork und Brück mit dem Flugzeug befördert wurden. Sie zeigten einen geflügelten Briefumschlag im oberen Teil, und ein freigelassenes Rechteck in der Mitte trug die Inschrift *Platz für Freimarke.*
Die Worte PAR AVION (wörtlich »durch Vogel«) erschienen erstmals auf einem violetten, mit einem Gummistempel bedruckten Ersttagsbrief auf Postsachen, die von Lieutenant Rouin am 15. Oktober 1913 von Villacoublay nach Bordeaux geflogen worden waren. Derart beschriftete kleine Aufkleber benutzte die französische Flugpost seit dem 17. August 1918. Der Weltpostverein gab eine Verfügung heraus, daß Luftpostaufkleber eine Inschrift in Französisch sowie in der Sprache des Herausgeberlandes tragen sollten.

Paketpost-Aufkleber wurden am 1. August 1883 erstmals auf den Britischen Inseln ausgegeben. In Verbindung mit der Paketpost wurden am 8. März 1887 rosa Aufkleber mit der Inschrift FRAGILE – WITH CARE eingeführt und die bekannten »Eier«-Aufkleber im April 1904.

Die Künste auf Marken

Philatelie

Der erste Markensammler war John Bourke, Generaleinnehmer der Stempelgebühren in Irland, der 1774 eine Sammlung von Steuermarken und -stempeln zu einem Album zusammenstellte.

Der erste Sammler gummierter Briefmarken war Dr. John Edward Gray vom British Museum, der am 1. Mai 1840 einen Block der Penny Blacks kaufte und sie als Erinnerungsstück der Einführung der *Uniform Penny Postage* aufbewahrte – eine Sache, die ihn lebhaft interessiert hatte. Als dann weitere Marken ausgegeben wurden, erweiterte Gray seine Sammlung und veröffentlichte später (1863) einen der frühesten Briefmarkenkataloge.

Der Ausdruck Philatelie wurde von Georges Herpin aus Paris geprägt, als passende Alternative zu dem ursprünglichen pseudowissenschaftlichen Wort *timbromanie*, das in den 60er Jahren des 19. Jh.s in Umlauf war.

Die größten Briefmarkensammlungen wurden zusammengetragen von Philipp la Rénotière von Ferrary (1848–1917), Thomas Keay Tapling (1856–1893) und Frederick Breitfuss (1851–1911). Diese drei Sammler wurden im 19. Jh. als Eigentümer der größten Sammlungen von Briefmarken – sowohl dem Umfang als auch dem Wert nach – angesehen. Ferrary vermachte seine Kollektion dem Reichspostmuseum in Berlin, doch wurde sie von der französischen Regierung beschlagnahmt und zwischen dem 23. Juli 1921 und 26. November 1925 im Rahmen von Reparationsleistungen verkauft: Sie erzielte einen Gesamtpreis von ca. 10 Millionen DM. Die Sammlung Tapling wurde dem British Museum hinterlassen. Die Breitfuss-Kollektion sollte ursprünglich zugunsten des russischen Volkes im Jahre 1895 vom Großfürsten Alexis Michailowitsch angekauft werden, doch scheiterte dieses Vorhaben durch den vorzeitigen Tod des Großfürsten. Die Hauptmasse dieser riesigen Sammlung wurde 1907 an Charles Phillipps von der Firma Stanley Gibbons Ltd. verkauft; Breitfuss hielt 70 Alben mit russischen Marken zurück, die nach seinem Tod verkauft wurden. Die letzten dieser einzigartigen Sammlungen mit Marken der ganzen Welt sind die von Alfred Caspary (1958 verkauft für $ 2750000), Maurice Burrus (verkauft 1962–1965 durch Robson Lowe für £ 1272699) und Josiah K. Lilly (für über $ 3000000 im Jahre 1968 verkauft).

Die berühmtesten Philatelisten der Welt wurden vom Fürstentum Liechtenstein geehrt, das zwischen 1968 und 1972 Briefmarkenserien mit den Porträts Rowland Hills, Ferrarys, Maurice Burrus', Carl Lindenbergs, Theodore Champions, Emilio Dienas, André de Cocks und Theodore Steinways herausbrachte.

Der erste Briefmarkenhändler war Jean-Baptiste Moens (1833–1908) aus Brüssel. Briefmarken waren seit 1852 ein Nebenzweig seiner Buchhandlung in der Galerie Bortier, Marché de la Madeleine. Er wurde zu einem der herausragendsten Experten in der Philatelie und publizierte Handbücher und Kataloge.

Die Firma Stanley Gibbons, am Strand, London, verzeichnet mehr Rekorde als jeder andere Briefmarkenhändler. Die älteste philatelistische Geschäftsgründung der Welt, die bis auf den heutigen Tag besteht, wurde 1856 von Edward Stanley Gibbons gegründet. Im selben Jahr geboren, in dem die Penny Black herausgebracht wurde, war er Handelsreisender für das Apothekengeschäft seines Vaters in Plymouth, bevor er 1864 einen eigenen Markenhandel aufzog. Die Gesellschaft feierte 1981 ihr 125jähriges Jubiläum mit der Eröffnung des größten Einzelhandelsgeschäfts der Welt unter der neuen Adresse 199 Strand.

Die erstmals im Jahre 1865 veröffentlichten Gibbons-Kataloge sind die ältesten der Welt, die noch immer fortlaufend erscheinen. Der Katalog *Stamps of the World* (Ausgabe 1982) ist der umfangreichste einbändige Katalog der Welt: Er führt mehr als 216000 Marken auf, enthält 47900 Abbildungen, ist 1890 großformatige Seiten stark und wiegt 3,25 kg. Stanley Gibbons Ltd. war die erste philatelistische Gesellschaft, die an die Börse ging (April 1968): Ihre 950000 6-Shilling-Aktien notierten zu Beginn mit 20

Shilling je Aktie und stiegen innerhalb eines Monats auf 31 s 9 d. Gibbons schloß den größten Einzelkauf in der Geschichte der Philatelie ab (1979) und zahlte $ 10000000 für die Marc-Haas-Kollektion.

Das älteste philatelistische Büro der Welt sind die Crown Agents for Overseas Governments, das 1833 gegründet wurde, um die Interessen von 13 britischen Kolonien zu vertreten. Die Crown Agents erhielten ihren ersten Briefmarkenauftrag 1848 (Mauritius, Britannia-Design). Der erste Vorrat an besonders gekennzeichnetem Papier für die Druckereien war dasjenige mit dem CC-Kronen-Wasserzeichen (1863). Papier mit dem CA-Kronen-Wasserzeichen wurde 1882 eingeführt. Seit 1848 haben die Crown Agents die Produktion von Marken für 122 Commonwealth-Länder, assoziierte Staaten und unabhängige Gebiete betreut und Werbung, Marketing und Distribution von Briefmarken für eine große Zahl ausländischer Staaten besorgt, unter anderem für Australien, Ägypten, Nicaragua, die UdSSR, die UNO, Äthiopien und Färöer-Inseln.

Das erste speziell für Briefmarken gedruckte Album wurde 1862 von Lallier aus Paris in französischer, englischer und deutscher Ausgabe herausgebracht.

Klebefalze wurden 1869 erfunden. Die Anregung hierzu gab das *The Stamp Collector's Magazine* am 1. Januar 1869.

Edward Stanley Gibbons

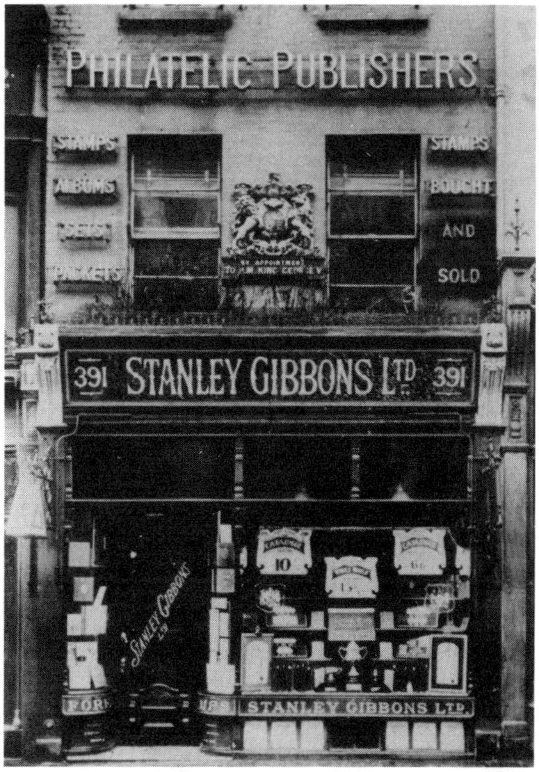

Die erste Geschäftsadresse von Stanley Gibbons, 391 Strand, London

Der erste Briefmarkenkatalog war eine Autolithographie von Oscar Berger-Levrault aus Straßburg und wurde 1861 privat vertrieben. Das kleine Bändchen mit dem schlichten Titel *Timbres-Poste* enthielt keine Preisangaben.

Der erste kommerziell publizierte Katalog wurde von Alfred Potiquet zusammengestellt und im Dezember 1861 gemeinschaftlich von Edouard de Laplante und Eugène Lacroix veröffentlicht.

Der erste Katalog mit Preisangaben wurde von den deutschen Händlern Zschiesche & Koder aus Leipzig (Juli 1863) herausgebracht. Ursprünglich wurde er in fortlaufender Serie in ihren Hausmitteilungen veröffentlicht. Der erste ausgepreiste Katalog als Einzelausgabe wurde im selben Jahr von Arthur Maury aus Paris veröffentlicht.

Der erste Landeskatalog war H. L'Estrange Ewens Great-Britain-Katalog von 1893.

Der erste Themen-Katalog war den Stempel-Marken gewidmet und wurde 1879 von F. Trifet aus Boston publiziert.

Der erste Flugpostmarken-Katalog wurde 1921 von Theodore Champion aus Paris veröffentlicht.

Der umfangreichste Katalog ist der *Stanley Gibbons Stamp Catalogue,* der derzeit in 22 Teilen mit insgesamt 6275 Seiten herausgegeben wird.

Sportarten auf Marken

Säugetiere und Vögel auf Briefmarken

Die neue Niederlassung der Firma Stanley Gibbons, 399 Strand, London

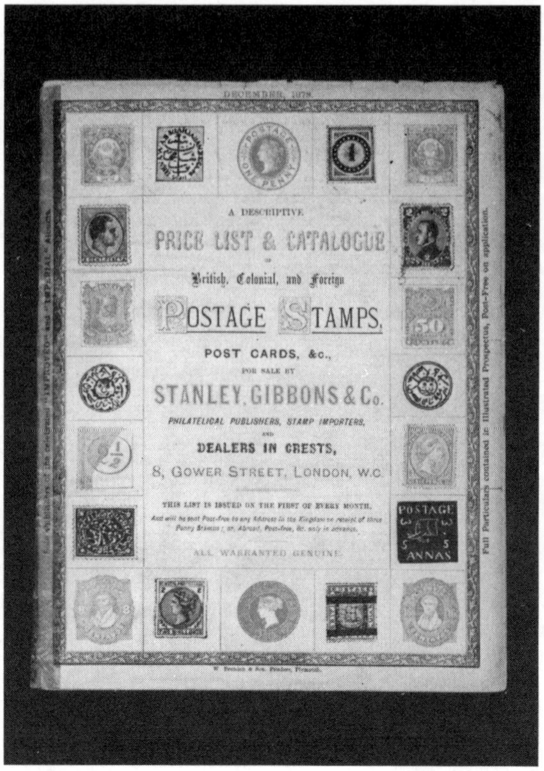

Der im Dezember 1878 erschienene Stanley Gibbons-Katalog (s. S. 146)

Das erste philatelistische Periodikum war der *Monthly Intelligencer*, der einen eigenen Teil für Markensammler enthielt und im September 1862 erstmals veröffentlicht wurde. *The Monthly Advertiser*, erschienen am 15. Dezember 1862, war eine reine Philatelistenzeitschrift.

Der erste Klub mit Angeboten für Briefmarkensammler war der *Omnibus Club* in New York, gegründet 1856, der zugleich mit Münzen, Medaillen, Wappen, Segeln und Autographen handelte. Der erste exklusiv für Briefmarkensammler gegründete Klub wurde von Georges Herpin 1865 in Paris ins Leben gerufen, der sich jedoch nach wenigen Monaten wieder auflöste. Erfolgreicher war die *Excelsior Stamp Association*, gegründet 1866 in St. John, Neubraunschweig.

Die älteste noch bestehende Gesellschaft ist die 1869 gegründete *Royal Philatelic Society* von London.

Die erste Briefmarkenauktion der Welt wurde am 28. Dezember 1865 im Hotel Drouot in Paris abgehalten und bot die Bestände des verstorbenen Händlers J. W. Elb zum Verkauf an. Die Auktion erbrachte 800 Franc! Die zweite Auktion – die erste in den USA – fand im Mai 1870 in den Clinton Hall Book Sale Rooms and Art Galleries, New York, statt. Das Verkaufsergebnis belief sich auf $ 500.

Die umfangreichste Briefmarkenauktion, die jemals stattfand, wurde vom 7. bis 15. November 1980 von Peter Rapp im Hotel International in Zürich abgehalten. In 21 Sitzungen wurden 11 300 Lots angeboten und sämtlich verkauft. Es gingen mehr als 86 000 Gebote ein. Die Auktion erbrachte die schwindelerregende Gesamtsumme von £ 8 287 000.

Der höchste Preis, der auf einer Auktion für ein Einzelstück gezahlt wurde, belief sich auf $ 1 Million, die anläßlich einer Feldman-Auktion in Genf im Mai 1981 erzielt wurde, und zwar für das einzige bekannte Exemplar der Alexandria *Blue Boy* auf Brief.

Die erste Ausstellung, auf der auch Marken gezeigt wurden, war die in Brüssel 1852 veranstaltete »Kunst und Kunsthandwerk«.

Die erste ausschließlich Briefmarken gewidmete Ausstellung wurde 1870 in Dresden abgehalten.

Die erste internationale Briefmarkenausstellung wurde 1887 in Frankfurt a. M. abgehalten und fiel mit dem 10jährigen Jubiläum der örtlichen philatelistischen Gesellschaft zusammen. Eine Frankfurter Lokalpost gab eine 1-Pfennig-Marke in fünf verschiedenen Farben aus Anlaß dieses Ereignisses heraus, und zugleich wurden fünf Vignetten mit den Porträt des Kronprinzen Friedrich Wilhelm angefertigt.

Postmuseen

Den frühesten Ansatz zu einem Postmuseum stellte eine kleine Sammlung von Briefmarken und Ganzsachen dar, die um 1865 von Dr. William Vaux vom British Museum gezeigt wurde.

Das erste Postmuseum war das von Heinrich von Stephan 1872 gegründete Reichspost-Museum in Berlin. Im Zweiten Weltkrieg wurde es teilweise durch Bombenangriffe zerstört und im Mai 1945 von der Roten Armee geplündert.

Die umfangreichste Museumssammlung der Welt ist im Besitz der Smithsonian Institution, Washington DC, und der British Library, London. Beide beanspruchen für sich, über die meisten Exponate zu verfügen, doch da keine exakten Angaben über die astronomischen Zahlen von Marken jemals veröffentlicht wurden, kann dieser Streit nicht entschieden werden. Zweifellos jedoch ist die Sammlung der Britisch Library im Hinblick auf Umfang und Wert der außergewöhnlichen Raritäten die bedeutendere.

Innenansicht der Geschäftsräume der Firma Stanley Gibbons, offiziell eröffnet im November 1981

Filmfoto aus dem Dokumentarfilm »Nightmail«. Von Harry Watt für die Crown Film Unit, 1936

Der älteste, noch immer in Folge herausgegebene Briefmarken-Katalog der Welt und der letzte Elizabethan*-Katalog; gewürdigt auf Marken Ajmans, 1965 (s. S. 146)*

Unterwasserwelt und Insekten

Zeittafel der Ausgabe von Briefmarken durch staatliche Postbehörden

Diese Tabelle ist chronologisch angelegt nach dem Erscheinungsjahr amtlich herausgebrachter Briefmarken. Die anderen Spalten nennen das Datum der ersten Sonderausgaben (So.-Ausg.), der Dienstmarken (Dienst-M.), Wohltätigkeitsausgaben oder halbamtlichen Marken (Wohlt.-Ausg.), der Flugpostausgaben (Flp.-Ausg.) und der Portomarken (Porto-M.).

	So.-Ausg.	Dienst-M.	Wohlt.-Ausg.	Flp.-Ausg.	Porto-M.
1840					
Großbritannien	1924	1882	1975	1928	1914
1883					
Brasilien	1900	1906	1931	1928	1889
Genf, Zürich	–	–	–	–	–
1845					
USA					
(Postmeister)					
Federal P.O. (1847)	1893	1873	–	1918	1879
1847					
Mauritius	1898	–	–	–	1933
1848					
Bermuda	1920	–	1918	–	–
1849					
Bayern	1911	1916	1919	1911	1862
Belgien	1894	1929	1911	1930	1870
Frankreich	1923	–	1914	1927	1859
1850					
Britisch-Guayana	1898	1875	1918	–	1940
Hannover	–	–	–	–	–
Neu-Süd-Wales	1888	1879	1897	–	1891
Österreich	1908	–	1914	1922	1894
Österreich-Italien	–	–	–	–	–
Preußen	–	–	–	–	–
Sachsen	–	–	–	–	–
Schleswig-Holstein	–	–	–	–	–
Schweiz	1900	1918	1913	1923	1878
Spanien	1905	1854	1938	1920	–
Victoria	–	–	1897	–	1890
1851					
Baden	–	–	–	–	1862
Dänemark	1920	1871	1921	1925	1921
Hawaii	–	1896	–	–	–
Kanada	1897	1949	1916	1928	1906
Neubraunschweig	–	–	–	–	–
Neuschottland	–	–	–	–	–
Sardinien	–	–	–	–	–
Toskana	–	–	–	–	–
Trinidad	–	1894	1914	–	1885
Württemberg	1906	1881	–	–	–
1852					
Barbados	1897	–	1907	–	–
Braunschweig	–	–	–	–	–
Indien (Scinde)	1931	1866	1971	1929	–
Luxemburg	1921	1875	1921	1931	1907
Modena	–	–	–	–	–
Niederlande	1907	1913	1906	1928	1870
Oldenburg	–	–	–	–	–
Parma	–	–	–	–	–
La Réunion	1931	–	1915	1937	1889
Thurn und Taxis	–	–	–	–	–
1853					
Chile	1910	1928	1940	1927	1895
Kap der Guten Hoffnung	1900	–	–	–	–
Portugal	1894	1938	1911	1937	1898
Tasmanien	–	–	–	–	–
1854					
Philippinen	1926	1926	1942	1926	1899
West-Australien	–	–	–	–	–
1855					
Bremen	–	–	–	–	–
Ceylon	1935	1895	–	–	–
Corrientes	–	–	–	–	–
Dänisch-Westindien	–	–	–	–	1902
Kuba & Puerto Rico	1914	–	1935	1927	1914
Neuseeland	1900	1907	1929	1931	1899
Norwegen	1914	1925	1930	1925	1889
Schweden	1903	1974	1916	1920	1874
Süd-Australien	–	1868	–	–	–
1856					
Finnland	1927	–	1922	1930	–
Mecklenburg-Schwerin	–	–	–	–	–
Mexiko	1910	1884	1919	1922	1908
St. Helena	1934	–	1916	–	–
Uruguay	1896	1880	1930	1921	1902
1857					
Natal	–	1904	–	–	–
Neufundland	1897	–	–	1919	1939
Peru	1897	1890	1964	1934	1874
Rußland	1913	–	1905	1922	1924
1858					
Argentinien	1892	1884	1944	1928	–
Buenos Aires	–	–	–	–	–
Cordoba	–	–	–	–	–
Neapel	–	–	–	–	–
Rumänien (Moldau)	1903	1929	1906	1928	1881

Thurn-und-Taxis-Briefmarken (1865)

Briefmarken aus Baden und Württemberg (1851)

Heinrich von Stephan, Gründer des Weltpostvereins (1831–97)

Montgomery Blair, Wegbereiter der Pariser Postkonferenz von 1863

Das Hotel des Postes, Tagungsort der Konferenz von 1863

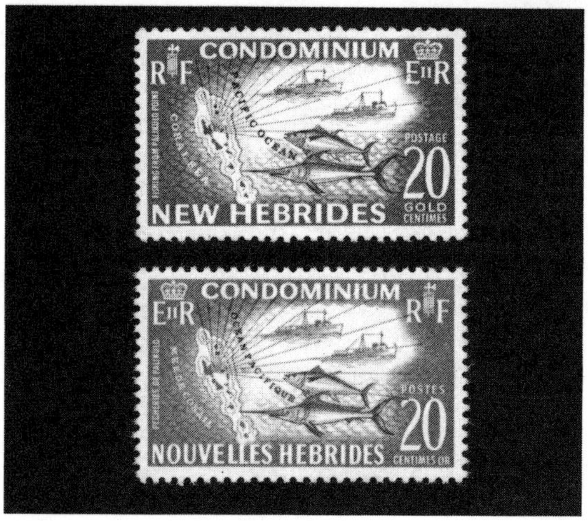

Englische und französische Version der 20c-Serie der Neuen Hebriden von 1963

	So.-Ausg.	Dienst-M.	Wohlt.-Ausg.	Flp.-Ausg.	Porto-M.
1859					
Bahamas	1920	–	1917	1935	–
Französische Kolonien	–	–	1943	1944	1884
Hamburg	–	–	–	–	–
Ionische Inseln	–	–	–	–	–
Kolumbien	1910	1937	1935	1918	–
Lübeck	–	–	–	–	–
Romagna	–	–	–	–	–
Sizilien	–	–	–	–	–
Venezuela	1893	–	1937	1930	–
1860					
Jamaika	1935	1890	1923	–	–
Liberia	1923	1892	1918	1936	1892
Malta	1922	–	1918	1928	1925
Neukaledonien	1903	1958	1915	1932	1903
Polen	1919	1920	1919	1925	1919
Queensland	1903	–	1900	–	–
St. Lucia	1902	–	1916	–	1930
Sierra Leone	1933	–	–	1963	–
1861					
Bergedorf	–	–	–	–	–
Britisch-Kolumbien und Vancouver Ins.	–	–	–	–	–
Grenada	1898	–	1916	1972	1892
Griechenland	1896	–	1914	1926	1875
Konföderierte Staaten von Amerika	–	–	–	–	–
Neapolitanische Provinzen	–	–	–	–	–
Nevis	1980	1980	–	–	–
Prinz Edward Ins.	–	–	–	–	–
St. Vincent	–	–	–	–	–
1862					
Antigua	1932	–	1916	–	–
Costa Rica	1921	1883	1958	1926	1903
Hongkong	1891	–	–	–	1923
Italien	1910	1875	1911	1917	1863
Nicaragua	1892	1890	1928	1929	1896
1863					
Bolivar	–	–	–	–	–
Russische Postämter in der Türkei	1913	–	–	–	–
Türkei	1908	1947	1935	1938	1863
Wenden	–	–	–	–	–
1864					
Holländisch-Ostindien	1922	1911	1915	1928	1874
Holstein	–	–	–	–	–
Mecklenburg-Strelitz	–	–	–	–	–
Soruth	–	1929	–	–	–
1865					
Dominikanische Republik	1899	1902	1931	1928	1901
Ecuador	1896	1886	1921	1929	1896
Schanghai	1893	–	–	–	1892
Schleswig	–	–	–	–	–
1866					
Ägypten	1922	1893	1940	1926	1884
Bolivien	1909	–	1939	1924	1931
Britische Virgin-Inseln (Jungferninseln)	1935	–	1917–	–	
Britisch-Honduras	1921	–	1916	–	1923

Das größte Paket- und Sortieramt Europas in Birmingham

	So.-Ausg.	Dienst-M.	Wohlt.-Ausg.	Flp.-Ausg.	Porto-M.
Honduras	1892	1890	1941	1925	–
Jammu and Kashmir	–	1878	–	–	–
Serbien	1904	1943	–	–	1895
1867					
El Salvador	1892	1896	–	1930	1895
Helgoland	–	–	–	–	–
Österreichische Postämter in der Türkei	1908	–	–	–	1902

	So.-Ausg.	Dienst-M.	Wohlt.-Ausg.	Flp.-Ausg.	Porto-M.
Straits Settlements	1922	–	1917	–	1924
Turks- und Caicos-Inseln	1935	–	1917	–	–
1868					
Antioquia (Kolumbien)	–	–	–	–	–
Azoren	1894	–	1911	–	1904
Fernando Póo	1929	–	1960	–	–
Madeira	1898	–	1925	–	1925

INDIA POSTAGE
CONQUEST OF EVEREST
29·5·53
AUSTRALIA
85
TRISTAN DA CUNHA
4d
SUID-AFRIKA
U.S. POSTAGE
1902 RECLAMATION 1952
15
POSTE ITALIANE
ANNO SANTO MCML
TUNISIE
RF
POSTES
WINSTON LEONARD SPENCER CHURCHILL 1874-1965
BRITISH GUIANA
5 CENTS
GIANT SEQUOIA
USA 15c
Conservation of Whales
BRITISH ANTARCTIC TERRITORY
25p
CHEETAH
KENYA
St.Helena
32p
5c
THE WORLDS RAREST STAMP
BRITISH GUIANA
ONE CENT
Guyana
SOUTH AMERICA
930 ISLAND 1930
R.M.S. QUEEN ELIZABETH
15p
TRISTAN da CUNHA
CONCORDE
ENRICO CARUSO
1873 1921
ITALIA L.50
WALT DISNEY
6c
Protected State 1967
KING SOBHUZA II
Swaziland
3D JAMAICA
MISS JAMAICA 1963
MISS WORLD 1963
Kenya
Lake Victoria
PROCONSUL AFRICANUS
Origins of Mankind
30c
50th ANNIVERSARY I.L.O.
GUYANA
SOUTH AMERICA
BENZ 1885
MONGOLIA 20
СССР
NR BULGARIA
PAR AVION
STEPHENSON'S LOCOMOTION
7p
1825 Stockton and Darlington Railway
BELGIQUE
BELGIE
6F
ALUNISSAGE/MAANLANDING/MOON LANDING
500th Anniversary of the printing of the first book, The Holy Bible, from movable type, by Johann Gutenberg
U.S. POSTAGE
FIRST STEAMSHIP TO CROSS THE ATLANTIC
3¢
1819 1944
UNITED STATES POSTAGE

Superlative auf Briefmarken: Der höchste Berg der Welt (Indien, 1953); der größte Monolith der Welt (Australien, 1976); die abgelegenste, bewohnte Insel der Welt (Tristan da Cunha, 1969); die größte Goldmine (Südafrika, 1936); der größte Staudamm (USA, 1952); das größte von Menschen errichtete Bauwerk (China, 1932); die größte Kirchenkuppel (Italien, 1950); das größte Amphitheater (Tunesien, 1926); der höchste Obelisk (Türkei, 1914); das größte hölzerne Bauwerk (Britisch-Guayana, 1966); der höchste Baum (USA, 1978); das größte Lebewesen (Britisches Territorium der Antarktis, 1981); das schnellste Lebewesen zu Lande (Kenia, 1966); der größte Ohrwurm der Welt (St. Helena, 1982); die wertvollste Briefmarke der Welt (Guiana, 1967); das älteste Parlament (Island, 1930); das längste Passagierschiff (Tristan da Cunha, 1978); das schnellste Passagierflugzeug (Großbritannien, 1969); älteste Knochenfunde von Menschen (Kenia, 1982); der höchstbezahlte Opernsänger (Italien, 1973); Gewinner der meisten »Oscars« (USA, 1968); der älteste regierende Monarch (Swasiland, 1967); das schönste Mädchen (Jamaika, 1963); das erste Schiff aus Ganz-Aluminium (Guayana, 1969); das erste Auto (Mongolei, 1980); die erste Weltraumrakete (UdSSR, 1958); die erste Frau im Weltraum (Bulgarien, 1963); das erste Buch im Letterndruck (USA, 1952); der erste Transatlantik-Dampfer (USA, 1944); die erste Dampflokomotive (Großbritannien, 1975); der erste Mensch auf dem Mond (Belgien, 1969).

Der längste Schalter in einem britischen Postamt am Trafalgar Square, London

	So.-Ausg.	Dienst-M.	Wohlt.-Ausg.	Flp.-Ausg.	Porto-M.
Norddeutscher Staatenbund	–	–	1870	–	–
Oranjefreistaat	–	–	–	–	–
1869					
Gambia	1935	–	–	–	–
Haiderabad	1937	1873	–	–	–
St. Thomas und Prinz-Inseln	1938	–	1925	–	1904
Sarawak	1946	–	–	–	–
Transvaal	1895	–	–	–	–
1870					
Afghanistan	1920	1909	1938	1939	–
Angola	1938	–	1925	1938	1904
Cundinamarca	–	–	–	–	–
Elsaß & Lothringen	–	–	–	–	–
Fidschi	1935	–	1916	–	1917
Paraguay	1892	1886	1930	1929	1904
Persien (Iran)	1915	1902	1948	1927	–
St. Christopher	–	–	–	–	–
Tolima	–	–	–	–	–
1871					
Guatemala	1897	1902	1927	1929	–
Japan	1894	–	1942	1919	–
Portugiesisch-Indien	1898	–	1919	–	1904
Ungarn	1916	1921	1913	1918	1903
1872					
Deutsches Reich	1919	1903	1919	1919	–
1873					
Curaçao	1923	–	1941	1929	1889
Island	1911	1873	1933	1928	–
Puerto Rico	1893	–	1898	–	1899
Surinam	1923	–	1927	1930	1885
1874					
Dominica	1935	–	1916	–	–
Griqualand	–	–	–	–	–
Italienische Postämter in der Levante	–	–	–	–	1922
Jhind	–	1885	–	–	–
Lagos	–	–	–	–	–
Montenegro	1893	–	1944	1941	1894
1875					
Goldküste	1935	–	1918	–	1923
1876					
Bhopal	–	1908	–	–	–
Montserrat	1932	1976	1917	–	–
Poonch	–	–	–	–	–
Johore	1896	–	–	–	1938
1877					
Alwar	–	–	–	–	–
Kap Verde	1921	–	1925	–	1904
Mosambik	1913	–	1916	1946	1904
Nowanugger	–	–	–	–	–
Samoa	1920	–	1966	1965	–
San Marino	1894	–	1917	1931	1897
1878					
China	1894	–	1932	1932	1912
Falklandinseln	1933	–	1918	–	–
Panama	1913	–	1941	1929	1915
Perak	1948	1889	–	–	–
Selangor	1948	–	–	–	–
Sungei Ujong	–	–	–	–	–

Der älteste freistehende Briefkasten Großbritanniens in Barnes Cross, Holwell, Bishop's Caundle, Dorset von 1853

Besonderer Straßenbahnpoststempel, Blackpool (1981)

Zusteller zu Fuß während der Regierungszeit von König Charles I., um 1613

Postreiter auf Marken aus Belgien (1962) und Schweden (1967)

	So.-Ausg.	Dienst-M.	Wohlt.-Ausg.	Flp.-Ausg.	Porto-M.
1879					
Bhor	–	–	–	–	–
Bosnien und Herzegowina	1910	–	1916	–	1904
Bulgarien	1896	1942	1916	1927	1884
Faridkot	–	1886	–	–	–
Labuan	1896	–	–	–	1901
Sirmoor	–	1890	–	–	–
Tobago	–	–	–	–	–
1880					
Rajpipla	–	–	–	–	–
Zypern	1928	–	1974	–	–
1881					
Haiti	1929	–	1944	1929	1898
Nepal	1956	1960	–	1958	–
Ostrumelien	–	–	–	–	–
Portug.-Guinea	1946	–	1919	–	1904
1882					
Bangkok	–	–	–	–	–
Tahiti	–	–	–	–	1893
1883					
Nordborneo	1922	–	1918	–	1895
Thailand	1908	1963	1920	1925	–
1884					
Deutsche Postämter in der Türkei	–	–	–	–	–
Guadeloupe	1931	–	1938	1945	1876
Macao	1948	–	1919	–	1904
Madagaskar (Britische Postämter)	–	–	–	–	–
Patiala	–	1884	–	–	–
Santander	–	–	–	–	–
Stellaland	–	–	–	–	–
1885					
Britische Levante	–	–	–	–	–

	So.-Ausg.	Dienst-M.	Wohlt.-Ausg.	Flp.-Ausg.	Porto-M.
Französische Levante	–	–	–	–	–
Guanacaste	–	–	–	–	–
Gwalior	–	1895	–	–	–
Korea	1902	–	–	–	–
Monaco	1921	–	1914	1933	1906
Nabha	–	1885	–	–	–
St. Pierre und Miquelon	1931	–	1915	1942	1892
Südbulgarien	–	–	–	–	–
Timor	1898	–	1919	–	1904
1886					
Britisch-Betschuanaland	–	–	–	–	–
Chamba	–	1886	–	–	–
Französisch-Guayana	1931	–	1915	1933	1925
Gabun	1931	1968	1915	1960	1928
Gibraltar	1935	–	1918	–	1956
Holkar (Indore)	–	–	–	–	1904
Kongo (belg.)	1928	–	1918	1930	1923
Kotschinchina	–	–	–	–	–
Martinique	1931	–	1916	1945	1927
New Republic	–	–	–	–	–
Tonga	1899	1893	–	1963	–
1887					
Jhalawar	–	–	–	–	–
Senegal	1931	1961	1915	1935	1903
1888					
Annam und Tonkin	–	–	–	–	–
Protektorat Betschuanaland	1935	–	–	–	1926
Travancore	1931	1911	–	–	–
Tunesien	1938	–	1916	1919	1901
Wadhan	–	–	–	–	–
Zululand	–	–	–	–	–
1889					
Bamra	–	–	–	–	–
Deutsche Postämter in Marokko	–	–	–	–	–
Französisch-Madagaskar	1931	–	1915	1935	1896
Indochina	1931	1933	1914	1933	1904
Nossi-Bé	–	–	–	–	1891
Swasiland	1935	–	–	–	1933
1890					
Britisch-Ostafrika	–	–	–	–	–
Britisch-Südafrika	1905	–	–	–	–
Diego Suarez	–	–	–	–	1891
Leeward-Inseln	1897	–	–	–	–
Pahang	1948	–	–	–	–
Seychellen	1935	–	–	–	1951
1891					
Britisch-Zentralafrika	–	–	–	–	–
Französisch-Kongo	–	–	–	–	–
Französisch-Marokko	1946	–	1914	1922	1915
Negri Sembilan	1948	–	–	–	–
1892					
Angra	–	–	–	–	–
Anjouan	–	–	–	–	–
Benin	–	–	–	–	1894
Cook-Inseln	1935	1975	1968	1966	–
Französisch-Guayana	1931	–	1938	1940	1905
Französisch-Indische Besitzungen	1931	–	1916	1942	1923
Funchal	–	–	–	–	–
Horta	–	–	–	–	–
Ivory Coast (Elfenbeinküste)	1931	1973	1915	1940	1906
Kotschin	–	1913	–	–	–
Mayotte	–	–	–	–	–
Mosambik-Company	1935	–	1917	1935	1906
Nigerküste (Oil Rivers)	–	–	–	–	–
Obock	–	–	–	–	1892
Ozeanien	1931	–	1915	1934	1926
Ponta Delgada	–	–	–	–	–
1893					
Britische Postämter auf Kreta	–	–	–	–	–
Cavalla	–	–	–	–	–
Datia	–	–	–	–	–
Dedeagatz	–	–	–	–	–
Deutsch-Ostafrika	–	–	–	–	–
Eritrea	1922	–	1916	1934	1903
Portugiesisch-Kongo	–	–	–	–	–
Rajnandgaon	–	–	–	–	–
Vathy	–	–	–	–	–
1894					
Äthiopien	1908	–	1936	1929	1896
Bundi	–	1918	–	–	–
Charkari	–	–	–	–	–
Dschibuti (–1902)	–	–	–	–	–
Französisch-Sudan	1931	–	1938	1940	1921
Lourenzo Marques	1895	–	1918	–	–
Ste Marie de Madagascar	–	–	–	–	–
Sambesia	–	–	–	–	–
Sansibar (französische Postämter)	–	–	–	–	1897
1895					
Inhambane	1895	–	–	–	–
Sansibar (britische Postämter)	1936	–	–	–	1930
Uganda	1962	–	–	–	1967
1896					
Bussahir	–	–	–	–	–
Rumänische Postämter in der Türkei	–	–	–	–	–
1897					
Dhar	–	–	–	–	–
Grand Comoro	–	–	–	–	–
Kamerun	1931	–	1938	1941	1925
Las Bela	–	–	–	–	–
Marshall-Inseln	–	–	–	–	–
Neuguinea	1935	1914	–	1931	–
Njassaland-Company	–	–	1925	–	1924
Südwestafrika	1935	1927	1935	1930	1923
Sudan	1935	1902	–	1931	1897
Togo	1931	–	1938	1940	1921
1898					
Deutsche Postämter in China	–	–	–	–	–
Marokko-Agencies	1935	–	–	–	–
Portugiesisch-Afrika	1898	–	1919	–	1945
Thessalien	–	–	–	–	–

Die SS Boyne *der Royal Mail Steam Packet Company; gebaut in Dumbarton, Schottland (1871), gesunken vor der französischen Küste nahe Brest am Freitag, dem 13. August 1875*

	So.-Ausg.	Dienst-M.	Wohlt.-Ausg.	Flp.-Ausg.	Porto-M.
1899					
Alexandria (französische Postämter)	–	–	1915	–	1922
Boyaca	–	–	–	–	–
Dahomey	1931	–	1915	1940	1906
Guam	–	–	–	–	–
Karolinen-Inseln	–	–	–	–	–
Kishengarh	–	1918	–	–	–
Rethymno	–	–	–	–	–
1900					
Cayman-Inseln	1932	–	1917	–	–
China – Expeditionstruppe	–	–	–	–	–
Italienische Postämter auf Kreta	–	–	–	–	1924
Kiautschou	–	–	–	–	–
Kreta	1907	1908	–	–	1901
Mafeking	–	–	–	–	–
Föderierte Staaten von Malaysia	–	–	–	–	–
Marianen-Inseln	–	–	–	–	–
Nördl. Nigeria	–	–	–	–	–
Turks- und Caicos-Inseln	1900	–	1917	–	–
1901					
Kanton	–	–	–	–	–
Magdalena	–	–	–	–	–
Papua	1934	1931	–	1929	–
Südl. Nigeria	–	–	–	–	–
1902					
Australien	1927	1931	–	1929	1902
Cauca	–	–	–	–	–
Franz. Somaliküste	1931	–	1915	1941	1915
Hoi-Hao	–	–	–	–	–
Niue	1935	–	1980	–	–
Penrhyn-Insel	1974	1978	–	–	–
Spanisch-Guinea	1929	–	1951	1941	–
1903					
Aitutaki	1972	1978	1974	–	–

	So.-Ausg.	Dienst-M.	Wohlt.-Ausg.	Flp.-Ausg.	Porto-M.
Australische Postämter auf Kreta	1908	–	–	–	–
Britisch-Somaliland	1935	1903	–	–	–
Elobey, Annobon und Corico	–	–	–	–	–
Französische Postämter in China	–	–	–	–	–
Italienisch-Somaliland	1922	–	1915	1934	1906
Ostafrika und Uganda	–	–	–	–	–
St. Kitts-Nevis	1923	1980	1916	–	–
Senegambia und Niger	–	–	–	–	–
Spanisch-Marokko	1929	–	1937	1936	–
Yunnan-Fu	–	–	–	–	–
1904					
Jaipur	1931	1929	–	–	–
Kanalzone	1926	1941	–	1929	1914
1905					
Rio de Oro	–	–	–	–	–
1906					
Brunei	1922	–	–	–	–
Kouang Tcheou	1939	–	1939	–	–
Malediven	1960	–	–	–	–
Mauretanien	1931	1961	1915	1940	1906
Mohéli	–	–	–	–	–
Obersenegal und Niger	–	–	1915	–	1906
1907					
Britisch-Solomon-Inseln	1935	–	–	–	1925
Mittlerer Kongo	1931	–	1916	–	1928
1908					
King Edward VII-Land	–	–	–	–	–
Neue Hebriden	1949	–	–	–	1925
Njassaland	1935	–	–	–	1950

	So.-Ausg.	Dienst-M.	Wohlt.-Ausg.	Flp.-Ausg.	Porto-M.
1909					
Rhodesien	1965	–	–	–	1965
1910					
Südafrika	1910	1926	1933	1925	1914
Trengganu	1922	–	1917	–	1937
1911					
Gilbert- und Ellice-Inseln	1935	–	1918	–	1940
Kelantan	1922	–	–	–	–
Tibet	–	–	–	–	–
Victoria Land	–	–	–	–	–
1912					
Ägäische Inseln	1932	–	1932	1932	1934
Kedah	1922	–	–	–	–
Libyen	1922	1952	1915	1928	1915
Liechtenstein	1918	1932	1925	1930	1920
1913					
Albanien	1913	–	1924	1925	1914
Orchha	–	–	–	–	–
Quelimane	–	–	–	–	–
Tete	–	–	–	–	–
Trinidad und Tobago	1935	1913	1915	1975	1947
1914					
Deutsche Landespost in Belgien	–	–	–	–	–
Epirus	–	–	–	–	–
Französisch-Marokko	1946	–	1914	1922	1915
Indien – Expeditionstruppe	–	–	–	–	–
Nigeria	1935	–	1966	–	1959
1915					
Bushire	1915	–	–	–	–
Deutsche Post in Polen	–	–	–	–	–
Nordwestpazifische Inseln	–	–	–	–	–
Österreichische Militärpost	–	–	1918	–	1918
Ubangi-Shari-Chad	–	–	1916	–	–
1916					
Bulgarische Besatzung Rumäniens	–	–	–	–	–
Etappengebiet West	–	–	–	–	–
Postgebiet Ober-Ost	–	–	–	–	–
Hejaz	1924	–	–	–	1917
Kap Juby	1929	–	–	–	–
Kionga	–	–	–	–	–
Long Island	–	–	–	–	–
Nauru	1935	–	–	–	–
Rouad Insel	–	–	–	–	–
Ruanda-Urundi	1934	–	1918	–	1924
Saloniki (Levante)	–	–	–	–	–
1917					
Bagdad	–	–	–	–	–
Britische Postämter in China	–	–	–	–	–
Deutsche Militärverwaltung in Rumänien	–	–	–	–	1918
Italienische Postämter in China	–	–	–	–	1917
Koritza	–	–	–	–	–
1918					
Estland	1928	–	1920	1920	–
Fiume	1920	–	1919	–	1918
Französische Postämter in Tanger	–	–	–	1928	1918
Irak	1949	1920	1949	1949	–
Jugoslawien	1918	1946	1918	1934	1918
Lettland	1919	–	1920	1921	–
Litauen	1920	–	1924	1921	–

Das Hovercraftschiff Sea Hawk

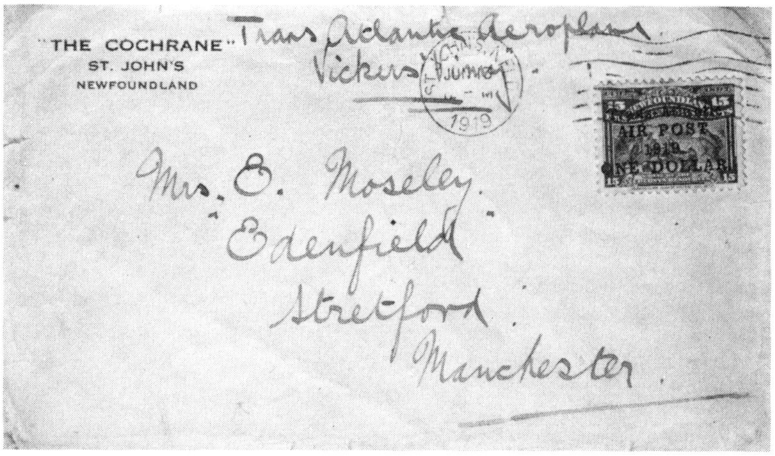

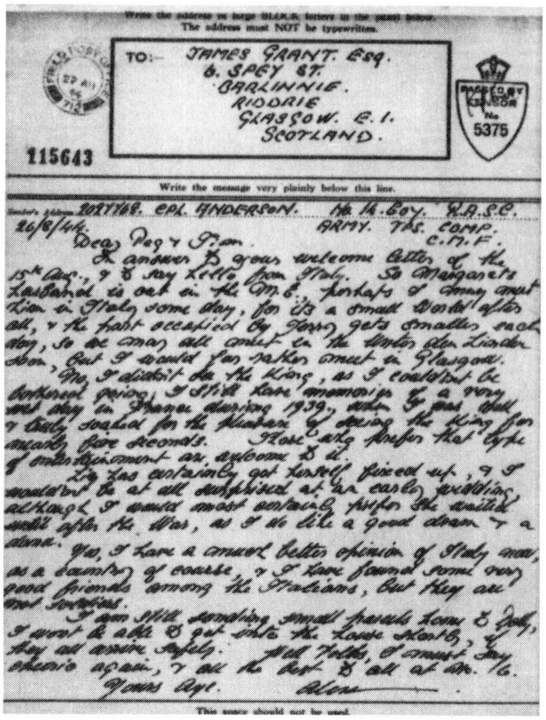

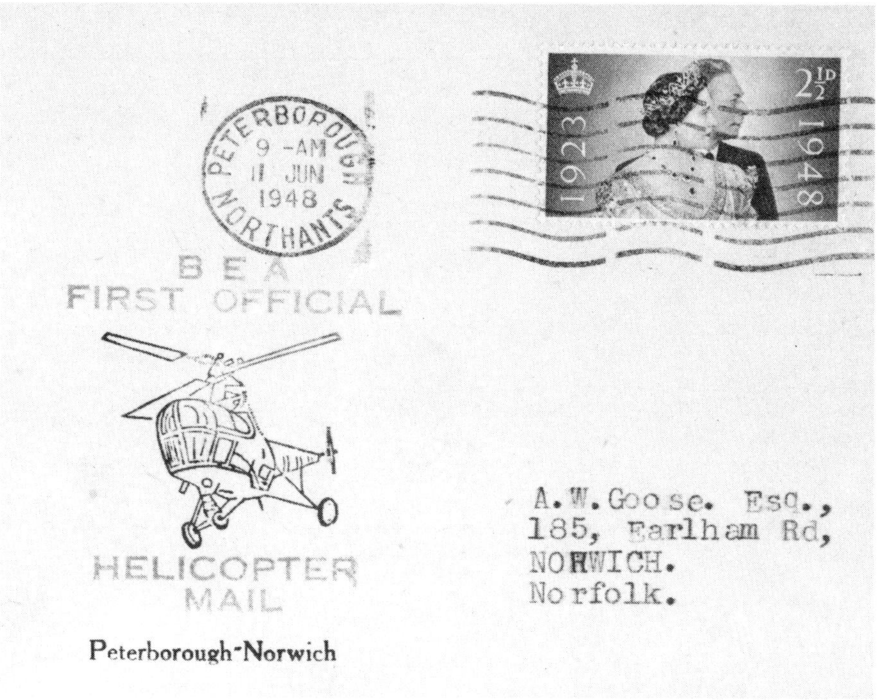

Briefumschlag, der während des ersten Nonstop-Atlantikfluges von Alcock und Brown 1919 befördert wurde

Aerograph von 1944

Umschlag für die erste amtliche Hubschrauberpost (1948)

	So.-Ausg.	Dienst-M.	Wohlt.-Ausg.	Flp.-Ausg.	Porto-M.
Palästina	–	–	–	–	1920
Polen	1920	1920	1919	1925	1919
Südrußland	–	–	–	–	–
Trentino	–	–	–	–	–
Tschechoslowakei	1919	1945	1919	1920	1919
Venezia Giulia	–	–	–	–	1918
Ukraine	–	–	1923	–	–
1919					
Armenien	–	–	–	–	–
Aserbeidschan	–	–	1921	–	–
Batu	–	–	–	–	–
Belgische Besatzung Deutschlands	–	–	–	–	1920
Cilicia	1919	–	1919	–	1919
Denikin Gouvernement Südrußland	–	–	–	–	–
Donkosaken	–	–	–	–	–
Französische Besatzung Ungarns	–	–	–	–	1919
Georgia	–	–	1922	–	–
Italienische Besatzung Österreichs	–	–	–	–	1919
Krim	–	–	–	–	–
Mosul	–	–	–	–	–
Nordwestrußland	–	–	–	–	–
Polnische Postämter in der Türkei	–	–	–	–	–
Rumänische Besatzung Ungarns	–	–	1919	–	1919
Serbische Besatzung Ungarns	–	–	1919	–	1919
Sibirien	1922	–	–	–	–
Syrien	1920	–	1926	1920	1920
USPO Schanghai	–	–	–	–	–
Westliche Ukraine	–	–	–	–	–
Zentralalbanien	–	–	–	–	–
1920					
Allenstein	–	–	–	–	–
Arbe und Veglia	–	–	–	–	–
Castelrosso	1930	–	1930	–	–
Danzig	1930	1921	1921	1920	1920
Fernöstliche Republik	1922	–	–	1923	–
Jordanien	1922	1924	1947	1950	1923
Kärnten	–	–	–	–	–
La Aguera	–	–	–	–	–
Marienwerder	–	–	–	–	–
Memel	1923	–	–	1921	–
Norddeutschland	–	–	–	–	–
Oberschlesien	1921	1920	–	–	–
Obervolta	1931	1963	1962	1961	1920
Ostschlesien	–	–	–	–	1920
Saar	1933	1922	1926	1928	–

	So.-Ausg.	Dienst-M.	Wohlt.-Ausg.	Flp.-Ausg.	Porto-M.
Schleswig	–	–	–	–	–
Thrakien	–	–	–	–	1919
Wallis- und Futuna-Inseln	1931	–	1939	1946	1920
Wrangel Gouvernement Rußland	–	–	–	–	–
Zentrallitauen	1921	–	1921	–	1921
1921					
Barwani	–	–	–	–	–
Niger	1931	1962	1939	1940	1921
Spanisch-Tanger	1929	–	–	1938	–
1922					
Asunçion	1935	–	–	–	–
Barbuda	1968	–	–	–	–
Irland	1929	–	–	1948	1925
Tansania	1961	1961	–	–	–
Tschad	1931	1966	1963	1960	1928
Ubangi-Shari	1931	–	–	–	1928
Vereinte Nationen	1932	–	–	–	–
1923					
Cyrenaika	1923	–	1925	1932	1950
Intern. Arbeitsamt	1932	–	–	–	–
Korfu	–	–	–	–	–
Kuwait	1948	1923	–	1933	1963
Saseno	–	–	–	–	–
Südwestafrika	1935	1927	1935	1931	1923
Transkaukasische Föderation	–	–	–	–	–
Tripolis	1923	–	1925	1930	1948
1924					
Algerien	1930	–	1927	1946	1926
Libanon	1924	–	1926	1924	1924
Mongolei	1945	–	–	1961	–
Spanisch-Sahara	1929	–	1950	1943	–
Südrhodesien	1935	–	–	–	1951
1925					
Aleuten	–	–	–	1925	1925
Jubaland	1925	–	1926	–	1925
Territorium von Neuguinea	1931	1925	–	1931	–
Nordrhodesien	1935	–	–	–	1929
Polnische Postämter in Danzig	1938	–	–	–	–
1926					
Hejaz-Nejd	1926	–	–	–	1926
Tuva	1936	–	–	1934	–
Yemen	1939	–	1967	1947	1964
1928					
Andorra (spanisches Postamt)	1972	–	–	1951	–
1929					
Chinesisch-kommunistische Post	–	–	–	–	–
Vatikan	1935	–	1933	1938	1931
1931					
Andorra (Französisches Postamt)	1962	–	1964	1950	1931
Latakia	–	–	–	1931	1931
Morvi	–	–	–	–	–
1932					
Inini	1939	–	1939	–	1932
Italienische Kolonien (allg. Ausgaben)	1932		1932	1932	
Saudiarabien	1932	1939	1934	1949	1937
1933					
Bahrain	1948	–	–	–	–

	So.-Ausg.	Dienst-M.	Wohlt.-Ausg.	Flp.-Ausg.	Porto-M.
Basutoland	1935	–	–	–	1933
1934					
Intern. Gerichtshof	–	–	–	–	–
1935					
Bijawar	–	–	–	–	–
East African P. & T. (Kenia, Uganda und Tansania)	1935	1959	–	1935	1935
1936					
Französisch-Äquatorialafrika	1937	–	1938	1937	1937
Malaysische Postunion	–	–	–	–	1936
1937					
Aden	1937	–	–	–	–
Burma	1940	1937	–	–	–
1938					
Alexandretta	1938	–	–	1938	1938
Grönland	1945	–	1958	–	–
Italienisch-Ostafrika	1938	–	1940	1938	1941
1939					
Böhmen und Mähren	1941	1941	1941	–	1939

Das Original der Pitney-Bowes-Modell-A-Frankiermaschine von 1922

Vorsortierung der Post

	So.-Ausg.	Dienst-M.	Wohlt.-Ausg.	Flp.-Ausg.	Porto-M.
Deutsche Besatzung Polens	1940	1940	1940	–	1940
Hatay	1939	–	–	–	1939
Idar	–	–	–	–	–
Slowakei	1939	–	1939	1939	1939
1940					
Elsaß	–	–	–	–	–
Färöer-Inseln (britische Besetzung)	–	–	–	–	–
Griechische Besatzung Albaniens	1940	–	–	1940	1940
Lorraine	–	–	–	–	–
Pitcairn-Inseln	1946	–	–	–	–
1941					
Cephalonia und Ithaka	–	–	1941	1941	–
Deutsche Besatzung					
– Belgiens	–	–	–	–	–
– Estlands	–	–	1941	–	–
– Guernseys	–	–	–	–	–
– Jerseys	–	–	–	–	–
– Lettlands	–	–	–	–	–
– Litauens	–	–	–	–	–
– Ostlands	–	–	–	–	–
– Wilnas	–	–	–	–	–
Fiume und Kupa Zone	1941	–	1941	–	–
Ifni	1949	–	1950	1943	–
Italienische Besatzung					
Ionische Inseln	–	–	–	–	–
Korfu	–	–	–	–	–
Kroatien	1941	1942	1941	–	1941
Ostkarelien	–	–	1943	–	–
Serbien	1941	1943	1941	1941	1941
Slovenien (italienische Besatzung)	–	–	1941	–	–
1942					
Japanische Besatzung					
– Malaysias	1942	–	–	–	1942
– Niederländisch-Indiens	1943	–	–	1943	1942
– Nordborneos	–	–	–	–	–
– Nordchinas	1943	–	–	–	–
– Philippinen	1942	–	1942	–	1942
– Sarawaks	–	–	–	–	–

	So.-Ausg.	Dienst-M.	Wohlt.-Ausg.	Flp.-Ausg.	Porto-M.
Jasdan	–	–	–	–	–
Kwangtung	–	–	–	–	1945
Levante, Freie französische Truppen	–	–	1943	1942	–
Mengkiang	1943	–	–	–	–
Mittlerer Osten Truppen	–	–	–	–	1942
Seyun	1946	–	–	–	–
Shihr und Mukalla	1946	–	–	–	–
1943					
Fezzan	–	–	1950	1943	1943
Deutsche Besatzung Zantes	–	–	–	–	–
Thailändische Besatzung Malaysias	–	–	–	–	–
1944					
Falklandinseln und zugehörige Gebiete	1946	–	–	–	–
Franz. Westafrika	1945	–	1944	1945	1947
Int. Erziehungsbüro	–	–	–	–	–
Italienisch-Sozialistische Republik	1944	–	–	–	1944
Laibach	–	–	1944	1944	1944
Makedonien	–	–	–	–	–
Muscat	1944	–	–	–	1944
1945					
Amer.-Brit. Besatzung Deutschlands	1948	–	1948	–	–
Französische Besatzung Deutschlands	–	–	–	–	–
Indonesien	1945	–	1945	1947	1950
Malaysia (Brit. Militäradministration)	–	–	–	–	–
Sowjetische Besatzung Deutschlands	1949	–	1948	–	–
Taiwan (Formosa)	1946	–	–	–	1948
Venezia Giulia und Istrien	–	–	–	–	1948
Vietnam	1945	–	1945	1952	1952
1946					
B.C.O.F. Japan	–	–	–	–	–
Nord-Korea	1946	–	–	1958	–
Nord-Vietnam	1953	1952	–	1959	1952
Süd-Korea	1946	–	1957	1947	–
1947					
Französische Besatzung					
– Baden	1949	–	1949	–	–
– Rheinland	1949	–	1948	–	–
– Württemberg	1949	–	1949	–	–
Griechische Besatzung Dodekanes	–	–	–	–	–
Norfolk Island	1956	–	–	–	–
Pakistan	1948	1947	–	1962	–
Saar	1948	1949	1948	1948	–
Triest	1948	–	–	1947	1947
1948					
Bahawalpur	1948	1945	–	–	–
Britische Postämter in Ostarabien	1948	–	–	–	–
Gaza	1957	–	–	1948	1948
Israel	1948	1951	1957	1950	1948
Jordanische Besatzung Palästinas	1949	–	1950	–	1948

Briefsortiermaschine

Automatische Briefsortieranlage (ALF)

Triptychon aus Sharjah anläßlich der New York World's Fair (1964)

	So.-Ausg.	Dienst-M.	Wohlt.-Ausg.	Flp.-Ausg.	Porto-M.
Jugoslawische Besatzung Triests	1948	–	1948	1948	1948
Kanalinseln	1948	–	–	–	–
Malakka	1948	–	–	–	–
Penang	1948	–	–	–	–
Perlis	1948	–	–	–	–
Ryukyu-Inseln	1951	–	–	1950	–
Singapur	1948	–	–	1955	1968
Tokelau-Inseln	1953	–	–	–	–
Weltgesundheits-Organisation	1962	–	–	–	–
West-Berlin	1949	–	1949	–	–
1949					
China (Volksrep.)	1949	–	–	1951	1950
China (Rep. Taiwan)	1951	–	1954	1959	1950
Bundesrepublik Deutschland	1949	–	1949	–	–
Deutsche Demokr. Republik	1949	1954	1949	–	–

	So.-Ausg.	Dienst-M.	Wohlt.-Ausg.	Flp.-Ausg.	Porto-M.
Ghadames	–	–	–	–	–
Niederl.-Antillen	1949	–	1951	–	1952
Rajasthan	–	–	–	–	–
Spanisch Westafrika	1949	–	–	1951	–
Travancore-Kotschin	–	1949	–	–	–
1950					
Comoro-Inseln	1952	1979	1962	1954	1950
Europ. Gerichtshof	1978	–	–	–	–
Intern. Flüchtlingsorganisation	–	–	–	–	–
Niederl. Neuguinea	1959	–	1953	–	1957
Nordkoreanische Besatzung Südkoreas	–	–	–	–	–
Vereinte Nationen (Genf)	1955	–	–	–	–

Sir Rowland Hill, *1795–1879*

Brasilien, Ochsenauge *(1843)*

Großbritannien, 50p-Marke anläßlich der Briefmarken-Ausstellung in London *(1980)*

Dreieckige Marken aus Nicaragua *(1947)*, Island *(1930)* und Neuseeland *(1943)*

	So.-Ausg.	Dienst-M.	Wohlt.-Ausg.	Flp.-Ausg.	Porto-M.
1951					
Kambodscha	1955	–	1952	1953	1957
Laos	1952	–	1953	1953	1952
Vereinte Nationen (New York)	1952	–	–	1951	–
1952					
Papua-Neuguinea	1961	–	–	–	1960
St. Christopher – Nevis – Anguilla	1953	1980	–	–	–
Tristan da Cunha	1953	–	–	–	1957
1953					
Indische Schutztruppen in Korea					
1954					
Indische Truppen in Indochina	1965	–	–	–	–
Rhodesien und Nyasaland	1955	–	–	–	1961
Riau-Lingga-Inseln	–	–	–	–	–
1955					
Französisches Süd- und Antarktis-Gebiet	1957	–	–	1962	–
Hadhramaut	1966	–	–	–	–
Südvietnam	1955	–	1960	1955	1955
1956					
Marokko	1956	–	1960	1956	1965
Weltwetterdienst	1973	–	–	–	–
1957					
Australisches Territorium der Antarktis	1961	–	–	–	–
Galapagos-Inseln	1959	–	–	–	–
Ghana	1957	–	–	1958	1958

	So.-Ausg.	Dienst-M.	Wohlt.-Ausg.	Flp.-Ausg.	Porto-M.
Malaysische Föderation	1957	–	–	–	–
Quatar	1957	–	–	1970	1968
Ross Dependency	–	–	–	–	–
Weltpostverein	–	–	–	–	–
1958					
Christmas Island	1965	–	–	–	–
Franz.-Polynesien	1958	1977	–	1960	1958
Guernsey	1969	–	–	–	1969
Internationale Organisation für das Fernmeldewesen	1973	–	–	–	–
Isle of Man	1973	–	–	–	1973
Jersey	1969	–	–	–	1969
Malagasy	1958	–	1960	1960	1962
Nordirland	–	–	–	–	–
Schottland	–	–	–	–	–
Vereinigte Arabische Emirate	1958	1958	1958	1959	–
Wales	–	–	–	–	–
1959					
Guinea	1959	–	1960	1959	1959
Kongo (Brazzaville)	1959	1968	1962	1960	1961
Mali	1959	1961	1962	1959	1961
Zentralafrikanische Republik	1959	1965	1962	1960	1962
1960					
Islamische Republik Mauretanien	1960	1961	1962	1960	1961
Katanga	1960	–	–	–	1960
Kongo (Kinshasa)	1960	–	1963	1967	–

Der einzige Bogen, der speziell für die Briefmarkensammlerin Carol Tully entworfen und gedruckt wurde

	So.-Ausg.	Dienst-M.	Wohlt.-Ausg.	Flp.-Ausg.	Porto-M.
Rio Muni	1961	–	1960	–	–
Südkamerun	–	–	–	–	–
1961					
South Kasai	–	–	–	–	–
Trucial States	–	–	–	–	–
Uganda	1962	–	–	–	1967
UNESCO	–	–	–	–	–
1962					
Bhutan	1962	–	1964	1967	–
Burundi	1962	–	1963	1964	–
Indische Truppen im Kongo	–	–	–	–	–
Ruanda	1962	–	–	1971	–
West-Neuguinea	–	–	–	–	–
1963					
Britisches Territorium der Antarktis	1966	–	–	–	–
Dubai	1963	–	–	1963	1963
Kenia	1963	1964	–	1967	–
Kokos-Inseln	1965	–	–	–	–
Malaysia	1963	–	–	–	1966
Nationale Befreiungsfront Südvietnams	1963	–	–	–	–
Sharjah	1963	1966	–	1963	–
South Georgia	1972	–	–	–	–
Südarab. Föderation	1963	–	–	–	–
Westiran	1963	–	–	–	1963
1964					
Abu Dhabi	1968	–	–	–	–
Ajman	1964	1965	–	1965	–
Fujeira	1964	1965	–	1965	–
Malawi	1964	–	–	1972	1967
Ostafrika	1964	–	–	–	–
Ras al Khaima	1965	–	–	–	–
Sabah	–	–	–	–	–
Sambia	1964	–	–	–	1964
Umm al Qiwain	1964	1965	–	1965	–
1965					
Indische Truppen in Gaza	–	–	–	–	–
Khor Fakkan	1965	–	–	–	–
Tansania	1966	1965	–	–	1967
1966					
Botswana	1966	–	–	–	1967
Guyana	1966	–	–	–	1967
Lesotho	1966	–	–	–	1966
Manama	1966	–	–	–	–
Muskat und Oman	1969	–	–	–	–
1967					
Anguilla	1968	–	–	–	–
Französisches Territorium von Afars und Issas	1968	–	–	1969	1969
Mahra (Qishn und Socotra)	–	–	–	–	–
Ober Yafa	–	–	–	–	–
1968					
Äquatorialguinea	1968	–	–	–	–
Biafra	1968	–	1968	–	–
Britisches Territorium im Indischen Ozean	1971	–	–	–	–
Südjemen	1968	–	–	–	–
1970					
Bangladesh	1971	1973	–	–	–
Jemen (Demokratische Volksrepublik)	1971	–	–	–	–
Republik Khmer	1971	–	1972	1973	1974

Die Jumelle-Druckmaschine der Firma Harrisons, High Wycombe

	So.-Ausg.	Dienst-M.	Wohlt.-Ausg.	Flp.-Ausg.	Porto-M.
Oman	1971	–	–	–	–
Zaire	1971	1975	–	–	–
1972					
Sri Lanka	1972	–	–	–	–
1973					
Belize	1973	–	–	–	1976
Grenadines of Grenada	1973	–	–	–	–
Grenadines of St. Vincent	1973	–	1980	–	–
Vereinigte Arabische Emirate	1973	–	–	–	–
1974					
Türkisch-Zypriotische Post	1974	–	–	–	–
1975					
Färöer-Inseln	1976	–	–	–	–
Guinea-Bissau	1976	–	–	–	–
1976					
Benin (Volksrep.)	1976	–	–	1976	1978
Gilbert Inseln	1976	–	–	–	–
Tuvalu	1976	–	–	–	–
Vietnam (Soz. Rep.)	1976	–	–	–	–

	So.-Ausg.	Dienst-M.	Wohlt.-Ausg.	Flp.-Ausg.	Porto-M.
1977					
Dschibuti	1977	–	–	1977	–
Transkei	1977	–	–	–	–
Zentralafrikanisches Kaiserreich	1977	1977	–	1977	–
1979					
Kiribati	1979	–	–	–	–
Kuala Lumpur	–	–	–	–	–
Redonda	1979	–	–	–	–
Venda	1979	–	–	–	–
Vereinte Nationen (Wien)	1980	–	–	–	–
1980					
Azoren	1980	–	–	–	–
Bophuthatswana	1980	–	–	–	–
Nevis	1980	1980	–	–	–
St. Kitts	1980	1980	–	–	–
Simbabwe	1980	–	–	–	1980
Vanuatu	1980	–	–	–	–
Zil Eloigne Sesel	1980	–	–	–	–
1981					
Ciskei	1981	–	–	–	–
1982					
Argentinische Besatzung der Falklandinseln	1982	–	–	–	–

Die Rückseite der Wyon City-Medaille von 1837 (o. l.). Dieses Profil der Königin Victoria wurde für die erste und die nachfolgenden Briefmarken als Vorlage genommen, die während ihrer Regierungszeit hergestellt wurden. Henry Courbould (o. r.), der Künstler, der das Wyon-Profil übernahm und eine Zeichnung anfertigte zur Anleitung für Charles Heath (u. l.), der gemeinsam mit seinem Sohn Frederick die Urmatrize für die erste gummierte Briefmarke der Welt gestochen hat, Penny Black; sie wurde am 6. Mai 1840 ausgegeben (u. r.).

Register

Auswahl von verschiedenen Sonderstempeln

Auswahl von verschiedenen Sonderstempeln